MARCIO ANGELO

MULTINÍVEL RAIZ

Multinível Raiz

1ª edição: Fevereiro 2025

Autor:
Marcio Angelo

Preparação de texto:
Flavia Araujo

Revisão:
3GB Consulting

Projeto gráfico e capa:
Jéssica Wendy

Impressão:
Plena Print

DADOS INTERNACIONAIS DE CATALOGAÇÃO NA PUBLICAÇÃO (CIP)

Angelo, Marcio
Multinível raiz: Descubra como quitar dívidas, aumentar sua renda e alcançar liberdade financeira com o poder do multinível / Marcio Angelo. — Porto Alegre : Citadel, 2025.
368 p.

ISBN: 978-65-5047-594-9

1. Marketing de rede 2. Sucesso nos negócios 3. Vendas
I. Título

25-0501 CDD 658.84

Angélica Ilacqua – Bibliotecária – CRB-8/7057

Produção editorial e distribuição:

CITADEL
Grupo Editorial

contato@citadel.com.br
www.citadel.com.br

MARCIO ANGELO

MULTINÍVEL RAIZ

Descubra como quitar dívidas,
aumentar sua renda e alcançar liberdade
financeira com o poder do multinível

CITADEL
Grupo Editorial
2025

SUMÁRIO

AGRADECIMENTOS

Dedico esta obra à memória do meu pai, meu primeiro mentor e maior incentivador, Antônio Baptista Filho. O homem escolhido por Deus para me forjar um vencedor. Ele foi meu melhor amigo, meu herói, a pessoa na Terra que mais me apoiou e em quem mais acreditou. Aos 26 anos, descobri que era seu filho adotivo, e isso multiplicou absurdamente meu amor e gratidão por sua vida. Eu ainda não compreendo como alguém que não me gerou foi capaz de me amar tanto e demonstrar isso todos os dias. Ele não está aqui para ver e viver este momento, mas tenho certeza de que está em outro lugar, e um dia nos encontraremos na Glória.

Quero agradecer primeiramente a Deus pelo dom da vida e por preparar esta jornada extraordinária para mim. Tenho certeza de que tudo o que sou e o que vivi até aqui foi sob a permissão e o cuidado do meu Pai Celestial. Minha gratidão ao Senhor e ao Espírito Santo é infinita, por Seu amor, cuidado e direção.

Agradeço ao amor da minha vida, Erika Santelli, e aos meus filhos, Rebeca, Penélope e Benjamim, por me motivarem e me desafiarem a ser alguém cada vez melhor, para prover, proteger e inspirar outras pessoas. Vocês me moldam, me forjam um homem e um pai melhor todos os dias. Amo vocês!

Gratidão à minha mãe querida e a seu esposo por me apoiarem ao longo da vida e sempre estarem ao meu lado nos momentos difíceis. Te amo, mãe! Você forjou um homem valente, destemido e generoso.

Agradeço ao meu primeiro patrocinador na venda direta, em 2001, Fábio Eduardo. Se não fosse aquele convite na Varig para conhecer um negócio para ganhar uma renda extra, nem sei como seria esta história.

Também sou grato a todos os treinadores, palestrantes e líderes de multinível que me ensinaram em eventos ao longo da minha trajetória.

Sou grato aos meus *downlines* e *uplines*, desde a primeira empresa de multinível até os dias de hoje.

Gratidão especial aos meus principais líderes, amigos e *downlines*. Para não ser injusto, esquecendo alguém, e para que estes agradecimentos não virem um livro, não colocarei nomes, por serem muitas pessoas. Vocês sabem o carinho e amor que tenho pela vida de vocês, e se tem algo que sempre faço é expressar meus sentimentos quando estamos juntos. Sintam-se abraçados e amados!

Agradeço a todos que, direta ou indiretamente, fizeram parte da minha história. A todos que contribuíram, positiva ou negativamente, para que eu fosse aperfeiçoado como empreendedor e líder. Até aos que me disseram "não", duvidaram, me enganaram, me sacanearam, de alguma forma contribuíram para me tornar quem me tornei. Por isso, muito obrigado até para você que, de alguma maneira, quis me lascar alguma vez (risos).

Gratidão a todos os meus alunos, seguidores e mentorados do Brasil e do mundo pela Academia do Multinível.

Quero agradecer a todo o time Citadel que viabilizou a materialização desta obra, em especial a Marcial Conte, que acreditou na proposta da Academia do Multinível e me recebeu em sua casa com todo o carinho logo após um lockdown.

E, por último, agradeço a você, caro leitor, pela confiança e por me dar a chance de compartilhar com você o que mudou minha vida.

Obrigado, e que esta leitura seja um divisor de águas para você também.

PREFÁCIO

Esta história começa em 1996, no curso de Mecânico de Aeronaves, onde conheci Angelo – seu nome de guerra no quartel. Foi um daqueles períodos que marcam a vida para sempre. Acordávamos muito cedo e tínhamos uma rotina rígida: uniforme impecável, barba feita e postura ereta para a revista do Cabo Matias, figura implacável e imponente que inspirava respeito e medo. Qualquer deslize, e lá estávamos nós, no "inferno verde", capinando sob o sol impiedoso.

Passávamos dias inteiros confinados em sala de aula, entre estudos e avaliações. A única exceção era a educação física e o almoço, um breve respiro na companhia dos alunos de outros cursos. Marcio, sempre intenso, destacava-se pela personalidade forte e marrenta.

Naquele ambiente austero, forjou-se o nosso caráter. Tornamo-nos homens de verdade, na verdadeira acepção da palavra. Tivemos a sorte de encontrar um mentor excepcional, o subtenente Neves, o militar responsável pelo curso, que nos doutrinava firmemente, mas cuja missão, claramente, era formar homens fortes e capazes de se superar na vida.

Foi um ano intenso, repleto de desafios e vitórias. E este livro é sobre isso: desafios, superação, transformação e realização de sonhos.

Certa vez, fui estudar na casa de Marcio e tive o prazer de conhecer sua mãe, Dona Dalva. Pense numa mulher brava! Quando chegamos sem avisar, ela já deu a primeira bronca: "Vocês não avisaram que vinham, então vão ter que comer arroz com salsicha!" (risos). Também tive a honra de conhecer seu pai, o Sr. Tuninho, que, para minha surpresa, o chamou de "Riqueza". Seu Tuninho era calmo, gentil e brincalhão. Ali, percebi de onde vinham a força bruta, a gentileza e o lado empreendedor do meu amigo.

Lembro-me de que naquele dia, enquanto comíamos nosso arroz com salsicha, Marcio falou com muita convicção que iria concluir a formação de mecânico de aeronaves, mas sabia que seria apenas um trampolim para realizar seu sonho: ser piloto de avião e ficar rico. Ele falava de uma maneira que não parecia ser um sonho distante; vinha da alma. E ele sempre dizia isso quando estávamos entre amigos, e sempre riam dele, mas ele não se importava. Declarava com firmeza: "Eu não vou ser pobre. Eu vou ficar rico!".

No ano seguinte, após a nossa formação, fomos contratados pela Varig. Na época, a maior companhia aérea da América Latina. Fomos trabalhar juntos no mesmo setor com poucos amigos da formação. A amizade cresceu junto com os sonhos. Compramos nosso primeiro carro, trabalhávamos dia e noite, dobrando turnos e fazendo hora extra todos os dias, desmontando e montando aqueles aviões enormes. Mesmo sujos e cansados, ali no meio do pessoal do trabalho, de vez em quando ele soltava sua frase de sempre: "Isso aqui é passageiro. Eu vou ficar rico!". E, claro, o pessoal não perdoava, caçoava dos sonhos dele.

Marcio sempre foi muito trabalhador e dedicado no que fazia. Era detalhista, cuidadoso nos acabamentos do avião. Lembro-me de que na formação era o que mais perguntava. Queria entender tudo! E, às vezes, já na hora de ir embora, lá vinha ele com mais uma pergunta, para desespero da turma.

Ele sempre foi diferenciado: na força, na garra, na convicção e nos seus valores. Um homem justo e honesto.

Sempre fui um sonhador, mas a crença de que eu merecia algo maior foi algo que desenvolvi trabalhando com ele. Ele me ensinou a enfrentar com entusiasmo as adversidades, pensar grande e trabalhar por objetivos maiores, mesmo quando as condições eram desfavoráveis. Marcio era um exemplo vivo disso. Em nossas conversas, confidenciava as dificuldades que enfrentava: a falta de dinheiro para ir ao curso, os despejos que sofreu, mas, de alguma forma, nada o parava. Eu pensava: "De onde vem essa força?". Era algo inspirador.

Os anos passaram. Marcio conseguiu trocar de setor na empresa para fazer seu curso de piloto e inglês, e eu fui trabalhar na pista de aviões. Nos víamos com menos frequência e perdemos contato. Até que um dia, soube que ele havia pedido demissão da Varig. Fiquei espantado, afinal, ele queria ser piloto.

Certo dia, ele me liga e marca de me encontrar no estacionamento da empresa e, quando o vi, tomei um susto. Ele estava de terno e gravata no meio da tarde em pleno verão do Rio de Janeiro. Estava diferente, como se não pertencesse mais àquele mundo da CLT. Ali, ele me contou que estava trabalhando com vendas diretas e que o que levávamos 30 dias para ganhar de salário, ele fazia em uma semana trabalhando algumas horas por dia. Falava com entusiasmo e, para me provar, puxou do bolso um pacote de cheques de comissão de vendas. Era muito dinheiro! Fiquei impactado.

Ele havia voltado para me resgatar e me levar para aquele mundo. Alguma coisa o fazia acreditar em mim.

Foi inevitável. Rapidamente, tornou-se um dos melhores vendedores naquela empresa e, quando conheceu o multinível, alguns anos depois, alcançou um sucesso estrondoso. Já na sua primeira empresa, destacou-se atingindo as maiores graduações, o maior volume nacional e internacional em vendas de equipe, tornou-se um dos maiores treinadores dentro e fora do Brasil e bateu todas as metas de premiações e viagens. E eu estava junto, óbvio!

Logo, tornou-se o líder do maior sistema de treinamento do Rio de Janeiro, reunindo semanalmente milhares de consultores. Toda segunda-feira era sagrado: ele e a liderança local ensinavam como crescer e prosperar com vendas e formação de equipes. Criou, sob seu comando, um verdadeiro exército de empreendedores de multinível bem treinados. Sua generosidade era tamanha que treinava e dava assistência às pessoas que não faziam parte de sua rede. Essa característica se perpetua até hoje, através da Academia do Multinível, que segue impactando vidas.

Lembro-me das primeiras reuniões caseiras, realizadas na garagem da minha mãe. Toda semana, Marcio estava lá, me ajudando na construção do meu negócio. Não importava se fazia frio, calor ou se chovia; ele sempre aparecia impecável de terno e gravata, falando sobre o negócio com total convicção e profundo conhecimento dos produtos e do modelo de negócio. Para ele, não existia sábado, domingo ou feriado; ele trabalhava até de madrugada se fosse necessário. Lembro que, juntos, fizemos apresentação de negócios numa madrugada de carnaval, após um empresário fechar a sorveteria. Ele era incansável!

Nestes quase 20 anos que estou no multinível, nunca vi um líder tão comprometido com os sonhos das pessoas como meu amigo, irmão de coração e mentor. Nas empresas por onde passou, sempre manteve, de forma constante, o sistema de treinamento semanal, com um comprometimento inabalável.

Neste livro, você aprenderá, na prática, a metodologia que ele aprendeu, usou e aperfeiçoou para transformar sua vida e a vida de milhares de pessoas. Como o garoto pobre do subúrbio se tornou um ícone mundial dessa indústria. Descobrirá o passo a passo essencial para construir uma organização sólida e bem-sucedida, partindo do zero. Aprenderá a desenvolver confiança em si mesmo, sem depender de ninguém ou de nada para alcançar o nível desejado numa empresa de Multinível. Este livro te ensinará como ter uma crença inabalável, mesmo em meio às circunstâncias mais desafiadoras. Você aprenderá a transformar sua indignação, raiva ou dor em combustível para se tornar imparável, onde quer que esteja.

O *Multinível Raiz* forjará em você uma mentalidade vencedora e tocará tão profundamente a sua essência que, antes mesmo de terminar a leitura, você sentirá o desejo de sair correndo para construir seu futuro. Suas dúvidas e medos se tornarão tão pequenos que nada mais será capaz de pará-lo.

Este livro será seu companheiro, seu GPS durante sua jornada no multinível. Então, aproveite cada página e prepare-se para voos ainda mais altos.

"A visão está clara!"

– Fernando Tavares

Líder de Multinível, treinador, palestrante e escritor.

Bem-vindo a uma aventura que desafiará suas percepções, quebrará suas barreiras pessoais e o guiará em direção ao sucesso no universo do marketing multinível. Neste instante, você está prestes a virar a chave que abrirá portas para oportunidades que talvez você nunca tenha imaginado. Existem momentos em que uma única decisão pode modificar o curso de uma vida inteira, e você, leitor, segurando este livro, está prestes a tomar essa decisão.

INTRODUÇÃO

O PODER DO MULTINÍVEL

O marketing multinível (MMN) não é apenas uma estratégia de vendas, uma oportunidade de renda extra ou uma mera oportunidade de negócios, é um estilo de vida. É a chance de esculpir seu próprio caminho, de trilhar uma trajetória única que você poderá chamar de sua. É um mundo onde o potencial é ilimitado, e as possibilidades são tão vastas quanto o oceano. Porém, entrar nesse universo sem um guia seria como navegar por águas desconhecidas sem mapa ou bússola.

Neste livro, você encontrará um manual completo e um mentor através das palavras escritas. Pretendo não apenas informar, mas também transformar. Este é seu porto seguro, onde cada página destilará sabedoria prática, estratégias comprovadas e insights de quem trilhou e veio antes de você.

Desbloqueando sua excelência

Imagine acordar todos os dias com a certeza de que sabe exatamente o que fazer para avançar em direção ao sucesso. Pense nas mudanças internas que você testemunhará: confiança inabalável, mentalidade de crescimento ilimitado e uma habilidade única de transformar desafios em trampolins. Eis o propósito deste livro: capacitá-lo com as ferramentas necessárias para não apenas sobreviver, mas também prosperar, transformar sua vida e a vida de muitas pessoas.

Ao percorrer estas páginas, você encontrará um método meticuloso para dominar o multinível – desde os elementos fundamentais até os segredos que os veteranos guardam a sete chaves. Estaremos explorando técnicas específicas de abordagem, desde o amanhã até a perseverança inquebrantável dos pioneiros dessa indústria. Imagine cada lição, cada página, como uma peça vital de um quebra-cabeça que completa o quadro maior de sua carreira de sucesso.

Transformando desafios em triunfo

No coração de todo grande triunfo, há uma batalha ferrenha com as crenças limitantes. A jornada de transformação contempla tanto a quebra dessas correntes mentais quanto a implementação prática das técnicas de mercado. Estaremos juntos nesse processo, impulsionando a metamorfose pessoal e profissional que definirá seu novo "eu".

Qualquer dúvida, medo ou pensamento negativo que tenha impregnado sua mente até agora será abordado e, gradualmente, substituído por ferramentas de autoconfiança e poder pessoal. Vamos desemaranhar conceitos já assentados e reequipá-lo com a mentalidade dos vencedores.

A promessa de um novo amanhã

Assim como um escultor vê a figura oculta dentro de um bloco de pedra, este livro enxerga o potencial não lapidado em você, desejando se manifestar. Vamos esculpir essa essência juntos, um passo determinado atrás do outro.

Deixe que o *Multinível Raiz* seja a sua bússola para o sucesso; abrace cada conceito com paixão, e verá que não apenas conquistará suas metas, mas também as ultrapassará com fluidez e excelência.

Prepare-se para a viagem de sua vida. A conquista do sucesso começará neste instante. E uma vez que o sol despontar no horizonte, será o cenário de um amanhã ainda mais brilhante. Avante, com coragem, convicção e compromisso:

SEU FUTURO GRANDIOSO COMEÇA AQUI E AGORA.

INSTRUÇÕES PARA LEITURA

M*ultinível Raiz* é mais que um livro, é um manual. E como todo manual, você pode ir direto ao ponto que mais necessita no momento. É óbvio que é importante que leia o livro todo e na sequência certa, mas isso não é uma regra aqui.

EU QUERO QUE VOCÊ TENHA RESULTADO!

E se for necessário ir direto a um capítulo que fala exatamente o que que você precisa saber, vá! Não se prenda a nada, você é livre, e estou contigo nessa.

Só lhe peço uma coisa:

FAÇA VALER A PENA CADA MINUTO DESTA LEITURA E SE TORNE AQUILO QUE DEUS FEZ VOCÊ PRA SER.

Nesta leitura você encontrará **QR Codes que o levarão a algumas videoaulas da Formação Multinível Raiz** (a primeira formação em Multinível EAD reconhecida pelo MEC e certificada por uma universidade). É só apontar a câmera do seu celular, que terá acesso imediato.

Faça bom uso das aulas, e lá você terá controles para acelerar ou legendar os vídeos se assim desejar.

VENHA COMIGO, E FACA NA POBREZA!

CAPÍTULO 1

TUDO SOBRE MARKETING MULTINÍVEL

Seja bem-vindo, meu caro leitor. Neste capítulo, vamos nos aprofundar no conceito de multinível e conhecer absolutamente tudo sobre esse incrível modelo de negócios.

O QUE É MULTINÍVEL?

Presente em mais de 160 países dos 193 reconhecidos pela ONU até o ano de 2024, nos cinco continentes, o marketing multinível é um modelo comercial de distribuição de produtos e serviços, cujos ganhos podem ser obtidos de duas fontes: a primeira, e mais conhecida pelo grande público, é a **venda de produtos ou serviços**, e a segunda, que torna esse negócio algo verdadeiramente poderoso, é o **recrutamento de novos consultores**, adeptos, vendedores ou empreendedores, que adquirem os produtos a preço de atacado da empresa para consumo direto e/ou revenda para clientes. Sendo assim, o multinível é considerado <u>uma evolução do modelo de vendas diretas,</u> nosso velho conhecido.

Portanto, o empreendedor torna-se mais do que apenas um consumidor direto da fábrica e mais do que apenas um vendedor desses produtos e serviços, pois ele pode **formar uma equipe (rede de consultores)** que também irá consumir e vender esses mesmos artigos. A grande sacada desse modelo de negócio é que grande parte do lucro obtido pelas empresas com os produtos adquiridos pela "rede de consultores" é revertida para eles em forma de **"BÔNUS"**, que nada mais é do que uma **"comissão de vendas" da**

fábrica. Por isso o nome "**MULTINÍVEL**", pois você recebe uma participação dos lucros que vêm da produtividade da sua equipe ou rede em **múltiplos níveis**.

As pessoas que você recruta compõem os diversos níveis da sua equipe, e as diversas camadas do plano de carreira da empresa determinam as porcentagens e variações da remuneração. Esse é o poder desse modelo de negócios, a mágica do multinível.

Como mencionado, **o multinível é uma evolução da venda direta**, um passo além desse modelo tão conhecido e necessário. Entretanto, muitas pessoas defendem o multinível sem vendas. Isso pode até ser possível em alguns países da América do Norte, Europa, Oceania e Ásia, que têm economias estáveis, mas na América Latina, na África e em alguns países da Ásia, países de terceiro mundo, essa ainda é uma realidade um pouco distante. O artifício da venda é necessário para que o negócio se mantenha sustentável.

Em países com economias desenvolvidas, é possível que empresas e empreendedores de multinível consigam obter bons ganhos apenas com o que os afiliados adquirem para o próprio consumo. Entretanto, **em países subdesenvolvidos**, com grandes diferenças sociais e onde os salários mal pagam moradia, alimentação e transporte, **os adeptos do multinível não conseguem manter suas ativações apenas consumindo. Por isso a importância da venda e do compartilhamento de produtos com o círculo social de cada afiliado**, que encontra na comercialização de produtos exclusivos a possibilidade de obter lucro e manter a ativação de seu negócio.

O melhor negócio de todos os tempos

Quando se pensa, hoje em dia, sobre o que é um bom negócio, não se trata mais de como era antigamente, ou seja, um produto que vende muito ou um ponto de venda que dê retorno. Não mais! Bons negócios são os escaláveis, aqueles que vão crescendo, ampliando e gerando frutos, resultados. Ou pode-se dizer que um bom negócio gera rendas residuais dessa escalabilidade.

E é disto que trata o multinível: **um negócio escalável em que não há necessidade de injetar capital para fazer com que ele aconteça.** E isso, por si só, já "mata a pau" qualquer outro modelo de negócio tradicional.

Pontos-chave que tornam o multinível um negócio extraordinário

1. **O multinível é um negócio próprio** que não requer grandes investimentos, e, mesmo quando é necessária a injeção de um **valor para iniciar, é um valor irrisório.** É muito comum o exemplo de pessoas com muita sede de vencer e muita vontade de crescer que estão zeradas financeiramente, quebradas, mas que mesmo assim conseguem começar e fazer multinível. Ou seja, **é possível ter um negócio próprio**. Ele se faz **acessível a toda e qualquer pessoa** que deseja investir mas não tem dinheiro pra isso. Ora, a maioria das pessoas no planeta deseja ter o próprio negócio, independência, e não tem capital para começar. Nisso, o multinível já mostra sua grande vantagem.

2. O multinível é um tipo de negócio em que o empreendedor **não precisa de um estoque**, mesmo se tratando de produtos

físicos. Por quê? As empresas de multinível têm um sistema de entrega muito veloz. Hoje em dia, as empresas conseguem ser eficientes na entrega direta ou por meio de seus CDs, franquias ou concessões. Quando alguém se cadastra numa empresa de multinível, pode retirar o produto ou simplesmente recebê-lo onde quiser. Então, só o fato de não ter estoque nem ter que injetar dinheiro nisso é outra grande bênção.

3. **O multinível é um negócio que não tem risco,** porque todo investimento feito, que já é bem pequeno, é revertido em produtos para que o empreendedor possa recuperar rapidamente o valor por meio da comercialização para seus amigos e parentes próximos. Sejamos sinceros, nos negócios tradicionais, ao montar uma loja de roupas de uma marca específica ou mesmo uma franquia de qualquer coisa, é preciso pagar um dinheirão só para montar a estrutura, contratar funcionários, finalizar tudo antes de começar a vender, sem ganhar um centavo e com risco de não recuperar esse montante. Já no multinível não há esse risco, pois não necessita de funcionários, não há despesa, não precisa ter loja física nem estrutura. Você é o seu negócio e pode fazê-lo a partir da sua casa.

Obviamente, quem se associa a uma empresa de multinível deve ter uma empresa aberta, mas isso não precisa ser feito de imediato. Pode-se abrir um MEI, por exemplo, no Brasil, que é uma forma de ser uma "PJ" com faturamento baixo e pagando uma taxa ridícula para fazer tudo dentro da lei e receber as comissões da companhia. E com o próprio retorno do produto vendido e movimentado, aí pode-se abrir realmente a empresa, e assim o negócio se paga.

Se alguém que entrou no multinível diz que quebrou, é certeza de que se trata de uma grande mentira. Ninguém quebra por causa do multinível, uma vez que o dinheiro que se investe é irrisório e volta muito rapidamente.

Vamos tomar como exemplo uma empresa na qual se tem de investir um pouco mais para começar: a Herbalife. Trata-se de uma empresa em que, para começar bem, é necessário investir um pouco mais do que em outras empresas, mas a verdade é que nem é um valor tão alto assim, se comparado a um negócio tradicional. Ou seja, um investimento na casa de cinco a dez mil reais. E às vezes não dá certo. Mas a realidade, no caso, é que a maioria das pessoas não sabe o que significa, de fato, "quebrar" no mercado tradicional.

Isso efetivamente acontece quando se pega uma grande quantia de dinheiro (que não se tem, mas que se empresta, se arrecada com muito esforço e de um modo do qual não há como sair) e a coloca inteiramente numa estrutura, comprando estoque que pode encalhar, arriscando-se a tomar processo de funcionários, não ter o faturamento adequado, ficar três, quatro, cinco meses com o ponto aberto... Ou seja, há muito dinheiro preso ali, e, quando não dá certo, fecha-se a loja, há dívidas para todo lado, e aí, sim, se quebra.

Pois bem, **esse risco não se corre no multinível**, pois ele é um tipo de negócio em que não é necessário renunciar a uma atividade principal, ou outro negócio, emprego ou cargo público para poder desenvolvê-lo.

4. **Você pode dedicar seu tempo livre**, mesmo que seja apenas **uma ou duas horas por dia**. Gradualmente, com o recrutamento de novas pessoas para a sua equipe, as horas trabalhadas por você e seus colegas irão se somar. Por exemplo, em um grupo de dez, vinte ou trinta pessoas que dedicam seu tempo livre, uma

ou duas horas por dia, para o multinível, veja quantas horas é possível desenvolver por dia, por semana! E tenha sempre em mente que **você tem um percentual de ganho sobre todos os produtos movimentados por sua equipe**. Com base nesse cenário, você consegue perceber o potencial desse modelo de negócios, a escala, o impacto que ele pode ter sobre a sua vida financeira? É incrível!

5. **Os treinamentos e a capacitação são oferecidos pelas empresas e/ou lideranças.** Outra grande vantagem do multinível é que esse não é um modelo de negócios que deixa profissionais desamparados. A preocupação com o desenvolvimento e a profissionalização dos empreendedores levou cada empresa que atua nesse ramo a desenvolver seu próprio sistema de treinamentos, como uma **"escola de negócios"**, que permite ao colaborador adquirir e aprimorar suas habilidades em diversas áreas pertinentes ao crescimento de seu negócio. E na maioria das vezes é totalmente gratuito, ou oferecido por um valor irrisório.

É surreal a praticidade de poder trabalhar com o multinível em suas horas vagas, com um investimento inicial baixíssimo, e ainda ter acesso a cursos e treinamentos sem custos adicionais. Em comparação, o mercado tradicional não é capaz de lhe oferecer as mesmas condições em nenhum aspecto, pois não permite que você trabalhe de forma paralela à sua atividade primária, nem que escolha com quem quer trabalhar, com baixo custo de manutenção (que, normalmente, você consegue manter apenas com uma parcela de seus ganhos mensais com o próprio multinível). Portanto, são inúmeras as vantagens.

6. Os ganhos imediatos também são um diferencial bastante atrativo, pois **você consegue recuperar seu investimento em pouco tempo** após a primeira retirada de produtos. Você tem sede de crescimento, é uma pessoa ambiciosa? Então saiba que pode obter esse retorno no mesmo dia, na mesma semana, no mesmo mês. Tudo depende do quanto de si você doa ao negócio. E isso não existe no varejo tradicional, ambiente em que se leva anos para recuperar o investimento e obter algum lucro sem sangrar seu negócio.

7. Outro aspecto valoroso do marketing de multinível é a **facilidade que qualquer pessoa tem para começar**. **Democrático, é um negócio que pode ser desenvolvido por qualquer um, independentemente de classe social, localização, credo, raça, formação acadêmica etc**. Mesmo que você não tenha experiência com vendas, tranquilize-se, pois afirmo com segurança que mais de 85% das pessoas que entram para o mercado de multinível nunca trabalharam com vendas. É muito provável que você, que lê agora, tenha essa mesma insegurança, mas é justamente para quebrar essa sensação que você pode contar com os cursos e treinamentos das já citadas escolas de negócios e, obviamente, com este livro e todo o conteúdo da Academia do Multinível.

8. A possibilidade de convidar pessoas queridas para integrar sua equipe também é um ponto atrativo do multinível, pois **você pode desenvolver o seu negócio e crescer com as pessoas de que gosta e com as quais se relaciona bem**. Não são poucas as histórias daqueles que mudaram de vida, transformaram a própria realidade, e a de pessoas queridas do seu entorno oferecendo-

-lhes uma oportunidade no multinível. Em um contexto social como o nosso, no qual as pessoas perdem os empregos de um dia para o outro, crises vêm e vão e a economia vive instável, você pode, literalmente, salvar vidas oferecendo uma oportunidade de trabalho para as pessoas que você achar que têm condições de colaborar com o crescimento do seu grupo. **Você se torna um agente de mudanças quando estimula pessoas a empreender, e o multinível** é uma excelente oportunidade de negócio para quem está em busca de fazer dinheiro rápido para pagar dívidas, manter as contas básicas em dia e sustentar a família.

9. A **flexibilidade de tempo** também é um fator bastante atrativo, pois, se você exerce atividades que demandam um investimento de tempo muito grande, como trabalho e faculdade, o multinível é um negócio capaz de se desenvolver, com bons retornos, diga-se de passagem, em dias de folga, finais de semana e qualquer outra janela de tempo que você tiver disponível ao longo da semana. **É possível começar com um investimento muito baixo de tempo**, e, mantendo isso de forma constante, à medida que você vai conseguindo algum retorno financeiro e aumentando a sua rede, é muito provável que, em algum ponto da caminhada, o multinível se torne a sua principal fonte de renda, pois, conforme você agrega pessoas à sua equipe, o tempo que elas investem é somado ao seu, que é alavancado, gerando mais retorno. Por exemplo: vamos supor que, inicialmente, você trabalhe cinco horas por semana e, ao longo de algum tempo, agregue vinte pessoas à sua equipe, que também conseguem investir as mesmas cinco horas semanais que você. Somando o tempo de trabalho de todo o seu time com o seu, ao término da semana você terá

105 horas trabalhadas. Pessoalmente, você produziu 5 horas, mas, de forma alavancada, foram mais de 100 horas, das quais você tem direito a receber um percentual. Percebe o potencial e a escala que esse negócio lhe oferece?

Mantendo seu ritmo constante e estimulando sua equipe a fazer o mesmo, em pouco tempo você conseguirá alcançar níveis de liderança dentro da companhia que escolheu para trabalhar, vai obter ganhos próximos aos cinco dígitos e se sentir estimulado a aumentar o tempo que dedica ao negócio, tornando-o sua atividade principal.

10. **O multinível é um negócio alterista**. O alterismo é uma prática de doação consciente; é você ajudar outras pessoas sem prejudicar suas decisões e seus próprios interesses. **O multinível é uma atividade que dá a você a oportunidade de doar muito mais do que pode receber.** É um trabalho, logicamente, mas que lhe oferece a possibilidade de ajudar pessoas por meio do ensino e da oportunidade de trabalhar com um negócio extremamente rentável. Diversos escritores e estudiosos da mentalidade de pessoas que construíram grandes fortunas observaram que essa é uma característica comum a grande parte delas. Entretanto, elas adotam critérios para devolver à sociedade uma parte do que receberam: como, onde e para quem doar. E isso, muitas vezes, de forma anônima e sem nenhuma contrapartida. E sabemos que, assim como a lei da gravidade, a lei da semeadura é real. Quanto mais nos doamos, quanto mais abençoamos pessoas que precisam e merecem, mais recebemos, mais somos abençoados de volta. Esse é um princípio que tenho vivenciado ao longo de toda a minha trajetória do multinível.

11. Um negócio altamente escalável e capaz de realizar todos os seus sonhos. Se tem algo que o multinível tem é a capacidade de te fazer crescer e realizar tudo que deseja. O marketing de multinível também já me proporcionou a realização de muitos sonhos e desejos, e me permitiu vislumbrar um horizonte que nunca achei que conseguiria atingir. Hoje sei que tudo depende apenas do meu esforço. E essa é uma mentalidade que também está ao seu alcance. Entenda, na maioria das empresas de multinível, os planos de negócios são muito bem estruturados, e incluem em suas bonificações viagens, carros, hospedagens em hotéis e resorts incríveis, que não passam nem perto das possibilidades financeiras da maioria da população. Particularmente, já tive a oportunidade de fazer diversas viagens por intermédio das companhias de multinível em que trabalhei.

Mais de vinte delas foram internacionais, sendo que dez foram para os Estados Unidos, onde pude conhecer diversas cidades em estados diferentes. E nenhuma dessas viagens era algo com o qual eu sonhava, mas foram fruto do reconhecimento que tive pelo bom trabalho que desenvolvi em diferentes empresas.

O nível de reconhecimento que as empresas de multinível proporcionam aos seus empreendedores e líderes é algo jamais visto em nenhum outro tipo de negócio. O momento em que você receber seu primeiro prêmio por reconhecimento vai ser algo inesquecível em sua vida e vai mexer com os seus sonhos como poucas coisas, porque o horizonte que se abre para você vai lhe mostrar que nada é impossível. Basta trabalhar por isso, e a recompensa virá na mesma proporção.

12. **Hereditariedade.** Após viver algum tempo nesse mercado, você já vai ter convicção de que o **multinível é um negócio acessível, democrático**, que oferece uma boa formação, excelente retorno financeiro e reconhecimento por bom desempenho. Mas o que também ficará claro e cristalino para você é que **esse negócio é vitalício e hereditário.** Diversas empresas estão no mercado há mais de sessenta, setenta anos e são companhias sólidas, muito bem estruturadas e geridas. Ao longo da minha vivência nesse mercado, ouvi diversas histórias ao redor do mundo de famílias inteiras atuando no multinível, de **filhos que herdaram o contrato do pai e seguiram desenvolvendo o negócio, realizando sonhos e prosperando na vida.**

No mercado tradicional, por sua vez, é claro que temos muitas histórias de sucesso, mas o comum é ouvirmos sobre empresas que foram destruídas ou simplesmente fecharam as portas quando passaram para as mãos da família. Enquanto o dono passa boa parte da vida se dedicando a construir e levantar uma empresa, a esposa e os filhos se dedicam a outras, e ninguém na família desenvolve as competências necessárias para tocar aquele negócio, até que ele acaba. Ao contrário disso, no multinível, se o negócio for bem desenvolvido e a equipe de afiliados for competente, o próximo a assumir vai continuar recebendo o dinheiro que ele gera por muitos e muitos anos, mesmo que não tenha ainda as competências necessárias, que podem ser desenvolvidas com o negócio andando.

13. **Networking.** Contudo, o maior presente que o multinível pode lhe oferecer, como empreendedor, é a possibilidade de construir um *networking* gigantesco, que você não conseguirá em nenhum outro lugar. Em um curto espaço de tempo, você vai conhecer pessoas de todas as áreas e segmentos que puder imaginar, pessoas extremamente capacitadas e outras ainda leigas, mas, independentemente da condição, todas com a mesma possibilidade de construir resultados dentro do multinível. A partir do momento em que você começa a se projetar na companhia, a apresentar bons resultados, subir alguns níveis do plano de carreira e se tornar um líder minimamente conhecido, começa a ter contatos e a se relacionar com pessoas do país todo e até do mundo. **Portas se abrem para você.**

O MULTINÍVEL VAI LHE MOSTRAR O PODER DO RELACIONAMENTO E DAS AMIZADES QUE VOCÊ IRÁ CONSTRUIR AO LONGO DO TEMPO.

O MELHOR NEGÓCIO DE TODOS OS TEMPOS

A maior escola de negócios do mundo

Uma das coisas mais legais desse modelo de negócios é o nível de treinamentos e capacitações que são disponibilizados pelas empresas de multinível. Como dito anteriormente, a maioria é feita gratuitamente, e investir seu tempo neles vai transformar a pessoa que você é no aspecto profissional e pessoal.

Entretanto, não existe aprendizado válido sem aplicação. **E é justamente no dia a dia do negócio que você vai conhecer a maior escola de negócios do mundo.** Não é exagero rotular o multinível dessa maneira, pois esse é o único modelo de negócios capaz de desenvolver com excelência todas as habilidades necessárias em grandes empreendedores, como gestão financeira, gestão de pessoas, gestão de negócios, oratória, inteligência emocional etc. Muitas pessoas gastam fortunas com treinamentos em todas essas áreas, investem muito dinheiro fazendo cursos de PNL, coaching, pós-graduação e MBA, que são aprendizados interessantes e muito válidos, mas que demandam uma quantidade enorme de tempo e não necessariamente vão entregar a solução de que você precisa para o momento que está vivendo.

E com o multinível, você tem o melhor da teoria aliado à prática diária. **O sistema de treinamento** é desenvolvido pelos líderes das empresas de multinível em todo o mundo, e você tem acesso a ferramentas de apoio, recomendação de **livros, áudios e vídeos** necessários para desenvolver habilidades específicas e essenciais ao líder que você almeja ser, e hoje também temos a **Academia do Multinível** como **maior canal de capacitação de multinível** do mercado, com centenas de treinamentos no YouTube de forma gratuita e também por meio dos cursos profissionalizantes em sua plataforma paga, que você pode encontrar no site https://academiadomultinivel.com/.

Além disso, também existe a oportunidade de realizar trocas diretas, como **aconselhamentos e mentorias** com os melhores do mercado.

Aqui vale a pena abrir um espaço para esclarecermos a diferença entre esses dois tipos de orientação:

Se você busca solucionar problemas e demandas específicas, deve buscar **aconselhamento.**

A **mentoria**, por sua vez, trata-se de um acompanhamento longevo, com trocas constantes, em que um mentor vai auxiliá-lo na formatação de *mindsets*, além de fornecer aprendizados que o ajudem a identificar os melhores caminhos para obter excelentes resultados em seus negócios.

Muitos empresários e pessoas bem-sucedidas em suas áreas de atuação cobram fortunas por esses tipos de orientação, e no multinível eles estão ao seu alcance sem custos adicionais, então, é importante que você tenha essa consciência e absorva atentamente todo o conhecimento que tiver a oportunidade de adquirir.

Estando atento a esses pontos, você perceberá ao longo dos anos que, naturalmente, vai desenvolver **novas habilidades** que farão de você uma pessoa diferente do que seria se não tivesse entrado nesse negócio. Elas vão ajudá-lo não apenas no multinível, mas farão de você um ser humano mais atento e sensível ao que acontece no seu entorno.

VAMOS PONTUÁ-LAS? ATENTE-SE PARA AS PALAVRAS EM **NEGRITO!**

Mais do que uma habilidade, um sentimento que vai despertar em você logo nos **primeiros meses** é o de **autorresponsabilidade**. Algumas pessoas são cuidadosas com as atribuições de apenas uma ou algumas áreas da vida, enquanto tratam outras (áreas importantes, muitas vezes) com negligência. Trazer para si a responsabilidade do que acontece no seu entorno é a única forma de tomar as rédeas da sua vida. Terceirizar esses cuidados coloca em xeque o controle sobre si mesmo. E **no multinível, é importantíssimo que você seja protagonista na geração de seus resultados** e na criação dos seus momentos de sucesso, caso contrário, dificilmente você permanece no negócio. Então, é bastante comum que se desenvolva um senso de autorresponsabilidade que acaba sendo estendido a todas as áreas da vida. Muitas vezes você vai se deparar com situações, dentro do multinível, em que vai lhe faltar conteúdo, ou alguém para acompanhá-lo, ou um patrocinador, mas a vontade de prosperar e a compreensão de que você é o único responsável pela geração do seu sucesso vai lhe fazer ir atrás do que for necessário para não falhar.

Sendo uma pessoa autorresponsável, você certamente já vai ter desenvolvido, simultaneamente, uma **mentalidade empreendedora**. Construir resultados relevantes no multinível vai exigir que você formate sua forma de pensar e enxergar as coisas; você vai precisar repensar hábitos e comportamentos, e tudo isso passa por pensar como um empreendedor. Não é possível ter sucesso sem antes pensar que é capaz de chegar lá, sem ter uma visão clara do caminho que vai percorrer e das atitudes que vai ter que tomar. Todos esses pontos são pensamentos constantes na mente do empreendedor.

Com a mentalidade formatada, enxergando as coisas de um jeito mais claro ao seu propósito, você não vai demorar a entender a importância do **autocuidado**, de **cuidar da sua imagem**. Não estou falando apenas de vaidade, mas de ter uma aparência que corresponda aos resultados que você deseja construir. Bons resultados demandam boa aparência, e o dia a dia no multinível deixa isso bem claro para as pessoas. Ele vai deixá-lo alinhado.

Algumas das equipes que montei eram compostas por muitas pessoas jovens, universitários no começo da vida adulta, e, sempre que me reunia com esses grupos, nas primeiras reuniões, costumava dizer:

"Vocês querem ter sucesso? Então precisam se vestir para o sucesso e atrair o olhar das pessoas, porque, antes de comprarem o que vocês têm para oferecer, as pessoas comprarão a sua imagem!"

A responsabilidade pelo seu negócio passa pela sua aparência, e você aprende a cuidar do seu corpo, da sua imagem, a zelar por si mesmo. E, mais uma vez, esses cuidados vão reverberar em outras áreas da sua vida além do multinível.

A **autoconfiança**, por exemplo, é um sentimento que vai ser afetado positivamente quando você passar a cuidar de sua imagem. Estar apresentável vai despertar seu interesse em se conhecer melhor e olhar para si mesmo. E isso é muito importante, porque a autoconfiança passa pelo autoconhecimento. Não é possível confiar no que não se conhece, e a maioria das pessoas não busca por isso. E é justamente por não conhecer seus pontos fortes e seus pontos fracos, não saber quais habilidades precisa adquirir, com quais defeitos precisa aprender a lidar, que boas ideias deixam de ser executadas, projetos não passam do estado de meros pensamentos e competências, e o melhor de seu potencial passa anos e anos adormecido, por falta de confiança para aplicá-los. Contudo, existem ferramentas que podem ajudá-lo a mapear seu funcionamento e modo de pensar, para que, por meio desses resultados, você possa atacar diretamente os problemas que o impedem de avançar. Autoconfiança é uma qualidade muito relevante no multinível e certamente vai ajudá-lo a ser mais seguro de si mesmo. E dominando variados aspectos da sua personalidade, você estará apto a **lidar com pessoas difíceis**.

O multinível é um negócio de recrutamento de pessoas e formação de equipes. Como líder, você vai ser obrigado a caminhar com essas pessoas e auxiliá-las em sua jornada dentro do multinível. Todos os problemas e dificuldades que você enfrentou quando iniciou no negócio provavelmente se repetirão com essas pessoas, então, você será responsável por indicar a elas qual o melhor caminho, conectá-las a outras pessoas, indicar sistemas de treinamento etc. E conforme elas crescem, você também avança na mesma medida, melhorando o modo como desenvolve suas relações interpessoais, aprendendo a ser mais paciente, tolerante, compreensivo e empático, pois irá se relacionar com personalidades e temperamentos muito variados e não pode deixar de lidar gentilmente com ninguém. Muitas pessoas abrem mão dessa habilidade e perdem negócios, deixam de ganhar muito dinheiro pela falta de habilidade de se conectar com pessoas difíceis.

Empatia, colocar-se no lugar do outro, é uma capacidade muito necessária para lidar não apenas com pessoas difíceis, mas também com absolutamente todas as pessoas que passam pela sua vida. Não é um elemento que possa ser excluído na hora de se relacionar com pessoas e é extremamente poderoso na hora de desenvolver seus relacionamentos dentro do multinível. Ser empático na hora de se conectar com pessoas é uma boa maneira de garantir que o processo de comunicação seja "liso". Aliás, eu diria que a maioria esmagadora de todos os grandes problemas que enfrentamos na humanidade seria facilmente resolvida com autoconhecimento e uma boa comunicação. E isso tem tudo a ver com empatia, pois, em uma realidade repleta de pessoas que não estão dispostas a abrir mão de ter razão, a empatia se torna uma ferramenta importante para tentar entender o que leva uma pessoa a adotar posições tão ferrenhas na defesa de suas ideias, mesmo sabendo que, muitas vezes, ela pode estar muito apegada a algo que não funciona ou que não é o melhor para o negócio. Então, para evitar que pessoas se afastem e manter a essência do multinível, que é a de agrupar, aproximar, atrair pessoas, você precisa ter essa habilidade.

O ambiente em que se desenvolve o multinível vai ajudá-lo a fortalecer seu **relacionamento interpessoal**. Mesmo que você tenha uma natureza tímida, vai aprender a lidar com ela sem perder a simpatia, iniciar conversas nos lugares em que chega e se relacionar com pessoas desconhecidas com muita facilidade. O multinível é um modelo de negócios que não poderia existir sem esse fator, então, digo seguramente que esse é um dos pontos mais importantes para se atentar.

Após iniciar e desenvolver seus relacionamentos, você vai precisar evoluir suas **habilidades com vendas**, essenciais a todo empreendedor e empresário. Não é necessário ser um exímio vendedor, mas você precisa ir além dos conceitos básicos, precisa ser um bom negociador e, tanto quanto seus produtos, precisa saber vender suas ideias. Até porque o que faz o multinível ser o que é, vem da possibilidade que você tem de apresentar o negócio para outras pessoas, encantá-las e torná-las parte de sua equipe. Portanto, se não souber fazer apresentações convincentes, contar boas histórias e despertar desejo nas pessoas, como vai construir seu negócio? Mesmo que você (torço para que isso não aconteça) decida que não vai entrar no multinível, várias das habilidades que estou descrevendo aqui serão necessárias em sua carreira, e saber vender é uma das principais. Um advogado, por exemplo, se compararmos dois profissionais que se formaram na mesma universidade e com o mesmo tempo de carreira, garanto que o mais bem-sucedido é o que sabe vender. E esse exemplo é válido para qualquer outra profissão. O bom vendedor sempre vai estar vários passos à frente.

Uma habilidade que, inconscientemente, todos praticamos diariamente desde a infância, quando aprendemos a falar, é a

negociação. Mesmo sem perceber, você negocia diariamente com as pessoas que fazem parte da sua rotina. Seus pais, seu cônjuge, filhos, amigos etc. No multinível, você aprende a negociar de maneira profissional, certeira e que gera resultados positivos.

Também é fundamental, após se tornar um bom negociador, dominar **técnicas de fechamento de vendas e negócios**. Pode-se dizer que essa é uma etapa do processo de venda e negociação, mas, aqui, existem técnicas específicas, pois se trata de um processo bem esquematizado e planejado. E o sistema de ensino do multinível tem um conteúdo riquíssimo que detalha essa etapa.

A habilidade que gera mais medo nas pessoas é a de **falar em público**. E o multinível é o maior incentivador dessa habilidade. Frequentando os eventos, você vai ter a oportunidade de ver muitas pessoas se comunicando para multidões com maestria. Aos poucos, você começa falando para públicos pequenos, dando seu depoimento sobre seus primeiros passos no mercado, e, quando menos esperar, já vai estar em cima do palco falando de maneira entusiasmada e fazendo apresentações para grandes públicos. Esse é o melhor ambiente para desenvolver essa habilidade.

Liderar pessoas é uma habilidade incrível e que não é natural em muitas pessoas. Mas os que têm essa capacidade se destacam em qualquer lugar em que estiverem. Começar no multinível, sabendo quais as posturas e atitudes que bons líderes devem tomar perante seus liderados, pode ajudá-lo a evoluir muito rápido no negócio.

Independentemente de como você desenvolveu suas habilidades de liderança, elas serão essenciais para **recrutar e formar equipe**. Essa é a alma do multinível, o motor desse negócio, e todas as habilidades que estamos abordando aqui têm esse ponto como um dos principais objetivos.

Apesar de atrativo e bastante recompensador, o multinível vai lhe impor muitas situações difíceis, circunstâncias adversas, e você vai precisar usar todas as habilidades da sua "caixa de ferramentas" para **resolver problemas**. No início vai precisar se apoiar bastante em pessoas mais experientes com quem puder contar para pedir aconselhamento e orientações, mas, como o multinível é um negócio que tira a pessoa muito da zona de conforto, a tendência é que aprenda logo a não se desesperar em situações difíceis, que desenvolva bastante sua resiliência e, em médio prazo, se torne um bom solucionador de problemas.

O multinível é um negócio em que você precisa criar suas oportunidades, produzir seu próprio crescimento. E o melhor jeito de isso acontecer é saber **fazer boas apresentações, falar de maneira envolvente, persuasiva e dinâmica**, conduzir e encantar o público com suas histórias, a ponto de fazê-lo desejar o que você tem para oferecer. Essa é uma habilidade que abre portas.

Aliado a isso, na modernidade em que vivemos, você vai precisar **saber lidar com câmeras**, pois, em tempos de internet, nem sempre as apresentações serão presenciais. A internet mudou a dinâmica da vida, e utilizamos essa ferramenta para tudo. O YouTube, por exemplo, tornou-se a maior plataforma de ensino que existe, e as redes sociais são extremamente importantes para dar visibilidade, impulsionar e potencializar seu negócio e sua imagem pessoal e profissional.

Tendo se tornado um bom orador e condutor de apresentações, você também terá desenvolvido **habilidades de ensino** que são muito importantes no multinível, para que possa ensinar outras pessoas a fazer aquilo que você faz. Sobre isso, tem uma história que gosto de contar sobre meu início no multinível. Na primeira empresa em que trabalhei, quando mostrava o plano de negócios em apresentações coletivas ou individuais para pessoas que tinham histórico como empreendedores, era muito comum este diálogo:

- Você já está semipronto para o multinível.

- Mas por quê?

- Porque esse é um negócio de aprender, ensinar e ensinar a ensinar.

E a maioria dos professores e empreendedores que se aventuram pelo multinível evolui muito rápido no negócio, pois "pulam" várias etapas importantes de aquisição de habilidades, conseguem formar grandes equipes em pouco tempo e são muito competentes em treiná-las, pois já têm domínio da didática e são muito bem-sucedidos aplicando-a ao multinível.

O multinível é um negócio que grande parte das pessoas começa a desenvolver como uma atividade secundária, um negócio paralelo à sua principal fonte de renda. Sendo assim, fazer uma boa **gestão do tempo** é necessário para que você não deixe de cumprir suas obrigações com sua atividade primária e consiga desenvolver o multinível de maneira que sua projeção nele seja sempre crescente, o que só é possível com constância. Fazendo isso, mesmo que leve mais tempo do que aqueles que se dedicam exclusivamente ao multinível, a tendência é que ele vá gerando retornos crescentes e, gradualmente, se torne sua atividade principal. Mas, para isso, você vai precisar gerir bem o seu tempo e o de sua equipe, pois só assim é possível desenvolver planos de ação efetivos para ambos. Tempo é a chave para uma boa produtividade.

Você também vai aprender muito sobre **gestão financeira** com o marketing de rede. Não é difícil encontrar pessoas que mudaram completamente de situação financeira após começar no multinível.

Sinceramente, esse é o esperado. E sabendo disso, as empresas disponibilizam treinamentos sobre finanças e administração do dinheiro das vendas dos produtos, desde o início. Gerir bem o seu dinheiro é importante para a evolução do seu negócio e da sua vida pessoal.

É fundamental, também, que você trabalhe sua **inteligência** e seu **controle emocional** para lidar com o dia a dia do negócio. Não só da rotina de trabalho, mas da vida, no casamento, na relação com os filhos, a família e os amigos. Controlar suas emoções e entender quando dar mais ou menos espaço à diversidade de sensações que você tem ao longo de um dia ajuda a evitar conflitos desnecessários, a contornar situações complicadas e a fechar muito mais negócios do que quem cede facilmente ao que está sentindo no momento. Perder o controle de suas emoções pode desqualificar sua liderança e prejudicar a imagem que você lutou tanto para construir.

Saber onde recarregar suas energias de maneira rápida, e **ser automotivado**, é algo incrível. Muitas pessoas delegam isso a outras e acabam se condenando quando precisam ir a uma reunião ou fazer uma apresentação calorosa, e não conseguem melhorar o próprio humor. E quando falo de **automotivação**, não entendo que ela sirva apenas para você ser produtivo no trabalho; essa habilidade também é muito importante para que você se sinta melhor na hora de lidar com outros aspectos da vida. Porque, no fim das contas, você precisa de boas energias não só para o multinível, para o trabalho; você precisa de entusiasmo para ter qualidade de vida.

Mais do que habilidades, podemos dizer que os **próximos três itens tratam de habilidades técnicas** que vão demandar treinamentos específicos e bastante estudo. Inconscientemente, você vai utilizar muitas técnicas relacionadas a essas habilidades em sua rotina no multinível, mas, em determinado momento, quando estiver em busca de consolidar sua liderança e elevar o patamar, treinamentos podem ajudá-lo a lapidar esses conhecimentos.

A PNL (Programação Neurolinguística), por exemplo, vai lhe ensinar muito sobre inteligência emocional, perfis de comportamento, liderança e como lidar com pessoas. Como disse anteriormente, você já terá desenvolvido essas habilidades trabalhando com o multinível, mas, quando começar a subir seus níveis de liderança, vai sentir necessidade de fazer um curso ou uma formação em PNL, que é uma experiência interessante, porque ensina a aplicar essas ferramentas por métodos que tornam a experiência muito mais estimulante. Eu mesmo aplico muito essas ferramentas em apresentações que faço, como **espelhamento e modelagem**, que são extremamente úteis.

Outro curso que fiz apenas quando já tinha atingido níveis altíssimos em minha primeira empresa de multinível foi a **formação em coaching.** Um amigo insistiu muito, dizendo ter tudo a ver comigo, então aceitei a recomendação. Já tinha quase nove anos de multinível quando iniciei meu primeiro curso de coaching, e a sensação foi a mesma que tive com a PNL. Muitas das técnicas que estudei eu já aplicava em minha rotina sem saber que tinham um nome e metodologia. Mas potencializar esses conhecimentos foi ótimo, porque conhecer e desenvolver métodos é um hábito que ajuda muito dentro do multinível, e isso fez com que eu me tornasse um líder ainda melhor. Isso se refletiu quando comecei a desenvolver meu trabalho em uma segunda empresa de multinível, onde senti uma diferença absurda na forma como eu transmitia meus conhecimentos e me relacionava com a equipe que liderei.

Análise de perfil comportamental não é uma habilidade explorada por muitos líderes de multinível, mas, na prática, você vai descobrindo o funcionamento de cada um dos perfis que trabalham com você, em sua equipe. Dominar essa ferramenta é interessante, porque, quando você faz alguma apresentação de produto, uma reunião ou algum outro evento relacionado ao multinível, tem os conhecimentos necessários para identificar o perfil de cada pessoa que você abordar e sabe qual a melhor maneira de orientar a conversa para que consiga realizar o fechamento. Afinal, as pessoas funcionam de maneiras diferentes, algumas têm um perfil mais dominante, outras são mais influentes, estáveis ou pragmáticas, algumas gostam de desafios e outras fogem deles. Então, conseguir fazer essa leitura antes da abordagem vai ajudá-lo a ser muito mais eficaz na hora de um fechamento de negócio ou uma venda.

E para fechar nosso quadro de competências, você vai aprender muito sobre **organização e produção de eventos**. Quando passar de níveis mais básicos dentro de sua companhia, é muito provável que já tenha frequentado diversos eventos, e vai chegar um momento em que deixará de ser um mero espectador para se envolver na organização dos eventos junto com os líderes. **No início sempre começa ajudando como *staff*; chegando mais cedo, auxiliando na organização da mesa de produtos, preparação de equipamentos eletrônicos para fazer a apresentação, arrumação de cadeiras etc**. Não existe corpo mole nessa hora, é um processo pelo qual todos os que almejam níveis mais altos de liderança precisam passar. Isso também acontece, por exemplo, com quem investe em uma franquia do McDonald's. O empreendedor faz um aporte de milhões de reais para abrir uma lanchonete da rede, mas uma das condições impostas pela companhia é que o franqueado realize um treinamento na Universidade do Hambúrguer, onde ele começa a viver o dia a dia da lanchonete no papel de cada um dos funcionários que ele irá liderar dentro de alguns meses. Então, precisa limpar o chão, fritar hambúrgueres e passar por cada um dos processos do negócio dele, para estar apto a treinar as pessoas. No multinível acontece exatamente a mesma coisa com o empreendedor que estiver disposto a crescer. Obviamente, você não vai aprender todas as habilidades do dia para a noite. É necessária certa resiliência para permanecer no negócio por tempo suficiente para se profissionalizar. E se tem algo que você vai aprender com excelência é não só como se comportar nos eventos, mas também como ser um excelente assistente, para que, depois, venha a se tornar um grande produtor e organizador de eventos.

A MAIOR ESCOLA DE NEGÓCIO DO MUNDO

A bela história do multinível

Uma das maiores deficiências dos profissionais de multinível no Brasil é a falta de conhecimento sobre a história desse modelo de negócios. Participo de muitos seminários grandes ao redor do país e sempre me espanta o alto percentual de pessoas que respondem negativamente quando pergunto sobre isso.

Mesmo que esse conhecimento não tenha implicações práticas, não se constrói autoridade em uma área cujo histórico você não conhece.

Qualquer formação acadêmica ou curso profissionalizante que você fizer vai dedicar grandes períodos para ensinar a história e os fundamentos daquela área de conhecimento. E com o multinível não é diferente. Contudo, muitas pessoas entram no multinível e rapidamente incorporam o espírito do negócio, que é importante, e afirmam diariamente que vão vencer, mudar de vida, construir resultados, e após algum tempo até atingem níveis interessantes de liderança, mas, quando são questionadas sobre a história do negócio, perdem pontos de autoridade por não saber a resposta. **Conhecimento é poder**, e quando você conhece a história do multinível, entende onde e como esse modelo de negócios surgiu, quais dificuldades ele teve para se estabelecer em diferentes lugares, quantas empresas existem no mundo, qual o volume de dinheiro que isso movimenta etc.

Você adquire conhecimento, e conhecimento é poder, é segurança! E quando receber questionamentos a respeito do seu modelo de negócios, ouvir pessoas comparando-o com pirâmides ou dizendo que o multinível não funciona, você vai estar pronto para responder e desmistificar os preconceitos que as pessoas têm com esse negócio. E esse tipo de conhecimento vai empoderar e munir você com uma convicção que vai se refletir muito nos seus resultados, pois convicção é muito importante para quem busca sucesso.

Quando chegou ao Brasil, o multinível era conhecido como Network Marketing, que, traduzindo literalmente, significa Marketing de Relacionamento. Durante os anos 1990, "Distribuição Interativa" também foi um nome bastante utilizado, mas, ao longo do tempo, o termo "MULTINÍVEL" se popularizou, porque a formação das equipes de trabalho e o pagamento das bonificações são feitos em múltiplos níveis, formados pelas pessoas cadastradas nessa rede. Recentemente, muitas pessoas estão voltando a utilizar "Marketing de Relacionamento" em uma tentativa de descolar a estigma e as associações indevidas que fazem do multinível com esquemas fraudulentos, como pirâmides financeiras.

Entre os anos 1915 e 1917, o Dr. Carl Rehnborg atuava como representante de vendas de companhias americanas na

China. Observador, estava sempre atento aos diferentes hábitos culturais, especialmente os nutricionais, sua área de estudos. Detectou a necessidade de vegetais na alimentação da população local, para aprimorar a saúde precária e estabelecer uma dieta balanceada para os chineses. Muitas pessoas apresentavam alto índice de desnutrição, e várias doenças estavam relacionadas aos alimentos que consumiam, que, geralmente, eram manuseados e armazenados de maneira inadequada.

Buscando resolver esse problema, o Dr. Rehnborg desenvolveu um suplemento alimentar a partir de um processo de desidratação e concentração de nutrientes contidos em vegetais, que era distribuído para a população em forma de cápsulas e tabletes.

A ideia dos suplementos alimentares encantou o nutricionista, que em 1934, depois de vários anos de estudos, criou um produto chamado Vita-6, que passou a vender em sua própria casa.

A fim de testar a aceitação de seu produto, o Dr. Rehnborg realizou uma distribuição gratuita para que algumas pessoas experimentassem, pedindo apenas que lhe dessem um feedback dos resultados que conseguissem observar. A resposta que ele obteve com esse teste serve como lição até hoje para quem trabalha com desenvolvimento e venda de produtos. Quando começou a visitar as pessoas para colher os resultados, percebeu que ninguém havia consumido as cápsulas. Perguntando-se o porquê da rejeição, concluiu que ter oferecido o produto de graça, sem explicar corretamente os potenciais benefícios e oferecer alguma contrapartida, não tinha sido o suficiente para despertar o interesse das pessoas.

E essa lição continua extremamente válida e atual. **Pessoas tendem a não valorizar o que ganham sem expectativa alguma. Para valorizar algum bem ou produto, elas precisam desejá-lo, e a melhor maneira de despertar essa sensação de "valor" na mente**

das pessoas é cobrando dinheiro por isso. Sem muita saída, o doutor conversou outra vez com as pessoas e explicou a importância do teste. Em poucas semanas, começou a receber os primeiros retornos positivos, e, satisfeitas com os resultados, essas pessoas começaram a indicar os produtos para outras, mas o Dr. Carl ainda não vendia o produto. Então, ele propôs para as primeiras pessoas que o testaram que lhes pagaria uma comissão para que elas mesmas vendessem os produtos que ele desenvolvia. Surgiu assim o **marketing de mononível**, pois ainda não havia o programa de afiliados e a formação de rede; pagava-se apenas em primeiro nível.

Alguns anos depois, em 1937, o suplemento foi rebatizado como Vitasol, que é até hoje conhecido como o primeiro suplemento de vitaminas e minerais do mercado. Para cuidar do processo de produção e comercialização do produto, Carl fundou a empresa California Vitamins Inc., que, posteriormente, passou a se chamar Nutrilite.

A companhia entrou no mercado americano com grande impetuosidade, por apresentar um produto com proposta inovadora para a época e modelo de negócios diferente do usual. Em setembro de 1945, o Dr. Rehnborg firmou uma parceria de negócios com o Dr. William Casselberry e Lee Mytinger, dando início oficialmente ao plano de vendas com a Mytinger e Casselberry Inc. como distribuidora exclusiva dos suplementos.

Em 1949, Jay Van Andel e Rich DeVos, dois jovens amigos e incrivelmente inteligentes, passaram a ser distribuidores da Nutrilite. Eles aumentaram rapidamente a escala das vendas, pois acreditavam muito na proposta e qualidade do produto, e, em pouco tempo, transformaram a empresa em uma companhia multimilionária.

Hoje podemos dizer que esses dois jovens foram os primeiros grandes líderes da história do multinível.

Trabalharam muito durante a juventude, se envolveram e aprenderam tão bem os rodeios do negócio de multinível que abriram, na garagem da casa de um deles, a empresa American Way Association, mais tarde rebatizada como **Amway.**

A empresa começou as atividades em 1959 e sempre apostou na venda de produtos voltados para a casa, além de itens de beleza e bem-estar, agregados a seu portfólio com o passar dos anos. Entretanto, sua linha de produtos mais importante foi obtida em 1970, quando os sócios adquiriram a Nutrilite, empresa que produzia os suplementos alimentares que os introduziram no negócio.

Na década de 1960, o **marketing multinível passou a sofrer diversas falsas acusações nos Estados Unidos. O modelo de negócios crescia sem parar e começou a incomodar grandes figuras do mercado tradicional, que passaram a apoiar e financiar campanhas de difamação.** Eles estavam assustados e sentindo-se ameaçados com o formato de distribuição de produtos que não passava pelas prateleiras de suas redes de lojas, então, passaram a mover processos e fazer muitas denúncias em tribunais, alegando que o multinível era um sistema pouco fundamentado, incorreto e incoerente.

As denúncias, sempre infundadas, é claro, geraram muita agitação no mercado de multinível, mas foi a partir delas que nosso modelo de negócio conquistou a legitimidade nos Estados Unidos. **Em 1975, a Comissão de Comércio Americano acusou a Amway de operar um esquema de pirâmide ilegal, o que foi acatado pela Corte americana.** Eles então decretaram que a empresa não poderia recrutar novos membros por quatro anos. Foi durante esse período que **a Amway provou conseguir sobreviver apenas com a venda direta de seus produtos, pois não era nada do que a acusavam de ser.** O governo americano reconheceu a legitimidade da operação, a Corte decidiu que o programa de multinível da Amway era um negócio legítimo e, portanto, poderia ser praticado nos estados norte-americanos. A partir daí, o multinível acabou por ser considerado uma maneira legal de comercializar produtos e recompensar desempenho, esforços e ideias.

Para que esse processo não se repetisse no futuro, **em 1978, enquanto o confronto judicial ainda acontecia, foi fundada a World Federation of Direct Selling Association (WFDSA), a Federação Mundial das Associações de Vendas Diretas**, cujo objetivo é estabelecer a legitimidade da atividade, proteger empresas de multinível, consumidores e profissionais de vendas diretas contra ações de má-fé. A entidade, sem fins lucrativos, estabeleceu diretrizes e códigos de conduta, seguidos e respeitados por todas as empresas sérias do ramo, como a adição de critérios para o recrutamento de novos membros, informações sobre os produtos, respeito à privacidade do consumidor e a definição de prazos para a devolução de produtos.

A partir da autorregulamentação do setor, o multinível tornou-se um modelo de negócios de muito sucesso. Diversas empresas do ramo tradicional, que relutavam em adotar o novo sistema, mergulharam no negócio, mudando totalmente sua forma de distribuir produtos, popularizando imensamente o multinível na América do Norte, e depois no mundo.

Oficialmente, essa é a história das pessoas, companhias e conflitos que levaram o multinível a se tornar o modelo de negócios que conhecemos atualmente.

Voltando um pouco na história das vendas diretas

Os primeiros registros oficiais sobre a venda direta têm origem na Inglaterra, no fim do século 19, quando a editora da Enciclopédia

Britânica adotou a prática de vender suas coleções de porta em porta. Alguns anos depois, em Nova York, o vendedor de livros em domicílio David McConnell passou a oferecer perfumes como brinde para quem adquirisse seus produtos. Em pouco tempo, o vendedor percebeu que suas vendas aumentaram pelo interesse que as pessoas tinham não nos títulos literários que ele oferecia, mas nas fragrâncias. Perfumes eram uma novidade recente naquela época. O produto começou a ser fabricado e comercializado em escala, na França, em 1850. Portanto, pela dinâmica da época, o acesso ainda era bastante restrito.

Então, percebendo o potencial do produto que tinha em mãos, McConnell abandonou a venda de livros e investiu pesado em cosméticos. Em 1887, iniciou sua operação com uma equipe de doze vendedoras e fundou a empresa California Perfume Company, em Manhattan, Nova York.

Dez anos depois, em 1897, a empresa criou o modelo de vendas por catálogo, amplamente difundido no Brasil, e que você certamente deve conhecer. A gama de produtos comercializados pela companhia já abrangia diversos tipos de cosméticos além dos perfumes. **Em 1939, a California Perfume Company já contava com distribuidores em quarenta estados norte-americanos, e não parava de crescer.** A marca, então, fez um *rebranding* e passou a se chamar **Avon**. O nome pelo qual ficaria mundialmente conhecida foi inspirado na cidade natal do escritor William Shakespeare, Stratford-upon-Avon. Conhecida por **aliar qualidade e preços populares a seus produtos, a marca segue como uma das mais poderosas empresas de vendas por catálogos e vendas diretas do mundo.**

No Japão, em 1930, um surto de infecções intestinais provocou aumento da mortalidade infantil. Buscando uma solução para esse problema, o pesquisador Minoru Shirota desenvolveu o leite fermentado **Yakult**. O produto não demorou para se popularizar no mundo todo, e não foi diferente no Brasil, onde inaugurou, em 1968, sua primeira fábrica fora do continente asiático, na cidade de São Bernardo do Campo, SP. Desde o início, Shirota implementou o sistema de entrega domiciliar, pois acreditava que essa era a melhor forma de tornar o produto acessível a todos. Esse sistema foi ampliado alguns anos depois, em 1963, com a criação das famosas "Yakult Ladies", que se popularizaram aqui no Brasil por distribuírem o produto de porta e porta com os famosos "carrinhos de Yakult".

O engenheiro americano Earl Tupper lançou, em 1946, uma linha de utensílios plásticos para cozinha: a **Tupperware**. A empresa também adotou o modelo de vendas diretas e criou o sistema de reuniões domiciliares. Eram reuniões caseiras, em que uma anfitriã e suas convidadas recebiam uma vendedora que realizava a demonstração dos produtos e os vendia para todas as interessadas.

Com o objetivo de estimular outras mulheres a montar seu próprio negócio, em 1963, a texana Mary Kay Ash fundou uma empresa de cosméticos que levava seu nome, a **Mary Kay.**

Outra figura muito importante na história do multinível é o jornalista e escritor norte-americano Richard Poe, autor de vários best-sellers sobre o assunto. Pesquisas e conceitos elaborados por ele eram amplamente utilizados em debates, e seu livro *Tudo Sobre Network Marketing*, originalmente lançado em 1958, era peça essencial para todo líder de multinível que desejava ser uma autoridade no assunto. Foi nesse livro que o jornalista apresentou pela primeira vez seu esquema de divisão da evolução do multinível em cinco grandes ondas.

A **primeira onda** corresponde ao período de 1941 a 1979, pouco tempo após Carl Rehnborg implementar o primeiro plano de comissões para diferentes níveis, criando, assim, o marketing multinível. Foi quando surgiram algumas das maiores empresas do ramo, como Amway, Mary Kay, Avon, Tupperware etc. **Nesse mesmo período, algumas pessoas e empresas aproveitaram o desenvolvimento e a boa reputação do sistema de marketing multinível e desenvolveram um esquema de pirâmide financeira.** Esse tipo de esquema, pouco conhecido na época, utiliza uma estratégia muito parecida com a do multinível, copiando sua forma de construção. A diferença é que o multinível é um modelo de negócios, com a finalidade de comercializar produtos e serviços, diferentemente do esquema de pirâmide, que recruta pessoas com o intuito de movimentar apenas dinheiro. **O fim da primeira onda aconteceu quando a Comissão Federal de Comércio dos EUA, em 1979, definiu o marketing multinível como um negócio legítimo – ao contrário do fraudulento esquema de pirâmide.**

A **segunda onda** aconteceu entre os anos 1980 e 1989, período de consolidação de empresas pioneiras do mercado e surgimento de outras, que viriam a se tornar gigantes. **Na década de 1980, os Estados Unidos viram o número de empresas que utilizavam o sistema de marketing multinível crescer absurdamente.** Grande parte delas nascia em garagens e fundos de quintal, sem nenhuma estrutura básica de organização, e a experiência frustrou muitos negociantes e distribuidores que aderiram ao sistema. Muitas empresas quebravam antes mesmo de completar três anos de existência, e esse é um padrão que vemos se repetir até hoje; em pleno século 21, ainda precisamos conviver com os mesmos erros da segunda onda.

O multinível é uma ferramenta extremamente eficaz na construção de um mercado consumidor, pois é baseado na credibilidade das pessoas que o desenvolvem. Mais do que um divulgador dos produtos da empresa em que trabalha, o consultor de marketing multinível precisa ser um consumidor desses produtos, uma prova viva dos resultados que ele vende. Anúncios veiculados pela televisão e internet têm um alcance muito grande, mas a propaganda boca a boca fideliza muito mais, e a experiência positiva do consumidor é a melhor propaganda que uma empresa pode ter. **Então, se uma empresa não tem estrutura, dinheiro em caixa para investir, bons gestores, produtos de qualidade e uma estrutura logística competente para lidar com crescimento acima do esperado, é muito provável que essa companhia quebre mesmo.**

Naquela época, os profissionais ainda estavam em busca de consolidar e desenvolver métodos de trabalho que fossem eficazes (como o que você encontra neste livro, por exemplo), então, distribuidores acumulavam muitas funções, comparavam muitos produtos, como forma de subir no plano de carreira das empresas, e testavam, testavam muito. Graças a esses testes, hoje sabemos o que funciona e o que não funciona; existem muitos sistemas de treinamento, cursos e livros disponíveis para que você se prepare antes mesmo de começar a desenvolver o seu negócio e que já adiantam quais erros você não deve cometer e quais caminhos seguir.

Então, em razão da falta de preparo, muitas companhias jovens sofriam com estoques parados, carga excessiva de trabalho, desgaste físico e emocional. E, no fim das contas, com o dinheiro parado e a falta de motivação para continuar trabalhando, encerravam as atividades.

A década de 1990 trouxe um multinível um pouco mais maduro, dando início à **terceira onda**. Esse período é caracterizado pela presença de novas tecnologias e mão de obra especializada atuando na administração do negócio. Nesse cenário, executivos profissionais se dedicavam a reverter a imagem criada pela falta de profissionalismo gerada pelo grande número de empresas de multinível que quebraram nos anos 1980. **Companhias apostavam**

em sistemas informatizados e investiam em novas tecnologias de comunicação e técnicas sofisticadas de administração para tornar o negócio mais eficaz. O investimento em executivos capacitados refletiu-se na elaboração de melhores planos de compensação, o que retirou uma pressão enorme da rotina de trabalho dos distribuidores, que agora não precisariam mais investir grandes quantidades de tempo e dinheiro para tocar o negócio e poderiam se concentrar em formar equipes maiores. Isso deu mais segurança e estabilidade para que os empreendedores pudessem pensar seus negócios em médio e longo prazo.

Entramos, então, no século 21, e, a partir dos anos 2000, teve início a quarta onda do multinível. Especialistas previam que o modelo de negócios do marketing de rede cresceria ainda mais a partir desse período, o que se confirmou, visto que grandes multinacionais têm investido na criação de programas próprios de marketing de rede. Esse impacto é resultado da imagem que o multinível construiu por intermédio de grandes *players* do ramo, como **Amway, Herbalife, Forever Living, Nature Sunshine, NuSkin, Mary Kay** e diversas outras empresas que se tornaram "espelhos" para quem queria adotar essa maneira de distribuir seus produtos.

Atualmente vivemos a **quinta onda**, que associa conceitos de marketing e de formação de *network* com a internet, que é o caminho mais eficiente para a construção de uma boa rede, pois possibilita o contato instantâneo entre pessoas em qualquer lugar do mundo. Além da ampliação da rede de contatos e distribuidores, a internet agrega inovações muito relevantes ao processo de comunicação e relacionamento entre empresas e empreendedores, distribuidores e consumidores.

Multinível no Brasil

Se, oficialmente, o multinível foi criado há mais de oito décadas, ele chegou ao Brasil com um atraso de pelo menos 45 anos. A primeira empresa do ramo a se aventurar em nosso país foi a Amway. No início dos anos 1990, o cenário político do país estava mudando, e o acesso a bens de consumo importados era novidade recente. Isso despertou na população o interesse por todo tipo de produtos estrangeiros, portanto, o sucesso da empresa americana foi tão grande que ela, inicialmente, não conseguiu atender a demanda. Não foi possível suprir a demanda de pedidos, assim como não houve tempo suficiente para capacitar milhares de pessoas que aderiram ao negócio como afiliados.

O episódio prejudicou a imagem da Amway no Brasil, pois a empresa não estava preparada para lidar com o que encontrou por aqui. Não havia indicadores que pudessem dar uma ideia aos executivos da empresa do que encontrariam aqui, e a estrutura preparada não foi suficiente para suprir a necessidade interna.

A imprensa especializada em negócios, de olho no interesse e nas movimentações que companhias estrangeiras faziam em relação ao momento que nosso país vivia, não teve um minuto de tranquilidade naquela época. Em 1991, atenta à movimentação de empresas de multinível, a revista *Marketing e Negócios* publicou uma chamada bastante impactante na capa de uma de suas edições, que dizia: "Marketing de rede: a maior ferramenta de vendas do século chega ao Brasil". Em uma época sem internet, revistas eram um dos principais meios de comunicação, e essa matéria despertou em um número gigantesco de pessoas o interesse pelo multinível. A edição seguinte publicou na capa uma foto do presidente da Amway, promovendo credibilidade para a empresa e para o negócio, gerando um interesse sem precedentes na história do país.

Apesar de ser, oficialmente, a primeira empresa de multinível a operar no Brasil, o histórico de companhias com modelos de negócio alternativos ao do comércio tradicional é longo e antigo. **Vamos entrar no túnel do tempo** e conferir algumas dessas organizações.

Em 1942, a empresa brasileira Hermes começou a desenvolver no país o conceito de vendas diretas por meio de reembolso postal. Comercializavam uma ampla variedade de produtos, que iam de utensílios domésticos a cosméticos.

Em 1959, a **Avon** inaugurou uma fábrica em São Paulo. Sua primeira produção, que fez grande sucesso na época, foi o batom da linha *Fashion*, na cor *Clear Red*.

A **Yakult** desembarcou no Brasil em 1966, apresentando seu sistema de vendas diretas ao consumidor local, com produtos entregues em domicílio. Dois anos depois, a empresa inaugurou uma fábrica na cidade de São Bernardo do Campo, SP.

Com um laboratório para produzir cosméticos e uma pequena loja na cidade de São Paulo, SP, em 1969 foi criada a **Natura**, primeira empresa brasileira de cosméticos. Hoje uma gigante do mercado, e competindo em pé de igualdade até mesmo com companhias estrangeiras, comprou as operações da Avon no Brasil. Em 1974, inauguraram o sistema de vendas diretas por meio de seus famosos catálogos, ponto de partida para o crescimento do negócio.

A **Tupperware** desembarcou no Brasil em 1976, apresentando seu método de reuniões e vendas domiciliares.

A Natura expandiu a operação para outras regiões do país a partir de 1980, aumentando seu portfólio de produtos nas linhas de maquiagens e perfumaria e, dois anos depois, em 1982, aventurou-se pela primeira vez em território internacional, com um representante no Chile.

Em 1984, a **Nu Skin** Enterprises iniciou operações no Brasil.

Entramos, então, na década de 1990. As vendas diretas já eram um sucesso no país, e, de olho nesse mercado, empresas de multinível começaram a desembarcar por aqui, inaugurando o modelo de negócios que até então era inédito para os brasileiros. Companhias como Amway, Metro Sunshine, Herbalife, Mary Kay, Forever Living Products, Fibractive, Oriflame, LR perfumes e muitas outras internacionais. Algumas delas, infelizmente, acabaram saindo do país pouco tempo depois.

O movimento também instigou muitos brasileiros a fundarem suas próprias empresas de multinível, e, assim, nasceram Odorizzi, Netfood, Vitoria Network, Inspiração perfumes, Contém1g, Perfam etc. Muitas dessas companhias eram fundadas ou lideradas por pessoas que adquiriram experiência no negócio com a onda de empresas internacionais do início da década de 1990.

Presente em mais de 160 países, o marketing de rede e o multinível são modelos de negócio legalmente autorizados a operar nessas regiões. No Brasil, a despeito de não existirem leis específicas que o regulamentem, empresas adotam um código de conduta, um comportamento ético que excede as próprias exigências de leis nacionais, protegendo, assim, empresas e empreendedores. Em 1980, companhias de vendas diretas que atuavam no Brasil fundaram a Associação Brasileira de Empresas de Vendas Diretas, a ABEVD. A entidade adotou os mesmos princípios, padrões de legitimidade e código de ética da World Federation of Direct Sales Association, à qual o órgão brasileiro se filiou pouco tempo depois, trazendo ainda mais credibilidade para o modelo de negócios aqui no Brasil. **Em seguida, surgiu o Estatuto do Vendedor Direto, segundo o**

Código Comercial Brasileiro, Lei 556, de 26/06/1850, revogada e substituída pela Lei 10406, de 10/01/2002, estabelecendo que empresas de multinível estão sujeitas às mesmas leis que regem toda e qualquer empresa no Brasil. Isso significa que até mesmo as comissões pagas sobre as vendas da rede de patrocinados estão sujeitas a recolhimento de imposto de renda na fonte. **Sendo assim, todos os empreendedores de multinível precisam ter uma empresa aberta, independentemente da categoria, seja MEI, Eireli ou LTDA. Isso é necessário para receber os bônus decorrentes da construção de sua rede e vendas de produtos feitas pela organização, e todo mês é necessário emitir uma nota fiscal para a companhia em que você opera sua rede, e realizar o pagamento dos impostos necessários.** Em suma, o mercado do multinível preza sua boa reputação. É rigoroso quanto ao cumprimento de normas e regras, recompensa muito bem os que as cumprem e pune implacavelmente os adeptos do famoso "jeitinho".

Entretanto, empresas sérias e idôneas, nacionais e internacionais, são a regra no mercado de multinível. E o sucesso dessas companhias motiva muitos empresários do mercado tradicional a adotarem o modelo de negócios para gerar a fidelidade dos consumidores e, consequentemente, maior lucratividade para seu *business*. E como sabemos, **um bom portfólio de produtos é importante**, mas não é suficiente para que a companhia se estabeleça. **Parte essencial desse negócio é uma gestão competente.** Processo necessário não só para a subsistência da companhia, mas para o empreendedor de multinível também. Afinal de contas, **o marketing multinível é, antes de tudo, um negócio de gestão de pessoas, liderança, relacionamentos e comportamento.**

E para uma boa gestão, é necessário um **plano consistente e lucrativo** para a empresa e seus distribuidores, além de uma gestão moderna e inteligente, com total **controle da logística, custos, marketing agressivo, sistema de treinamento e capacidade de investimento**. Analisar minuciosamente todos esses tópicos é tarefa essencial na hora de definir qual empresa de multinível você vai escolher para desenvolver o seu negócio.

Se, por um lado, centenas de companhias se consolidaram e geram riquezas para milhões de pessoas, muitas tropeçaram em seus próprios erros e saíram do mercado. Portanto, analisar tópicos intrínsecos a uma gestão competente é uma tarefa necessária, essencial para você que pretende entrar no maravilhoso mundo do multinível.

Como escolher uma empresa de multinível

Parte do propósito deste livro é levar você até pelo menos o primeiro nível de liderança no multinível, no qual já é possível conquistar ganhos financeiros perto dos cinco dígitos.

Mas, para isso, antes mesmo de sonhar com retornos financeiros e premiações que podem ser obtidos pelo plano de carreira, é importante se debruçar sobre um assunto crucial: **como escolher uma empresa de multinível para desenvolver suas atividades?**

1. Identifique-se com a empresa, produtos e/ou serviços

Ao contrário do que algumas pessoas aconselham, não é checar o tempo de mercado que a empresa tem que garante que ela seja boa ou não. Isso é importante, mas não é determinante. Tempo de vida não é sinônimo de prosperidade ou qualidade. Até porque, se esse indicador tivesse tanta relevância, que chance teriam as novas companhias para se consolidar nesse mercado? Portanto, **a**

identificação com a empresa, o portfólio de produtos e os serviços é, de fato, um fator determinante para essa análise inicial.

Considerando que sua imagem e a da empresa que você escolher serão, praticamente, uma única coisa, é importante que você goste dos produtos da companhia que escolher; é importante que as pessoas que você conhece sejam potenciais clientes dos produtos que você vai representar. Apaixonar-se ao conhecer profundamente os detalhes do portfólio da empresa é a única maneira de despertar em seus potenciais clientes o interesse nos itens que você tem a oferecer. Esse processo deve funcionar como um passeio no shopping. Pessoas se identificam com os produtos que veem em uma vitrine, param para olhar e se encantam com o design, com o requinte, com detalhes que despertam nelas a vontade de entrar na loja. Quando o cliente entra, ele já está encantado pelo produto; resta, então, um atendimento de qualidade, uma experiência agradável e a constatação, por parte do cliente, de que o produto é realmente o que ele busca. Com isso, aliado a uma pontinha de persuasão do vendedor, a venda é fechada. Então, **encantar-se pela empresa e pelos produtos que você irá representar, e conseguir transmitir esse sentimento às pessoas, é o primeiro ponto.**

2. Verifique se os produtos e/ou serviços da empresa que você escolheu têm rotatividade e relevância

A categoria dos produtos que você escolheu para trabalhar pode influenciar nesse quesito, pois produtos de consumo, por exemplo, podem ser de uso diário, semanal, mensal etc. **E essa periodicidade influencia diretamente na demanda que seus clientes terão pelo produto.** Bens duráveis, como colchões, eletrodomésticos e aparelhos de tratamento de água, rendem comissões maiores, mas são vendas que ocorrem com uma periodicidade muito menor. Então, independentemente desses fatores, é muito importante que você **analise a relevância que um produto tem na rotina de seus consumidores; o quanto ele agrega no dia a dia e na vida dessas pessoas**. Um indicador interessante nesse quesito é verificar os motivos pelos quais novos clientes procuram os produtos que você vende, quais os benefícios relevantes para eles, se os indicariam para amigos e familiares com frequência e quais os diferenciais de seus produtos em relação aos equivalentes disponíveis no mercado tradicional.

3. Analise o custo-benefício dos produtos e/ou serviços

O terceiro ponto relevante em seu início no multinível é analisar se os produtos das empresas em que você cogita entrar têm **preços condizentes com a realidade financeira da sua rede de amigos e familiares**. Seus primeiros clientes estão em seu círculo social, isso é certo. A realidade financeira de países da América Latina, como o Brasil, não permite que muitas pessoas possam comprar produtos cujos preços são mais altos que os do mercado tradicional, principalmente se não apresentarem nenhum tipo de benefício à saúde, por exemplo. Sinceramente, se o xampu que você vende tem um preço três vezes maior do que os encontrados em supermercados e não apresenta resultados surpreendentes, é muito provável que seus clientes, mesmo que sejam pessoas próximas, continuem comprando o do mercado. Portanto, **o custo-benefício é um fator importante.** Essa decisão influenciará até mesmo no trabalho dos futuros *downlines* que irão compor sua rede de afiliados, permitindo que seus produtos estejam disponíveis a muito mais pessoas.

4. Legalidade da operação (se a empresa não sonega impostos)

Um ponto de atenção, o quarto desta lista, é verificar com pessoas que já trabalham na empresa que você está sondando se ela **se mantém dentro da legalidade**. O multinível é um negócio altamente regulado, e a maioria das empresas cumpre normas e leis rigorosamente, mas há precedentes de companhias que não emitem notas fiscais de seus produtos, sonegam impostos e cometem outros tipos de irregularidades; várias já fecharam as portas por esses motivos, então, sempre verifique esse detalhe. Cheque se a nota fiscal acompanha os produtos que você retira, independentemente se é na empresa, franquia ou centro de distribuição.

5. Conheça a história da empresa e dos fundadores

O quinto item conversa diretamente com pessoas que já têm alguma experiência no multinível. Preciso alertá-lo (e, de certa forma, tranquilizá-lo) que, por mais que você seja uma pessoa atenta, cuidadosa e esforçada, e deve lutar para desenvolver essas qualidades mesmo, vai cometer erros em sua primeira empresa de multinível. Isso é comum, além de ser importante para o seu desenvolvimento. Entretanto, quando seu ciclo se encerra em uma empresa e você parte em busca de uma segunda, seus critérios de análise já serão outros, pois a bagagem que você carrega agora, a experiência, deixa muito claro quais pontos são verdadeiramente relevantes, quais são adaptáveis, onde há vantagens, desvantagens e até mesmo características que fogem à análise dos inexperientes, mas que agora são muito claras para pessoas como você, e que não são toleráveis. E muito disso pode ser compreendido quando você entende a relevância de **conhecer**

a história da empresa em que vai trabalhar. Qual é a história dos fundadores, como começaram, quais foram as dificuldades iniciais, como foram superadas, como a companhia cresceu e diversos outros pontos relacionados são fontes riquíssimas de informação sobre a instituição à qual você pretende dedicar parte importante de sua vida.

6. Analise a história e o perfil dos principais líderes que estão na empresa

Eu, particularmente, considero esse critério um ponto-chave para escolher as empresas e as pessoas com as quais vou me relacionar.

Manter a união, a parceria e a cordialidade com colegas de multinível, independentemente de ser ou não da mesma equipe, também é um ponto para se atentar. Envolver-se em conflitos desnecessários e apresentar um comportamento arrogante perante a indústria não o levarão longe nesse negócio. Em algum ponto, você sempre vai se deparar com alguém que apresente essa mentalidade e ouvir alguns radicais dizendo que é necessário proteger a empresa de pessoas que desenvolviam sua rede em companhias concorrentes. De imediato, lhe digo: isso é uma grande bobagem! O Brasil é um país de dimensões continentais, com centenas de milhares de habitantes, e nossa obrigação como responsáveis pelo desenvolvimento saudável desse negócio é fazê-lo crescer ainda mais. A principal maneira de fazer isso é nos mantendo atentos a pessoas competentes e responsáveis que buscam uma oportunidade de mudar de vida, com perfil de construtores, capazes de construir e desenvolver oportunidades em qualquer ambiente, o famoso "sem tempo ruim".

E livros como este são ferramentas de transformação poderosíssimas nas mãos de pessoas determinadas a desenvolver esse tipo de **"mentalidade construtora"**.

7. Estrutura da empresa e capacidade para expandir

Todo líder de multinível que almeja crescer precisa manter essa chama acesa. Sendo assim, antes de escolher uma empresa para iniciar suas atividades, atente-se a indicadores que mostrem se **a companhia tem estrutura para suportar crescimento e expansão**. Veja bem, o **multinível é um negócio baseado na ideia de crescimento exponencial** e retornos rápidos. Empresas de multinível em início de atividade funcionam mais ou menos assim: elas entram no mercado e iniciam a tarefa de atrair pessoas interessadas que se comprometam com ela, pessoas competentes, preparadas e atualizadas que possam desenvolver o negócio. Quando algumas com esse perfil começam a caminhar com a empresa, traçar o perfil e a dinâmica do negócio, outras sentem-se atraídas, o multinível começa a acontecer, e a companhia se duplica.

Depois disso, em pouco tempo ela se triplica, quadruplica, ainda acompanhando o ritmo e conseguindo atender às demandas, e segue nesse ritmo até se tornar uma gigante. **Se houve um processo de gestão responsável no plano de negócios, se já havia uma estratégia logística pré-preparada para atender às demandas acompanhando o crescimento simultaneamente, a tendência é que ela se torne algo imparável,** uma grande empresa. Mas, como não vivemos em um "mundo mágico", sabemos que toda empresa irá lidar com problemas na questão logística. Mesmo os mais preparados. **O que de fato separa companhias estruturadas das não estruturadas é a capacidade e a rapidez para lidar com esses problemas.** Questões de natureza logística, principalmente, mas também na busca rápida por fornecedores para suprir demandas inesperadas – é bastante comum que empresas tenham problemas operacionais, graças às "explosões" da área comercial.

Particularmente, esse é o motivo pelo qual gosto de empresas de multinível cujos donos passaram pelo campo de trabalho construindo o negócio. Eles conhecem as variabilidades.

8. Atente para falsas promessas e facilidades

Outra coisa que acontece muito no multinível são as promessas de crescimento rápido e fortuna feitas por certas companhias: elas montam planos de negócio, planos de marketing ou planos de compensação que prometem bônus altíssimos e premiações enlouquecedoras para atrair as pessoas, e acabam tendo muitos problemas no meio do caminho. **Empresas que prometem ganhos exageradamente diferentes da realidade do mercado provavelmente não são de multinível**; fique atento. Apesar de existirem empresas sérias, com planos de marketing bastante agressivos, seguramente, na maioria dos casos, é uma pirâmide usando o nome do multinível para atrair pessoas. Então, é necessário trazer isso para a realidade, mas, às vezes, companhias novas, mesmo que bem-intencionadas, usam esse artifício como estratégia no primeiro momento, porque têm "lenha para queimar", dinheiro em caixa para injetar e alavancar a empresa, despertando o interesse de novos empreendedores, mas depois "puxam a manete" para trás – como dizemos na aviação –, levando o negócio para patamares orgânicos, mais lineares e parecidos com o de outras empresas do ramo. Então, é muito importante analisar bem as companhias que prometem fortuna e crescimento muito rápidos – você precisa ficar atento.

9. Plano de negócios justo e coerente

E já que falamos em planos, é importante avaliar se **o plano de marketing da companhia atende suas expectativas**. Você já avaliou o produto, já avaliou a estrutura da empresa, se ela é séria, funciona, se paga em dia. E uma coisa extremamente importante é esta: verificar se o plano de marketing é interessante, se oferece possibilidades reais de gerar algum resultado bacana, em curto, médio e longo prazo. Porque, uma vez que você vai investir seu tempo e dedicar esforços em nome da empresa e de seu negócio, precisa acreditar no plano de marketing, entende? E é importante prestar atenção nesse tópico, porque existem algumas teorias a respeito de empresas que mudam muito o plano.

Experiência pessoal: trabalhei em uma empresa desenvolvendo o meu negócio multinível por nove anos e meio, e ela nunca mexeu no plano. Na época, isso era vendido como algo ótimo, e todos os empreendedores promoviam como um fato incrível. Mas, entenda, o mundo muda, as coisas estão mudando muito rapidamente, e, quando falamos de uma empresa americana, europeia, ou de qualquer outro país com uma economia estável, é uma coisa, e outra bem diferente é uma empresa que enfrenta a realidade brasileira, na qual sofremos com aumentos de preços absurdos frequentemente, com uma economia instável e um cenário político que muitas vezes nos afeta diretamente. **São realidades diferentes.**

Precisamos ser flexíveis no multinível, ter esse entendimento. Então, mesmo que alguns líderes defendam a ideia de não mexer no plano, é importante que essa decisão seja avaliada por pessoas competentes de tempos em tempos, pois engessar o negócio com diretrizes imutáveis pode levar lideranças importantes da empresa, insatisfeitas com um ou outro fator, a deixarem a companhia.

Entretanto, o outro extremo, de empresas que mudam de plano toda hora, também não é interessante. Algumas chegam a revisar e alterar seus planos várias vezes por ano, o que não é uma atitude razoável, não transmite segurança aos líderes, que ficam sem diretrizes estáveis em que possam se apoiar. Portanto, é necessário haver equilíbrio. Penso que o ideal é que o plano seja estável, mas frequentemente debatido e flexível em caso de mudanças de cenário, como mudanças tecnológicas, por exemplo, que afetam diretamente o multinível. Particularmente, acredito que tenho bastante experiência nesse quesito, pois, em minha trajetória no multinível, já fiz parte do conselho de três empresas, contando a atual. Na primeira, fui membro do Clube do Presidente, formado por apenas dez pessoas; na segunda, integrei o conselho consultivo de rede, com a mesma quantidade de pessoas; e na atual também faço parte do "comitê" consultivo. Além disso, minha experiência vem também da construção do meu negócio no dia a dia, ministrando palestras, seminários e eventos em vários lugares do Brasil e do mundo.

10. Quanto tempo a empresa tem de mercado

O tempo de vida de uma empresa, apesar de não ser determinante, é importante. Companhias novas, muitas vezes, atraem por planos agressivos, produtos inovadores e exclusivos. Contudo, também há aquelas que já começaram e estão se estruturando. E temos as estruturadas, conhecidas, com muito tempo de mercado. **A diferença básica é a seguinte:**

- **Empresas novas** atraem por serem **novidade** e estarem em seu momento de crescimento;

- **Empresas antigas**, com histórico e estrutura, atraem pela **credibilidade**.

Novidades são muito atrativas e importantes no processo de despertar o interesse no cliente. Mas, muitas vezes, não é uma característica suficiente para sobrepor o peso da credibilidade, uma vez que confiança se conquista com o tempo. No mercado de consumo, o consumidor adquire confiança na empresa depois de algum tempo consumindo seus produtos. Então, mesmo que o ideal fosse aliar credibilidade a novidade, dificilmente você vai encontrar isso.

É muito importante que o mercado se renove e que novas empresas surjam, para que o mercado continue se reinventando, mas construir credibilidade no mercado de multinível é um processo importante, porém longo. E dificilmente as pessoas, principalmente as mais velhas, trocam o certo pelo duvidoso.

Uma observação muito importante e até determinante! Muito cuidado com empresas que mudam sempre o plano de negócios ou vivem fazendo ajustes nos percentuais, formas de pagamento e premiações. Olhe o histórico antes, pergunte e pesquise. Se você já estiver no negócio e de tempos em tempos o corporativo fizer alterações que alteram ganhos e premiações, abra os olhos! Não dá para construir algo de longo prazo num lugar onde não se tem certeza de um plano sólido e uma boa gestão. Empresa que mexe muito está perdida, e a gestão é falha! Isso não significa que não possa melhorar e resolver, mas a pergunta é: você está disposto a esperar? A pagar esse preço?

É algo muito sério e relevante para ser avaliado.

Finalizando, **não se esqueça de checar a saúde financeira da empresa**. Vá fundo nisso! Converse com afiliados da companhia que despertou o seu interesse, e verifique se ela paga seus fornecedores e consultores em dia, sem falhar. **Verifique também se ela tem restrições ou imbróglios jurídicos,** informação que você pode encontrar em pesquisas rápidas pela internet. São consultas que podem evitar grandes problemas futuros.

Fuja das pirâmides

Popularmente conhecido como **"pirâmide financeira"**, esse modelo comercial, previsivelmente não sustentável, depende, basicamente, do recrutamento progressivo de outras pessoas para o esquema continuar funcionando. O multinível diferencia-se desse esquema por ter a maioria de seus rendimentos proveniente da venda de produtos, enquanto nas pirâmides os lucros vêm exclusivamente do recrutamento de pessoas, taxas e investimentos sem retorno de produtos ou serviços.

No multinível, até mesmo o recrutamento é ligado à compra e distribuição de produtos. Você compra produtos ou adquire um serviço e ambos podem ser consumidos ou comercializados para que você recupere o seu investimento e obtenha lucro.

A pirâmide financeira, por outro lado, movimenta apenas o capital dos distribuidores, sem haver troca de benefícios. **Nos Estados Unidos, existe uma forma de diferenciar os dois sistemas: é o que eles chamam de "Regra dos 70%".** Nessa regra, essa porcentagem representa o valor mínimo que uma empresa deve ter de lucro, por meio da movimentação de produtos ou serviços. Qualquer negócio que fuja a essa regra é considerado uma pirâmide.

No Brasil, o marketing multinível segue o Estatuto do Vendedor Direto, como dito anteriormente, que está em conformidade com o Código Comercial Brasileiro, representado pela Lei 10406, de 10/01/2002, estabelecendo que as empresas que se utilizam do multinível como sistema de distribuição estão sujeitas às mesmas leis que regem qualquer companhia no país.

Sendo assim, **pirâmide é uma prática considerada criminosa no Brasil, também enquadrada como tal pela Lei 1521, inciso 9º do 2º artigo.** Também conhecida como Lei de Crimes Contra a Economia Popular do Brasil, regula uma série de atitudes e práticas que são prejudiciais à economia geral da população. No geral, é uma lei destinada a coibir abusos e fraudes econômicas.

Para esclarecer, vamos elaborar as definições dos conceitos dos dois modelos de negócio.

As diferenças entre multinível e pirâmide

No **marketing multinível**, algumas das principais características do negócio são venda de produtos e serviços, ganho proporcional ao seu esforço e meritocracia (não é quem chegou primeiro). No multinível, é muito comum você encontrar pessoas ocupando linhas bem abaixo de seus patrocinadores com graduações e qualificações maiores. Existe um plano de carreira, um plano de compensação que bonifica não pelo volume de pessoas na sua organização ou apenas pelo investimento inicial das pessoas, mas, sim, pelo volume de produtos comprados e vendidos por você e sua organização. Por exemplo: imagine que cadastrei dois amigos e um deles levou o negócio muito a sério, e cadastrou cinco pessoas em pouco tempo. Ele vai ganhar mais do que eu! E provavelmente vai ter um nível maior do que o meu no plano de carreira. Isso porque, segundo a distribuição financeira do plano, pessoas com maior número de empreendedores cadastrados diretos teoricamente têm probabilidades maiores de ganhos. Então, apesar de o meu volume ser maior, porque o amigo com cinco cadastrados faz parte da minha equipe, ele acaba tendo ganhos financeiros maiores, porque tem mais diretos ligados a ele. Isso é muito comum no multinível. Você conhece a todo momento pessoas que chegaram depois e que estão ganhando muito mais do que alguém que faz parte do negócio há anos.

No multinível, o *business* tem continuidade, hereditariedade, gera e recolhe impostos, o investimento financeiro é sempre em produtos e serviços de valor agregado, há investimento em treinamento, pois as empresas de multinível capacitam o empreendedor para consumir o produto, usar os serviços, comercializá-los, formar suas equipes e instruí-las. Empresas de multinível são associadas à ABEVD, no Brasil, e à WFDSA (World Federation Direct Sales Association), órgãos competentes que legitimam o negócio e estabelecem regras, boas práticas e normas de conduta para as empresas do ramo.

Na **pirâmide** isso é praticamente impossível de acontecer. Talvez existam alguns casos, mas estes fogem até mesmo do objetivo do negócio, no qual só ganha quem chegou primeiro ou traz mais pessoas para investir. Pirâmides são montadas dessa maneira sempre para beneficiar os que estão no topo. **Não há venda de produtos, e a oferta sempre se baseia em "oportunidades que vão lhe render grandes retornos"**. Contudo, os valores cobrados são sempre muito maiores do que a média do mercado de multinível, e sem nenhuma contrapartida. Alguns esquemas desse tipo de fraude ficaram muito famosos no Brasil, terminando com milhares de pessoas perdendo dinheiro. Infelizmente, nem sempre os "cabeças" desses esquemas são punidos da maneira como deveriam, o que permite que criminosos continuem perpetuando essa prática em nosso país.

Uma observação muito importante é como as pirâmides têm se atualizado e aproveitado novas oportunidades. Fique atento aos novos **esquemas em pirâmides de criptomoedas, jogos de azar eletrônicos e digitais, apostas esportivas e até esquemas de doações financeiras**. Essas modalidades são bem recentes e têm pegado muitas pessoas desprevenidas. A empolgação do novo e do dinheiro rápido sem esforço é muito atraente, e infelizmente as pessoas caem com muita facilidade. E, pior, convidadas por amigos ou colegas próximos enganados também.

Uma ferramenta gratuita e extremamente útil para que você se proteja contra esquemas de pirâmide é o site da Associação Brasileira de Empresas de Vendas Diretas – a ABEVD (www.abevd.org.br), que conta com uma seção chamada "Empresas Parceiras" (que você pode encontrar dentro do menu "Associadas"), apresentando uma lista de diversas companhias sérias e confiáveis de multinível e vendas diretas. E outro canal que pode ser consultado é o site da ABEMVENDA (www.abemvenda.org), onde você encontra orientações e direcionamento como empreendedor de vendas diretas e marketing multinível.

O material abaixo é para que você tenha sempre uma opção rápida e resumida para consultar. O diagrama apresenta, de forma bastante dinâmica, as diferenças entre empresas de multinível e esquemas de pirâmides. Use e compartilhe com seus colegas.

Multinível

- Consumo de produtos e/ou serviços;

- Revenda de produtos e/ou serviços;

- Formação de equipes (recrutamento de pessoas para consumo, revenda e duplicação);

- Capacitação e desenvolvimento pessoal e profissional;

- 70% do faturamento, no mínimo, vêm da comercialização de produtos e serviços.

Pirâmides

- Investimento com promessa de retorno rápido e acima da média;

- Consumo de serviços ou produtos sem valor agregado;

- Recrutamento de investidores e recrutadores;

- Mais de 30% do faturamento vêm do recrutamento de pessoas sem comercialização de produtos ou serviços de valor agregado.

QUAIS AS DIFERENÇAS ENTRE MULTINÍVEL E PIRÂMIDE

CAPÍTULO 2

OS QUATRO PILARES DO MULTINÍVEL

PRINCÍPIOS FUNDAMENTAIS PARA CONSTRUIR UM NEGÓCIO

Imagine uma mesa quadrada simples, com quatro pernas. Se você tira uma dessas pernas, o que acha que acontece com essa mesa? Cai ou fica de pé? A tendência é cair. Até pode ficar de pé se não tiver nada em cima dela, principalmente do lado onde foi tirada a perna, mas o grande problema é que não é mais uma mesa segura, não é sustentável. O multinível funciona da mesma maneira.

Cada perna dessa mesa representa um pilar de sustentação do multinível, e você precisa entender a importância de cada um deles, pois esse negócio só pode ser considerado legítimo se contar com essas quatro sustentações.

Os 4 pilares são: consumo, comercialização, cadastro e capacitação.

Vamos entendê-los:

É mais comum ouvirmos o termo "vendas", mas prefiro **comercialização.** Mesmo que tenham o mesmo significado, sempre se trata de compartilhar produtos. Falando por mim, quando apresento um plano de negócio para alguém, faço uma mega-apresentação e entro na parte do plano em que falo sobre os produtos e sua comercialização; particularmente, não uso a palavra "venda". Evito, porque muitas pessoas entram na defensiva quando escutam esse termo. Mesmo que velada, existe uma leve discriminação com a figura do vendedor, como se fosse uma figura inconveniente ou indesejada. Então, prefiro utilizar **"compartilhar"** ou **"comercializar"**. O significado é o mesmo, mas a mensagem é transmitida sem mexer com gatilhos mentais negativos ou gerar incômodos. Portanto, **comercializar produtos e serviços é uma consequência do consumo**. Você não precisa entender de vendas quando inicia no multinível. Pode aprender isso em longo prazo, à medida que vai se desenvolvendo no negócio, enquanto **recruta** pessoas para compor sua equipe. E na ponta disso tudo, fica a **capacitação**. Esse pilar consiste em frequentar e consumir com assiduidade o conteúdo disponibilizado e indicado pelo sistema de treinamento de sua empresa, e outros que encontrar disponíveis no mercado (como este livro). Isso é inegociável em sua jornada no multinível, pois é o que vai impulsioná-lo na carreira e suprir suas necessidades de aprendizado em vendas, recrutamento, gestão e diversas outras áreas importantes para o desenvolvimento do negócio. Esses quatro pilares sustentam um negócio de multinível.

É importante que você grave bem todos os quatro pilares, pois são conceitos essenciais para avaliar antes de se envolver em novos negócios.

Por exemplo: imagine que, em uma nova empresa que fui conhecer, identifiquei a presença de consumo, da revenda e da capacitação, mas a empresa não conta com um sistema de recrutamento e não bonifica os empreendedores por cadastrarem novos afiliados. Trata-se de uma empresa de vendas diretas.

Uma empresa só pode ser considerada de multinível se contar, impreterivelmente, com os quatro pilares.

Se a empresa não tem consumo, não tem a comercialização, mas tem recrutamento e "capacitação", é grande a possibilidade de se tratar de uma pirâmide.

Dessa maneira, é possível identificar facilmente uma pirâmide, venda direta ou um negócio legítimo de multinível.

É como explicamos no início do capítulo: se você tira uma das pernas da mesa, ela até fica de pé, porém, instável. Qualquer peso que você colocar do lado mais fraco, ela cai. Da mesma maneira funciona o multinível. Se você tirar o pilar do consumo, não consegue gerar credibilidade para venda, sua rede não irá consumir, nem movimentar produtos. Se você tirar o pilar da comercialização, o negócio se torna insustentável, muito próximo de uma pirâmide, em que você só cadastra pessoas.

Agora, vamos nos aprofundar em cada um dos pilares.

OS QUATRO PILARES DO MULTINÍVEL

1. Consumir produtos e/ou serviços

No multinível, utilizamos algumas variações do termo quando nos referimos a consumo, como **consumo inteligente e consumo**

profissional. Mas, afinal, de que se trata essas variações? Vamos entender isso.

A maioria das empresas de multinível trabalha com produtos de uso recorrente, como suplementos, cosméticos, perfumes, produtos de cabelo, produtos para pele etc. Existem algumas companhias que trabalham com bens duráveis, como colchões e aparelhos de tratamento de água. Outras, com prestação de serviços, e há também as de produtos digitais, área que está crescendo em nosso país, mas que já está gerando boas oportunidades.

Consumo inteligente pode ser explicado da seguinte maneira: alguns produtos das categorias citadas acima vão precisar ser adquiridos regularmente para consumo pessoal, da família, ou de pessoas do seu entorno. Esses itens serão comprados no comércio tradicional, como supermercados, farmácias ou lojas especializadas, e gerar renda para um terceiro, o proprietário do estabelecimento em questão. Sendo assim, por que não adquirir produtos das categorias que você mais consome por meio de uma empresa de multinível e gerar renda para si mesmo? Então, é inteligente por isso! Você continua consumindo os produtos e serviços regularmente, da mesma maneira como faz em seu dia a dia, mas podendo obter algum retorno financeiro com as possibilidades que o multinível oferece.

Aí entra o **consumo profissional**. Quando você compra um xampu do supermercado, não recebe nada em troca. Consumo profissional é a etapa seguinte ao consumo inteligente. É entender que, **quando você consome de uma empresa de multinível que escolheu para se cadastrar, está fazendo dinheiro, gerando renda.** Mesmo se estiver pagando um pouquinho a mais, vai ter retorno sobre isso. E parte do retorno é que, além de ter acesso a produtos exclusivos e de qualidade, você se torna a vitrine dos produtos que escolheu representar. Pessoas vão reparar na qualidade da maquiagem, no resultado dos produtos para cabelo ou pele, no aroma dos perfumes, por exemplo, e comprá-los com você. Esse é o poder do consumo profissional. Um exemplo contrário disso: imagine que você tem uma padaria e todas as manhãs, quando sai de casa para ir trabalhar, o seu padeiro já chegou (padeiros chegam muito cedo), às quatro horas da manhã. Apesar disso, você tem um concorrente, outra padaria, a dois quarteirões da sua, e todos os dias você para na padaria do seu concorrente para tomar café da manhã. Isso faz algum sentido? Portanto, não se esqueça: "Você é sua vitrine".

Toda vez que utiliza produtos da empresa de multinível em que é cadastrado, você ganha dinheiro! E quanto mais rápido acabarem os produtos, mais dinheiro você irá fazer. Imagine que cada membro da sua equipe consuma um xampu por mês. A partir do momento em que ele passa a consumir dois, o volume aumenta, e, se o volume aumenta, seus ganhos também aumentam. Isso se chama "duplicação".

2. Compartilhar produtos e/ ou serviços - vendas

Como já disse anteriormente, gosto mais da sonoridade das palavras **"compartilhar"** e **"comercializar"** do que de "vender". Elas permitem que você introduza o assunto aos potenciais clientes sem que eles se sintam pressionados ou constrangidos. Partir direto para termos como "vender" e "comprar" pode colocar as pessoas na defensiva e fazê-lo perder o negócio antes mesmo de iniciá-lo.

Trabalho com multinível há muitos anos e em minha primeira empresa atingi um nível bem alto, fui top líder da empresa e conquistei muitos prêmios, como viagens nacionais e internacionais, carro, além de ganhar uma boa quantia ao longo do tempo em que permaneci na companhia, cerca de dois milhões de reais. Sempre tive um estilo de trabalho bastante agressivo, mas sem perder a gentileza, e, modéstia à parte, desempenhei muito bem minhas funções. Contudo, nunca fui, dentro do multinível, um grande vendedor de produtos. Já realizei muitas vendas, domino várias técnicas relacionadas ao assunto, mas nunca foi minha prioridade ou o que realmente me chamou a atenção no multinível.

Essa foi uma função que desempenhei muito em meu início nesse mercado, mas, depois de um tempo, eu já não vendia mais, o meu foco sempre foi **"construir rede"**. Eu vendia produtos para manter o meu negócio de pé, fazer a minha ativação e bancar as despesas básicas que tinha para o desenvolvimento do negócio, como combustível e alimentação, caso contrário, teria que conseguir o dinheiro de outra forma para sustentar meu negócio recém-começado. Inicialmente, fiz dessa maneira.

Entretanto, no multinível, existem vários perfis. Alguns entram sem gostar de vendas, mas passam a gostar e se tornam grandes vendedores, outros não gostam de vendas e não cedem à função; existem os que entram no negócio apenas para consumir e também há os que se tornam exímios recrutadores, com redes enormes e bem administradas. Dá para fazer um gráfico enorme com a variedade de perfis.

De toda forma, quando você iniciar no multinível, mesmo que não goste de comercializar produtos, terá a necessidade do retorno financeiro para sobreviver e completar sua renda. E o melhor caminho para movimentar produtos com naturalidade é se apaixonar por eles. Por isso que o consumo é importante. Como representante da companhia, e responsável por seu próprio crescimento, você deve usar e aprender sobre os produtos da empresa que desenvolve. Mesmo que aos poucos, teste o máximo possível, presenteie pessoas queridas e peça *feedback* sobre a experiência que tiveram. Seja a melhor vitrine possível, mesmo que tenha um portfólio pequeno de produtos para trabalhar. Falamos com paixão e brilho nos olhos das coisas de que gostamos, e isso é necessário no multinível.

3. Cadastrar novas pessoas (empreendedores/consultores)

O cadastro de novos adeptos, no multinível, também é conhecido como **recrutamento, patrocínio, formação de equipe, construção de rede ou duplicação**. Esse é o pilar que faz o multinível ser o que é. O seu negócio começa de verdade quando você se duplica, quando cadastra novos empreendedores, consumidores, vendedores etc. Você só faz multinível quando o recrutamento faz parte das suas ações de trabalho, das suas ações geradoras de renda e da sua rotina de trabalho.

Um ponto em comum com o tópico anterior é que muitos não gostam do processo de formação de equipe, não são habilidosos com gestão de pessoas. Mesmo que você seja um excelente comerciante, a melhor vitrine que sua companhia tem, vai precisar patrocinar algumas pessoas para potencializar seu negócio e extrair o melhor do multinível. E o sistema de treinamento é excelente para prepará-lo nisso, assim como o conteúdo deste livro e todo o material que disponibilizo nas mídias sociais por meio da Academia do Multinível.

Entenda algo: você pode até ganhar uma boa grana com vendas e economizar bastante com o consumo inteligente, mas o que realmente vai enriquecê-lo ou lhe dar a tão sonhada liberdade financeira é a **DUPLICAÇÃO** de pessoas no seu time consumindo, compartilhando e passando a oportunidade adiante. O multinível pode até funcionar com poucas pessoas fazendo muito, mas o grande segredo da prosperidade e do sucesso desse negócio é ter muitas pessoas fazendo um pouco. Perfeito seria uma multidão produzindo muito, mas uma multidão fazendo o mínimo com constância já é o suficiente para que você seja grande nessa indústria e construa um negócio milionário.

4. Capacitação/Sistema de Treinamento

Capacitação: o quarto pilar. Por muito tempo, as características do multinível eram entendidas como um "tripé", que excluía a capacitação. Contudo, sem a capacitação por meio de um sistema contínuo de treinamento, os empreendedores de multinível desistem por não aguentar a pressão de trabalhar muito tempo sem saber o que fazer, sem direcionamento, e com dúvidas que os levam a cometer erros bobos, culminando em grandes prejuízos. Então, a capacitação acontece por meio do sistema de treinamento que vai fornecer todo o conteúdo necessário para que você se torne um consumidor excelente, um comerciante de produtos eficiente e um patrocinador competente. **Esse é o coração do multinível**.

Os treinamentos oferecidos vão capacitá-lo a ter atitude e mentalidade empreendedora. Entenda que, antes de ter sucesso, você precisa desenvolver uma mentalidade de sucesso. Não somos treinados para ser prósperos, grandes empresários, ousados, e abrir negócios; somos orientados por um sistema que nos incentiva a estudar bastante, nos dedicar a uma boa profissão, trabalhar e ter um bom salário, para, então, sermos felizes e bem-sucedidos.

Entretanto, quantas pessoas dedicadas e formadas você conhece que ganham um salário maravilhoso e têm uma vida abundante? A maioria dessas pessoas trabalha muito e recebe um salário que mal paga as contas.

Nós, seres humanos, temos potencial para sermos grandiosos, realizar feitos incríveis, mas somos limitados por nossa própria mentalidade, pela forma como somos criados, pela educação que recebemos e pela nossa cultura. A maioria das pessoas no planeta é treinada para ser medíocre. E não nascemos para isso!

Todos nós temos um potencial grandioso, mas você é a única pessoa que pode decidir o que fazer com ele. E por meio de um sistema educativo empreendedor que o capacita, você pode elevar seu patamar muito além da média.

O sistema de capacitação vai fazer com que você seja um consumidor, um vendedor e um recrutador de excelência no multinível.

Obviamente, o caminho não vai ser de flores, você vai enfrentar muitas dificuldades e obstáculos complicadíssimos, mas que serão desafios importantes no seu processo de evolução como profissional de multinível.

Para ter sucesso, você precisa desenvolver uma mentalidade expandida, e isso só é possível quando se dispõe a enfrentar as dificuldades, quebrar paradigmas, superar crenças limitantes e tudo que o impede de mergulhar e de verdadeiramente cultivar os comportamentos certos para chegar aonde quer.

Sucesso é comportamental. Você pode saber consumir bem, vender bem, contatar e convidar, mostrar plano, fazer todo o trabalho de multinível certinho. Mas a sua mentalidade de sucesso, sem limitações, precisa estar presente para que você viva o multinível em plenitude e atinja os resultados que deseja.

CAPÍTULO 3

VOCÊ É SEU NEGÓCIO

SEU SUCESSO COMEÇA EM VOCÊ

Essa é uma máxima bastante famosa no mundo do empreendedorismo. Mas, apesar do clichê, é uma verdade importante para ter sempre em mente.

Neste capítulo, vamos passar por tópicos que irão esclarecer tudo o que você precisa para ter sucesso, crescer, realizar e construir seus maiores sonhos. Só depende de você.

O sucesso começa primeiro dentro da gente, com uma mentalidade de sucesso, e depois pode ser externalizado por suas atitudes, fazendo o que precisa ser feito. A partir daí, as coisas vão se encaixando, melhorando, se ajustando e se desenvolvendo.

O ser humano é o ser mais evoluído da Terra, e até hoje não se descobriu outra forma de vida que seja como nós. Ao longo de todos os anos de experiência que tenho no multinível, toda a minha trajetória de vida e aprendizado, posso garantir que **tudo que você precisa está dentro de você.**

O multinível funciona, mas quem tem que funcionar é você

O multinível funciona no mundo todo e não há mais dúvidas disso. Costumo dizer o seguinte: **"Quem constrói sucesso são pessoas, e não os negócios". Negócios são apenas CNPJs geridos por pessoas.**

Você já parou para prestar atenção na quantidade de negócios parecidos, ou até mesmo idênticos, que existem, mas que nem todos têm o mesmo sucesso?

Por exemplo: você deve conhecer alguma padaria que considere ótima. Daquelas que estão sempre cheias, cujos produtos são excelentes; uma padaria de sucesso. E, certamente, também já viu aquelas padarias antigas, que de tão ruim que o serviço ficou se tornou um lugar desprezível, onde as pessoas se reúnem apenas para beber cachaça, e de vez em quando comprar um pão. O famoso "boteco de cachaceiro".

O negócio é o mesmo, e, se você analisar esse caso profundamente, vai perceber que nem sempre aquela padaria foi ruim. Provavelmente, ao longo dos anos, o dono construiu bons resultados com aquele negócio. Mas o tempo foi passando, ele envelheceu, foi se cansando, relaxando, e se acomodou. O entusiasmo já não era mais o mesmo do início, e o negócio acabou jogado. Ele já não coloca mais o coração e a paixão no seu negócio. Já obteve o retorno que queria e não busca mais nada, não tem mais ambições.

E aí você vê outro estabelecimento com um empreendedor diferente, com outra mentalidade, talvez até com certa longevidade, e o negócio está cada vez melhor. Por que isso acontece? O produto é o mesmo, os dois negócios fabricam pães, vendem leite, frios e outros produtos relacionados. Por que um tem sucesso e outro não? Não é a padaria que faz sucesso, é a pessoa que está por trás da padaria. É o dono! A pessoa com visão de negócio. É a pessoa que gere que faz com que aquele negócio tenha sucesso.

Então, posso lhe garantir: **"Sucesso é comportamental!". São seus comportamentos que vão fazer você chegar aonde quer.** E eles são frutos dos seus sentimentos, que, por sua vez, são frutos dos seus pensamentos, que são frutos das informações que você recebe ou da sua comunicação verbal e não verbal.

Então, quem dita as regras do jogo somos nós. Contudo, manifestamos comportamentos que não controlamos, inconscientes, movidos por padrões que seguimos. Comportamentos oriundos de padrões adquiridos em determinada fase de nossa vida. E muitas vezes esses padrões não estão alinhados com o que você precisa para alcançar seus objetivos.

Este é um livro sobre negócios, tenha isso sempre em mente, mas, antes de lhe ensinar as melhores práticas do multinível, preciso compartilhar com você algumas coisas a respeito de comportamento humano, de crenças, valores e sonhos. Antes de entender do negócio, precisamos entender de nós mesmos, olhar para dentro, buscar por comportamentos, padrões, hábitos e sentimentos que estão nos conduzindo ou nos impedindo de chegar aonde desejamos. Sair do lugar em que estamos e concretizar nossos sonhos. É sobre isso que vamos falar aqui. E quero convidá-lo a mergulhar neste capítulo comigo.

Uma dica importante sobre este capítulo: leia em um ambiente tranquilo, com bastante calma, em algum momento em que possa dedicar a atenção exclusivamente a estas páginas. Aqui, você será convidado a olhar para dentro de si, analisar diversos momentos da vida e identificar pontos falhos, para podermos, juntos, corrigi-los. Vai ser emocionante.

Mentalidade de sucesso

Um dos maiores desafios para prosperar no mundo dos negócios é o **desafio da mentalidade**. A maioria das pessoas não é treinada ou está preparada emocionalmente e mentalmente para ter sucesso, principalmente no empreendedorismo. É impossível vencer na vida sem antes desenvolver uma mentalidade poderosa e vencedora.

Mentalidade de sucesso é o conjunto de crenças, comportamentos e atitudes responsáveis por fazer uma pessoa alcançar seus objetivos e desenvolver um senso de propósito.

Pessoas com mentalidade de sucesso acreditam que podem alcançar seus objetivos, mesmo quando as coisas não saem como planejado. Elas têm a mente e o espírito fortalecidos para enfrentar qualquer desafio em prol de seus objetivos.

Sendo assim, quem tem essas características tem a capacidade de visualizar seus objetivos e trabalhar por eles em qualquer circunstância.

Uma mentalidade de sucesso é responsável por proporcionar motivação, consistência, persistência, resiliência e confiança.

Além disso, uma mentalidade de sucesso proporciona a capacidade de refletir sobre os erros e aprender com eles em vez de se desanimar. É uma maneira de reprogramar sua mente, alterar seus padrões de pensamento e comportamento.

Para desenvolver uma mentalidade de sucesso, primeiro é preciso identificar quais são os seus padrões de pensamento e comportamento. **Identificar seu modelo mental.**

Depois disso, é preciso escolher quais serão as novas crenças e comportamentos que você deseja adotar.

É importante lembrar que é possível mudar o seu ***mindset***, transformar seus pensamentos, atitudes e comportamentos, mas não tem outro jeito, isso só é possível mapeando e reprogramando suas crenças. A raiz de seus resultados, a forma como enxerga a vida e lida com o mundo estão lá.

Dito isso, vamos às crenças?

Reavaliando crenças e tomando decisões

No multinível é muito comum vermos líderes falando sobre crenças, mas você já se perguntou **o que são crenças e como elas se instalam** em nós?

Vamos entender isso, porque é a partir desse entendimento que podemos identificar falhas e erros que começaram a ser construídos ainda na infância, e assim podemos corrigi-los e seguir caminhando com a construção de nosso futuro.

"SUAS CRENÇAS DETERMINAM SUA IDENTIDADE, SUAS CAPACIDADES E SEU MERECIMENTO"

Crenças são construídas por meio de programações mentais e adquiridas como aprendizado durante a vida. A forma como acreditamos determina nossos comportamentos, atitudes, resultados, conquistas e qualidade de vida. Então, entenda uma coisa: a nossa programação mental determina quem somos, o que pensamos, sentimos, fazemos, como agimos e reagimos.

Sabe aquela reação que você tem, às vezes, de ficar triste ou agressivo quando alguém fala algo para você? Isso tem a ver com essas programações, com as sinapses neurais.

Imagine uma atitude de violência injusta contra alguém, por exemplo, no meio da rua.

Como você reagiria?

Algumas pessoas tratam acontecimentos assim como algo normal, outras se escandalizam, há os que ficam em choque e, também, aqueles que reagem indo para cima daquela situação, seja para se envolver em defesa do injustiçado ou para apartar. O que diferencia o comportamento de uma pessoa são as sinapses neurais, o que ela viveu e o que aprendeu na infância e ao longo da vida. E aqui vamos entender como esse processo de aprendizado e de formação mental acontece, porque com essa compreensão você será capaz, por meio da plasticidade neural, de mudar seus comportamentos. **A neuroplasticidade talvez seja o maior presente que Deus nos deu**, pois por meio dela conseguimos ressignificar experiências e aprendizados ruins que carregamos desde a infância e transformá-los, dando a eles novos significados.

Como, de fato, se formam essas crenças?

Primeiro: família de origem

Minha família de origem foi meu pai e minha mãe. Eu, particularmente, não tive o privilégio de ter meus avós participando de minha criação. Talvez, se tivesse, algumas crenças minhas seriam diferentes.

Reflita um pouco agora e lembre-se: **quem são as pessoas da sua família de origem?**

Se possível, escreva! Isso será importante para fazer comparações e identificar alguns comportamentos.

Essas pessoas são responsáveis pelos seus primeiros aprendizados. Elas replicaram em você o que sabiam e o que acreditavam. Medos, traumas, preconceitos, pensamentos positivos ou negativos, sotaque, maneira de falar, gírias, e até o próprio "jeitão".

Grande parte de suas crenças advém de sua família de origem, em primeiro lugar, das pessoas que cuidaram de você, que tiveram maior presença na sua vida durante toda a infância.

Uma observação importante sobre este capítulo é que você vai precisar de papel e caneta. Anotar, escrever à mão, é um hábito que auxilia muito na fixação do conteúdo e na construção de fluxos intensos de pensamento, portanto, recomendo muito que você faça essa tarefa.

Segundo: escola e educadores

Onde você estudou, frequentou grande parte do seu tempo. Onde teve professores, mestres, amigos, pessoas que compartilharam ideias, sentimentos e pensamentos com você. Onde passou por momentos que o emocionaram de alguma maneira. Os lugares em que você passou a maior parte do tempo e vivenciou emoções que fizeram parte da formação de suas crenças.

Terceiro: mundo externo

E o **terceiro lugar,** onde as suas crenças foram e/ou ainda são formatadas, é o mundo externo. O contexto social, político e cultural em que você viveu ou vive. Tudo o que acontece à sua volta, o lugar onde vive, alguma situação que aconteceu nesses ambientes, quando você visita algum familiar, o trabalho em que você está, tudo isso ajuda na formatação das suas crenças.

Nossas crenças primárias, as mais enraizadas em nosso âmago, vêm da infância, em que tudo o que aprendemos gerou marcas, desde os sentimentos que vivenciamos, passando pelos cuidados, ou a falta deles, que nossos responsáveis tiveram conosco. Se você cresceu em um ambiente equilibrado, sem muitos atritos entre os adultos, certamente isso foi influência nas crenças que tem hoje, positivas ou negativas. Então, independentemente de como você viveu, de como eram as pessoas mais próximas, isso foi formatado em você. E não tem certo ou errado, pois esses são julgamentos que fazemos segundo a nossa visão.

Se você é uma pessoa muito calma, tranquila, e vê uma pessoa muito agitada, você faz um julgamento, porque você não funciona daquela maneira.

Tudo aquilo que não se conecta com suas crenças, que não é parecido com você, é passível de julgamento. Juízos são formados dessa maneira. Por exemplo: se presencio uma cena que me desagrada, por que isso acontece? Porque durante grande parte da minha vida aprendi que aquilo que presenciei não é bom, é desagradável. Se eu tivesse sido criado na infância presenciando frequentemente cenas como essa, e na fase adulta aquela mesma cena se repetisse, seria algo normal para mim.

Agora que você já sabe, mais ou menos, de onde vêm as suas crenças, é muito importante fazer alguns questionamentos:

Quais foram as pessoas com quem você teve mais contato durante a infância?

Escreva! Você pode pensar com calma, obviamente. Vamos por ordem de tempo juntos!

Qual foi a primeira pessoa com quem você teve maior conexão? A pessoa que passou mais tempo com você, e que o influenciou muito mais do que qualquer outra?

Pode ser seu pai, sua mãe, seus avós, irmãos etc.

Repita essa reflexão para uma segunda pessoa. E terceira, quarta, quinta e quantas mais forem necessárias. Particularmente, minha conexão mais forte foi com meus pais. Minha mãe passou muito mais tempo comigo, mas minha conexão de alma foi muito maior com o meu pai, com quem passava menos tempo.

Então, minha mãe viveu praticamente para cuidar de mim. Meu pai trabalhava o dia inteiro e chegava à noite. Lembro que ele viajava com muita frequência e ficava dias fora de casa. Quando eu tinha 6 anos, meu pai viajou e ficou um ano fora, no garimpo. E nessa época fiquei muito doente, e o meu pediatra diagnosticou que era pela falta dele. É muito interessante, porque não tive tantas pessoas para influenciarem em minha educação e desenvolvimento. É óbvio que os coleguinhas do condomínio em que eu morava cumpriram esse papel; de alguma maneira, crenças foram formadas brincando na rua, interagindo com aquelas crianças.

Na minha escola também, certamente. Lembro-me até hoje de professores que tive durante a segunda infância, como a Tia Fernanda, por exemplo, que foi uma pessoa essencial na minha formação.

Todos esses momentos provavelmente estiveram presentes em sua vida, de alguma forma. Você também tem figuras, momentos, acontecimentos e lugares marcantes na memória, que foram determinantes para colocá-lo na posição em que você está hoje. Mapeie isso, e escreva.

Como essas pessoas se relacionavam com o dinheiro? O que falavam para você sobre isso? Que crenças essas pessoas tinham sobre dinheiro?

Talvez você se lembre de algumas frases ou comportamentos com relação a dinheiro. Por exemplo: talvez um pai avarento, econômico a ponto de ser conhecido como mão de vaca ou pão-duro, mas que gastava muito com bebida.

O comportamento dos adultos que conviveram com você o influenciou de alguma forma. Você pode ter aprendido de uma maneira positiva, se aproximou daquilo e faz algo parecido. Ou se afastou e cultivou uma crença que vai na contramão desse comportamento. Se o provedor era avarento demais, guardava dinheiro enquanto a família sofria pelo que faltava, então ao crescer você pode ter ido para o outro extremo, tornando-se uma pessoa que esbanja muito dinheiro. Se o provedor gastava demais e isso fez o restante da família sofrer, de duas, uma: ou você replicou esse comportamento e faz o mesmo, ou faz o oposto e tornou-se alguém que guarda dinheiro, com medo da falta. Todos esses detalhes fazem diferença na nossa vida adulta.

Suas crenças vão determinar se você terá sucesso ou não, o que pensa sobre dinheiro ou não, o que pensa sobre as pessoas ou não, o que pensa sobre trabalho árduo ou não, o que pensa sobre pagar o preço ou não. Tudo isso tem a ver com as suas crenças.

Então, o que essas pessoas falavam de negativo sobre dinheiro?

Eu gostaria que você escrevesse sobre isso. Comece assim: **"O dinheiro é..."**, e complete essa frase com três palavras diferentes que melhor descrevam o que você pensa sobre esse assunto. É muito importante mapear essa questão, porque, dependendo do resultado, isso pode estar impedindo-o de conseguir mais dinheiro, de se aproximar do dinheiro. O modo como você vê o dinheiro, pode, sim, influenciar negativamente ou positivamente, pode ser algo que o machuca, ou que o faz feliz. Depende do sentido que você dá para isso.

O dinheiro é ________________________________

O dinheiro é ________________________________

O dinheiro é ________________________________

A próxima frase para completar, no mesmo modelo que a anterior, é: "**Pessoas ricas são...**". Escreva sobre isso também.

Pessoas ricas são ____________________________

Pessoas ricas são ____________________________

Pessoas ricas são ____________________________

Em seguida: "**A pior coisa em relação ao dinheiro é...**"; essa frase, contudo, você deve elaborar um pouco mais. Não complete com uma única palavra. Escreva tudo o que você puder sobre dinheiro, tudo o que puder sobre pessoas ricas, tudo o que puder sobre as piores coisas em relação ao dinheiro; escreva isso.

A pior coisa em relação ao dinheiro é

____

____

____

____

____

No próximo exercício que vou propor, você deve refletir sobre as pessoas de maior conexão com você, e escrever tudo o que acredita que elas falavam de negativo sobre você. Pessoa por pessoa. Escreva: "**Sobre mim**", e elabore! Não existe certo ou errado nesses exercícios. <u>Descreva tudo que você lembrar a respeito de coisas negativas que falavam para você: xingamentos, apelidos, rótulos etc.</u>

O que as pessoas falavam para mim e sobre mim:

1. ____

____

____

____

____

2. ____

____

____

____

____

3. ____

____

____

____

____

4. ____

____

____

____

____

Quando esse exercício estiver concluído, você terá um mapa com diversos pontos de reflexão. Tenho certeza de que, no final deste capítulo, vai perceber o quanto isso foi importante para você.

Escreva também sobre merecimento, sobre o que você podia ou não podia ter.

Reflita sobre todas as vezes que você se sentiu ferido por palavras a respeito de merecimento sobre algo que você queria muito. É bastante comum que adultos condicionem os desejos das crianças ao seu comportamento, como ir bem na escola, obedecer a ordens, fazer tarefas etc. E muitas vezes são condições e argumentos descabidos para crianças pequenas, discursos que abrem feridas e machucam o sentimento de merecimento dessa pessoa por muitos e muitos anos.

Faça uma autoanálise e escreva sobre coisas que você desejava e que sempre lhe foram negadas porque custavam mais dinheiro do que seus responsáveis podiam pagar. Ou se você vivia em uma realidade em que tudo era acessível, escreva sobre o que lhe foi negado por outras razões; então, essas coisas, mesmo que você tenha sido uma pessoa bem-sucedida, essas coisas aconteceram. Isso acontece com todo mundo, independentemente de classe social, credo, condições financeiras, formação acadêmica dos pais! Você pode ser uma pessoa sem estudo nenhum que criou os filhos equilibradamente, ou pode ser uma pessoa sem estudo nenhum que maltratou, judiou, pisou nos próprios filhos. Pode ser alguém extremamente bem-sucedido, esclarecido, rico, talvez até um profissional que trabalhe com comportamento humano, mas, em casa, é uma pessoa que não sabe lidar com as suas emoções e despeja isso no seu cônjuge, nos filhos ou nos pais.

Tarefa:

Escreva isso tudo num caderno, se possível. Você vai exercitar a sua memória e buscar todas as frases e palavras negativas lançadas sobre você. A pessoa pensou algo ruim sobre você na hora da raiva, falou e você recebeu.

Anote isso e, depois dessa lista pronta, você irá reescrevê-la de outra maneira.

PARE AGORA E FAÇA ISSO! NÃO SIGA ADIANTE SEM FAZER A TAREFA ACIMA!

Reescrevendo nossas crenças

Agora você vai reescrever essa lista feita acima de maneira positiva. Se escreveu que não merece alguma coisa, agora vai fazer o oposto e dizer por que merece tal coisa. Se escreveu que dinheiro é sujo, nessa segunda lista vai escrever que dinheiro é limpo. Entendeu?

Não é um exercício simples de ser feito. É trabalhoso, mas vai desencadear um avanço absurdo na forma como você encara vários aspectos da vida. Os avanços são rápidos, e em pouquíssimo tempo você esclarece muitas questões internas fazendo esse mapeamento, porque esse processo traz muitos sentimentos à tona. Talvez você se emocione fazendo essas atividades, por isso sugiro que as faça em lugares seguros, para que não se sinta vulnerável, uma vez que certamente vai estar fragilizado, seja homem ou mulher. Não importa se é uma pessoa com fama de "dura", um "ogro", como eu, é importante se permitir sentir as coisas, deixar os sentimentos surgirem. Deixe o sentimento vir! É importante não mascarar. Quando você luta contra o sentimento ou contra uma dor, e não se permite sentir, nunca é curado daquilo.

Escolha um ambiente seguro para não se expor, e deixe acontecer.

Agora você vai refletir e escrever a resposta de algumas perguntas. Não se esqueça de que escrever à mão ajuda no processo de retenção de informações.

Primeiro, responda: **"Como você gostaria de ser?"**. Pense nas características que gostaria de desenvolver e nas atitudes que gostaria de tornar naturais em sua personalidade. Uma dica para fluir esses pensamentos é, primeiramente, pensar em como você gostaria de ser: mais generoso, bondoso, mais resistente emocionalmente, mais inteligente, com uma aparência melhor, mais simpático, mais empático, enfim, com os pés no chão, escreva todas!

Como eu gostaria de ser?

1. ____________________

2. ____________________

3. ____________________

4. ____________________

Em seguida, **escreva o nome das três pessoas que você mais admira.** Reflita sobre as qualidades que você mais gosta nessas pessoas, escolha quatro delas e escreva. Quando fiz esse exercício, fiquei assustado com o resultado. Essa atividade mostra que as qualidades de pessoas que você tem como referência são latentes ou patentes em você. Latente é aquilo que está intrínseco, escondido; faz parte de você, mas está oculto. Patente é aquilo que você já é; é o que está evidente em você.

Pessoa 1: ____________________

Qualidades:

1. ____________________
2. ____________________
3. ____________________
4. ____________________

Pessoa 2: ____________________

Qualidades:

1. ____________________
2. ____________________
3. ____________________
4. ____________________

Pessoa 3: ____________________

Qualidades:

1. ____________________
2. ____________________
3. ____________________
4. ____________________

____

Depois, responda: **"Como você gostaria de se sentir?"**. Por exemplo: mais amado, mais honrado pelas pessoas que estão à sua volta, mais feliz com a vida etc. Quando terminar, responda: **"O que você gostaria de sentir?"**. Perceba que, apesar de muito similares, são perguntas diferentes. **"Como"** é relacionado ao que vem de dentro, como você recebe das pessoas, e **"O que"** é receber de fora, é o que você gostaria de sentir, é dar, doar, sentir pelo outro, por alguém. Por exemplo: gostaria de sentir amor, gostaria de sentir felicidade, gostaria de sentir paz.

Como eu gostaria de me sentir?

____

____

____

____

____

O que eu gostaria de sentir?

____

____

____

____

____

Outra pergunta que você vai mapear: **"O que você gostaria de fazer?"**.

Quando respondi a essas questões, escrevi que gostaria de viajar. Sempre tive vontade de viajar pelo mundo, mas, como sou muito envolvido com meus projetos, com os meus sonhos, e obcecado em realizar meus propósitos, sempre fui deixando essa vontade para depois. Outra coisa que escrevi é que eu gostaria de estar diante das câmeras para ensinar o máximo possível de pessoas sobre aquilo que mudou minha vida, sobre multinível. Alguns anos depois de externalizar essa vontade no papel, entrava no ar meu canal de YouTube, no qual realizei diversas lives para uma grande audiência e disponibilizei o curso Multinível Raiz, motivos de muito orgulho para mim. Foram realizações pessoais extremamente importantes, pois sei que estou entregando para minha audiência muito mais do que recebi.

O que eu gostaria de fazer e que ainda não faço?

"O que você gostaria de ter, realizar e conquistar?" Por exemplo: gostaria de ter uma casa em um bairro bom, um bom carro, colocar os meus filhos na melhor escola do meu bairro ou pagar uma faculdade para eles, pagar um intercâmbio para o meu filho, para o meu sobrinho, para o meu neto. Escreva sem medo, sonhar é grátis!

O que eu gostaria de ter, realizar e conquistar?

Agora você vai pegar as respostas das questões de todos esses exercícios e reescrever no tempo presente, como se fossem posses suas.

Por exemplo: se você escreveu "eu gostaria de ser amoroso", na nova lista isso vai virar "eu sou amoroso". No caso de conquistas materiais, se você escreveu "eu gostaria de ter um carro novo", vai passar para "eu tenho um carro novo". Faça isso com todas as suas respostas, traga para o presente, vá aos poucos "transformando" sua realidade e trazendo à existência o que ainda não existe.

Transforme "Eu gostaria de ser" em "Eu sou":

Eu sou ____________________

Eu sou ____________________

Eu sou ____________________

Eu sou ____________________

Eu sou ____________________

Eu sou ____________________

Eu sou ____________________

Eu sou ____________________

Transforme "Eu gostaria de ter" em "Eu tenho":

Eu tenho ____________________

Eu tenho ____________________

Eu tenho ____________________

Eu tenho ____________________

Eu tenho ____________________

Eu tenho ____________________

Eu tenho ____________________

Eu tenho ____________________

Reescreva isso num caderno ou numa folha que possa ser colocada em um lugar visível da sua casa, para que você visualize diariamente.

Você pode separar um caderno ou livro ata só para fazer esses exercícios. Talvez se torne o caderno mais importante da sua vida. O que vai acontecer depois disso será fenomenal.

A importância da transformação das minhas crenças

O mapeamento de crenças é fundamental, porque **todas as crenças que temos, positivas ou negativas, limitantes ou não, são autorrealizáveis**. O que significa "autorrealizável"? Se você tem uma crença negativa a respeito de algo, por exemplo, acreditar que nunca vai faturar acima de dez mil reais, isso de fato nunca irá acontecer, porque essa crença está "instalada" no seu inconsciente. Como um vírus de computador, que está lá, fazendo o dispositivo funcionar mal, mas sem que você perceba. E se por acaso um dia você tiver uma oportunidade de faturar mais, acredite, você vai se autossabotar. Cometerá algum erro ou causará algo para que isso não aconteça. Por isso é importante que faça as tarefas acima e leve muito a sério este capítulo. Esse aprendizado pode libertá-lo das correntes que o estão prendendo por toda a vida e que o impedem de ser tudo que você pode ser.

ENTENDA ISSO E VOCÊ ENTENDERÁ TUDO!

Quando nascemos, somos como uma semente, ou poderia dizer que somos como um caderno em branco, novo, com todo o potencial para ter uma história extraordinária escrita, por exemplo.

Um caderno em branco nas mãos de um escritor extraordinário pode se tornar um *best-seller*, que impactará a vida de milhões de pessoas pelo mundo. Assim como o mesmo caderno pode ser simplesmente um espaço para rabiscos, rascunhos, desenhos de crianças ou para arrancar as páginas e fazer bolinhas de papel. Mas, de qualquer maneira, o caderno em branco e a semente têm um potencial muito grande. Uma semente pode gerar muitos frutos, por exemplo.

CADA PESSOA NASCE COM TODO O POTENCIAL PARA SER O QUE QUISER.

Não quero misturar as coisas, mas não posso negar minha fé. E provavelmente você já ouviu dizer que somos feitos à imagem e semelhança do Criador. Creio nas Escrituras Sagradas e não sei se você acredita ou não, mas, de qualquer maneira, respeito muito a fé de cada um e, independentemente disso, tenho certeza de que você acredita na possibilidade de viver coisas incríveis, ser feliz, viver o melhor dessa Terra. Eu também acredito nisso!

Em minha fé, temos um manual de vida que seguimos – a Bíblia Sagrada –, e, tirando a parte religiosa da história, existem alguns textos que revelam algumas coisas muito interessantes. Um deles diz que temos a mente de Cristo, e outros falam sobre o domínio que nos foi dado sobre a Terra e tudo que há nela.

Se temos a mente de Cristo, e todo o potencial de uma pessoa que foi extremamente especial, isso significa que somos tão capazes quanto Ele foi em sua breve jornada de 33 anos aqui. E quanto ao domínio das coisas da Terra, nos foi dado o domínio do mar, dos ares e seres viventes, o que nos torna seres dominantes. O homem domina, por exemplo, o leão, a baleia, os tubarões, os primatas e praticamente tudo que há na Terra. Somos a obra-prima da criação, não importa qual seja sua crença. O fato é que somos a obra-prima da criação e carregamos um potencial extraordinário de domínio, poder e realização.

Ora, por que toda pessoa, que nasce com todo o potencial para ser, fazer e ter o que quiser, não é, não faz e não tem?

Agora entra a chave deste capítulo. Para ajudá-lo a vencer, a realizar e a romper, é preciso que entenda isso agora. Assim como uma semente precisa ser plantada no lugar ideal e receber o cuidado certo para crescer, florescer e gerar bons frutos, as pessoas também precisam. Não quero dizer, com isso, que você não foi plantado num bom lugar, e que seja uma árvore que não dá frutos, mas, sim, que poderia gerar muito mais. A pergunta é:

Você usa todo o potencial que tem? Você tem tudo o que foi capaz de imaginar? Você realizou tudo o que gostaria?

Pois se você gostaria de ter algo e não tem, é porque não se conhece o suficiente para identificar o que o impede. Pode ser o local onde você foi plantado. Sua casa, sua família de origem, são frutos de algum lugar ou ambiente, e foram cultivados por pessoas que provavelmente tinham muitas limitações. O meu pai, por exemplo, nasceu em 1948, o meu avô era de 1914, e o meu bisavô, nem sei quem foi. Tudo o que meu avô sabia a respeito de como cuidar de um filho, como tratar um filho, ele aprendeu com meu bisavô, tudo o que meu pai sabia a respeito de paternidade, ele aprendeu com o pai dele e com a mãe dele. Meu pai, graças a Deus, era um cara evoluído na questão da paternidade. Mas com dinheiro era uma negação. Ele ganhou muito dinheiro, e perdeu muito dinheiro. Foi roubado algumas vezes, perdeu tudo e nunca mais se reergueu. Isso serviu para mim como uma grande lição, quando iniciei no empreendedorismo. Percebi que tinha os mesmos padrões de comportamento do meu pai. Aprendi a ganhar dinheiro, mas não sabia guardar! Ele era exatamente assim, e detectei isso num curso que fiz. Entendi por que eu me comportava de maneira disfuncional com relação a guardar dinheiro e sempre tinha problemas financeiros. Eu cultivava algumas crenças autossabotadoras que vieram da forma como ele lidava com dinheiro; isso se instalou em mim. Tudo que aprendi sobre economizar foi isso.

Portanto, posso afirmar que você tem todo o potencial para dar muitos frutos, mas, dependendo de onde a semente foi plantada, você não consegue, talvez por ela não ter sido regada e cultivada da maneira correta. Isso acontece porque as limitações de seus pais ou das pessoas que o criaram durante a infância, natural e inconscientemente, passaram para você de alguma forma.

Vou dar um exemplo simples: em uma família, o pai não tem medo de barata, mas a mãe tem. Toda vez que vê uma barata, o pai vai lá e mata. A criança se assusta, fica curiosa, mas o pai a ensina a ir para cima e matar o inseto, e ela vai fazer isso. Entretanto, se a mãe tem medo e grita quando vê a barata, e a criança vê essa reação repetidas vezes, passa a ter medo de barata, como a mãe. Por outro lado, se nem o pai nem a mãe têm medo e sempre matam o inseto, a criança entende esse comportamento como algo natural e assimila. Quando ela tem os dois casos, vai escolher o mais fácil, porque essa é a tendência do ser humano. É extremamente importante entender isso: pais medrosos, filhos medrosos. Pais preconceituosos, filhos preconceituosos. Pais inseguros, filhos inseguros, e por aí vai.

Até que essa pessoa cresça e se depare com o mundo que lhe ensine outras coisas, quanto tempo ela perdeu?

Então, o que quero dizer para você trazendo o exemplo da árvore, da criança com medo de barata, ou o exemplo do caderno em branco, é que os primeiros capítulos da história da sua vida quem escreveu não foi você! Quem você foi ou é até hoje, o que é capaz de fazer e o que merece ter, quem escolheu não foi você. Alguém escreveu nesse caderno!

Uma criança recém-nascida tem sentimentos, percepções do ambiente, e isso forma suas sinapses neurais. A psicologia diz que isso começa na gestação e que a criança sente o mundo externo, sente a rejeição da mãe, do pai, ou sente o amor da mãe e do pai.

O que quero dizer para você é que esse caderno não foi escrito por você, e sim por pessoas que tinham crenças limitantes, com defeitos, manias, maneiras de lidar com a vida e de reagir às situações da vida. E, obviamente, você traz isso, por mais que tenha se desenvolvido, aprendido coisas novas, tudo isso está intrínseco, no inconsciente. Por exemplo, quando avança para um lugar muito diferente daquilo que você aprendeu lá atrás, que está no seu inconsciente, parece que tem uma corda que o puxa de volta.

Sei que você está se identificando! Quantas vezes você avançou e quase rompeu seu lugar-comum, e algo o puxou, algo aconteceu na família, na sua vida, no seu trabalho, e você não avançou? Pois é, chamamos isso de autossabotagem inconsciente. Por toda crença ser autorrealizável.

Matriz passiva de crenças

A matriz passiva de crenças diz o seguinte: **informações geram pensamentos, pensamentos geram sentimentos, sentimentos geram atitudes, atitudes geram resultados, e isso é cíclico.**

Nossos resultados são frutos maduros das informações que recebemos e absorvemos durante nossa vida.

E como essas informações chegam?

Palavras ditas, televisão, internet, mídias sociais, músicas e tudo que é capaz de ser visto, ouvido, tocado ou, de alguma maneira, sentido. **Os seus cinco sentidos são canais de entrada de informações para a construção de crenças.**

O que dizem as letras das músicas de que você mais gosta? Que verdades essas músicas tocam que o influenciam tanto? Você já percebeu que quando ouve músicas um pouco mais dramáticas, seus sentimentos mudam para aquela "*vibe*"? Você entra numa vibração dramática. O mesmo fenômeno ocorre quando você ouve músicas alegres. Seus sentimentos acompanham esse ritmo.

Já percebeu que quando ouve uma história triste, de alguém que sofreu ou está precisando de ajuda, você sofre junto e fica triste? E quando ouve histórias de pessoas que venceram, que se alegraram e cresceram, é como se você se alegrasse junto e vislumbrasse aquilo. Isso acontece demais quando vemos filmes, reportagens ou um *reality show*.

O que de fato acontece é que somos influenciados por informações que chegam pelos nossos sentidos. Quando você recebe carinho, isso é uma informação. Quando recebe palavras de amor, é uma informação. Quando recebe insultos, também é uma informação. Tudo isso tem grande influência em nossa vida. Essas informações vão gerar pensamentos.

Vou lhe dar um exemplo. Imagine que você está em um relacionamento amoroso, e que todos os dias essa pessoa com quem se relaciona dê uma satisfação a você. Ao sair do trabalho, liga ou manda uma mensagem para avisar que está voltando para casa. Ela faz isso todo santo dia! Até que, um dia, ela não manda mensagem. Você, acostumado com aquilo, começa a pensar o que pode estar acontecendo, e a primeira coisa que vem à cabeça é: será que aconteceu alguma coisa no caminho? Será que ficou presa no trabalho? Será que aconteceu alguma coisa? E começa a preocupação. Você manda uma mensagem, e não recebe resposta. A preocupação aumenta, porque isso não é comum! Liga para o local de trabalho e a pessoa não está lá! Dependendo de como foi o lar em que cresceu e das experiências que teve, essa preocupação pode virar uma desconfiança. E a verdade é que você não se tranquiliza até conseguir falar com a pessoa.

Essa ansiedade é muito comum naqueles que cresceram em lares disfuncionais, com mãe ou pai desconfiados demais, com histórico de traição, ou com exemplo de um pai que passava muito tempo fora de casa e voltava bêbado, ou sumia por vários dias e voltava sem explicações, com pais sempre brigando e cultivando comportamentos ruins. As memórias vêm, e um gatilho de desconfiança dispara: "Para onde foi? Nunca fez isso! Será que saiu com amigos?".

Entenda que, dependendo de como você funciona, fará um julgamento sobre a situação. As informações que entram vão gerar sentimentos. Que sentimento você teria se pensasse que o celular descarregou? Um tipo de sentimento. Que sentimento teria se pensasse que pode ter sido um acidente? Outro sentimento. Que sentimento teria se pensasse que foi uma "escapadinha"? Outro completamente diferente. Então, os pensamentos geram sentimentos, e não há como contestar isso. E sentimentos geram comportamentos, atitudes. Se o sentimento é de raiva, como você age? Se é uma pessoa que chora quando está com raiva, vai chorar. Se é uma pessoa que fica agressiva quando está com raiva, agirá com violência. Se é uma pessoa que abraça quando está feliz, vai abraçar. E assim sucessivamente. Essas ações decorrentes dos sentimentos podem ser chamadas de resultados ou consequências. E isso pode ser positivo ou negativo.

Contudo, se for uma pessoa segura, e com crenças diferentes das da pessoa do exemplo anterior, pode considerar que a pessoa não enviou a mensagem porque simplesmente acabou a bateria do celular. Pode até considerar outras situações, mas sem desespero ou desconfiança antes de ter informações concretas. Isso é uma matriz passiva de crença.

Se você já fez o mapeamento e identificou suas crenças negativas, é hora de revertê-las. Ora, se as informações são as fontes que geram seus resultados, **é totalmente possível mudar o resultado, mudando a informação**.

MATRIZ PASSIVA DE CRENÇAS

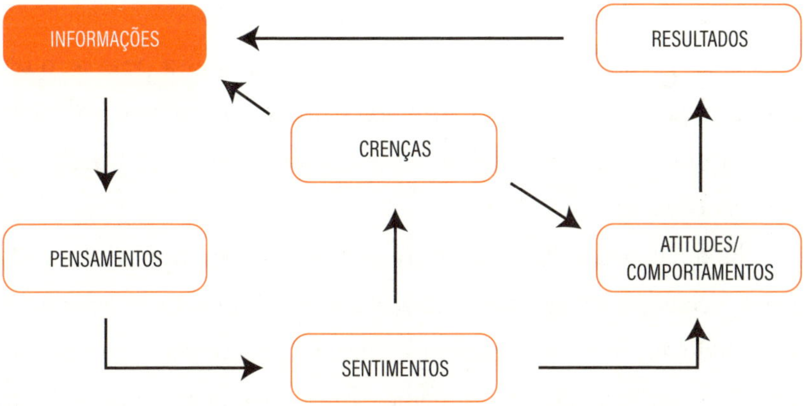

Matriz passiva para gerar transformação

Imagine: pais que sempre foram empregados e orientaram a vida toda o filho a estudar para ter um bom emprego, pois sempre tiveram bons empregos e nunca faltou nada para a família. Qual é a crença que provavelmente o filho terá? "Com um bom emprego, nunca vai faltar nada." Então, essa informação que o filho recebeu gerou esse pensamento, e esse pensamento gerou o sentimento da importância dessa segurança. E ele fará de tudo por causa desse sentimento de segurança que precisa alimentar. O filho buscará ter atitudes que vão levá-lo ao resultado que seus pais lhe ensinaram que é bom.

Apesar de ser bom, pode mudar! A partir do momento em que esse filho já tem certa segurança, por algum motivo percebe que tem um potencial muito maior, e vê pessoas parecidas ou até aparentemente menos capazes que ele tendo resultados financeiros muito melhores, crescendo, escalando e tendo sucesso, o que pode pensar?

"Se eles conseguiram, eu também consigo. Tudo bem, o emprego me dá certo resultado, certa segurança, mas, se eu empreender como fulano, beltrano, ciclano, que conseguiram ter um resultado dez vezes melhor do que o meu, eu também posso."

Qual o caminho, o passo a passo, para que essa pessoa mude essa crença de estar segura e limitada para uma nova crença de: não tão segura, mas com possibilidade de resultados muito melhores arriscando mais?

Frequentar novos ambientes, ouvir pessoas que empreendem e são bem-sucedidas, ler livros de autoajuda, ouvir áudios motivacionais, e fazer tudo que fortaleça essa nova crença de que é possível empreender e ter um resultado dez vezes melhor. Essa pessoa precisa investir em mudar as informações e os ensinamentos que recebe. Fazendo isso, os pensamentos acompanharão, os sentimentos serão transformados, suas ações mudarão, e logo os resultados serão diferentes.

É totalmente possível mudar sua realidade desde que esteja disposto a mudar as fontes de informação e aprendizado. E isso inclui amigos, lugares e absolutamente tudo que de alguma maneira o influencia e o mantém limitado à vida que tem. **Sabendo disso, caro leitor, você só permanece como está se quiser!** Vamos em frente, que tenho mais para você.

Matriz ativa de crenças

A diferença entre matriz passiva e matriz ativa é que na passiva você recebe a informação de fontes externas, e na matriz ativa você a produz. Isso mesmo, você produz a informação que deseja pela sua fala ou por sua postura para criar ou fortalecer suas crenças. É uma comunicação ativa feita por você mesmo. Sua comunicação verbal e não verbal fortalece suas crenças. A partir do momento em que você descobre ter uma crença sobre, por exemplo, ser impaciente, passa a pensar e sustentar o oposto; você se transforma.

As crenças se formam de duas maneiras.

A primeira delas é por meio de **forte impacto emocional**. Por exemplo: um grave acidente de carro pode gerar um trauma tão grande que a pessoa não quer mais dirigir. Uma crença foi instalada no momento do acidente. Crença de que, se ela guiar de novo, pode bater. É uma crença forte de impacto emocional, e isso pode acontecer com qualquer coisa. Todo evento ou situação capaz de chocar, emocionar demais, positiva ou negativamente, pode ser considerado um forte impacto emocional.

A segunda maneira de formar uma crença é **por repetição**. De tanto ouvir seus pais falarem algo, você passa a acreditar naquilo, que se torna uma crença.

Entendendo que as crenças podem ser mudadas por meio das informações que recebemos ou produzimos, você mapeia o que é negativo e transforma em positivo fazendo o exercício de declarações diárias de verbalização. No cristianismo chamamos isso de profetizar, declarar. Então, por meio desse hábito, você pode transformar uma crença negativa em uma crença positiva. Declarações, expressões ou verbalizações feitas repetidas vezes, por um período, podem transformar suas crenças. E se forem feitas com energia, e se possível em voz alta, tornam-se mais poderosas ainda.

Sou a prova viva de que isso funciona! Aconteceu comigo e com várias pessoas que conheço. Milhões de pessoas no mundo que têm esse conhecimento utilizam esse método para transformarem suas vidas.

MATRIZ ATIVA DE CRENÇAS

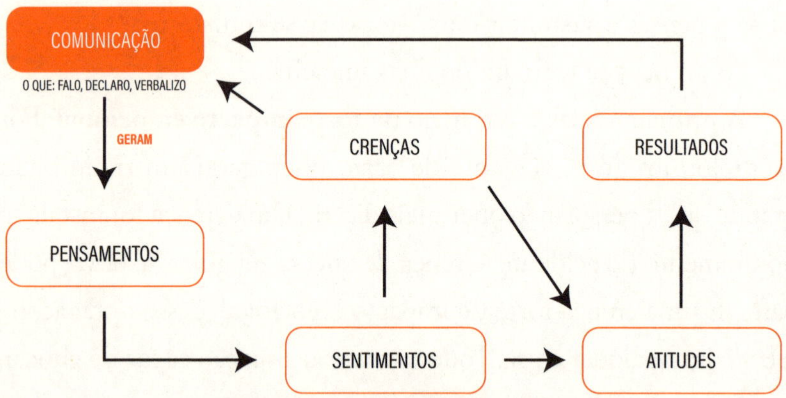

PESSOAS DE SUCESSO TÊM MENTALIDADE DE SUCESSO.

E para formar uma mentalidade de sucesso, basta mapear suas crenças negativas e limitantes, reescrevê-las de maneira positiva e declarar sempre que possível, gerando novas crenças. Você vai alterar sua realidade a partir das palavras, declarações, e daquilo que você comunica. Quando você declara algo, pensa sobre isso, então sente e age de acordo com o que declarou. E essas ações geram um novo resultado, uma nova realidade. Não acontece de uma hora para a outra, mas começa pouco a pouco e vai se transformando, tomando outro rumo. E, quando você olha, aquilo que você era já não é mais. Aquilo que você pensava de ruim a seu respeito, não pensa mais. Porque você se forçou tanto no sentido contrário que a plasticidade neural que vai rolar em você vai lhe permitir formar novas conexões e criar uma nova crença mais forte.

É extremamente importante que você entenda isso e não negligencie essa jornada e esses exercícios. Já que você pode criar uma realidade a partir da comunicação e das informações que recebe, faça declarações diárias da nova realidade positiva a seu respeito.

Padrões antigos precisam ser substituídos, suas crenças limitantes e negativas podem ser substituídas por novos padrões que vão levá-lo até onde sempre quis chegar e nunca conseguiu. Então, não é apenas o que não sabemos que nos impede de vencer, também é o que sabemos. Que é o caso das crenças limitantes que construímos, instaladas em nós durante a nossa vida. Grave esta frase, e lembre-se dela sempre:

"OS SEUS PADRÕES SÃO OS SEUS PATRÕES."

Quando me lembro do meu pai e da minha mãe, é impressionante perceber como ainda carrego alguns padrões deles comigo. Só que, a partir do momento em que descobri a neuroplasticidade, apliquei o método para formar novas crenças. A parte positiva deles eu mantive, e a maioria da parte da negativa foi substituída. E se tem alguma coisa que detecto que ainda está ali, trabalho para tirar, porque já conheço o caminho para substituir o que me limita. É possível!

Você precisa trocar o que não é bom pelo que é bom. Nada será diferente do que é sem essa nova realidade que você precisa construir. Se não fizer por você, faça pelas pessoas que ama, pois são elas que mais sofrem devido às suas limitações. Pense nas pessoas que você ama com todas as suas forças, nas pessoas que o motivam a seguir em frente e por quem você daria a vida se necessário. Quem são elas? Escreva os nomes. Se não tem fotos impressas dessas pessoas, providencie uma grande, para deixar em algum lugar visível da sua casa, para ter sempre à vista, e uma pequena, para colocar na carteira. Você vai precisar de força para fazer o que vou lhe orientar a fazer. E quando não tiver força, irá olhar para essa foto e vai pensar nessas pessoas. Quando achar que não é possível, você vai lembrar o seu "por quem". Tudo que escreveu de negativo em seu caderno de anotações, daqui para a frente, você fará de positivo com quem você ama. Tudo aquilo que escreveu, e sabe que fizeram com você que não foi bom, a partir de agora você vai tomar, também, a decisão de fazer o oposto. Fazer da forma positiva.

E para começarmos verdadeiramente a transformação da sua vida financeira, pessoal, profissional, social, conjugal, familiar, parental e espiritual, o que você vai fazer?

Lembre-se de tudo de positivo que você escreveu. Fotografe, para não perder o arquivo, se possível, tire cópia para deixar guardado em algum lugar da sua casa, dentro deste livro, inclusive, um lugar seguro para que você não perca. E o papel em que você escreveu provavelmente vai se gastar de tanto que você vai usar.

MATRIZ ATIVA DE CRENÇAS

Tarefas a serem feitas após este capítulo

1. **Faça declarações diárias**, proferindo tudo o que você escreveu de positivo, até o momento em que as mudanças que você almeja comecem a acontecer. No espelho, no banheiro, no banho, quando acordar, quando for dormir, no carro sozinho, onde for. O importante é que faça diariamente.

Certa vez, tive experiências muito fortes durante uma viagem, quando fiz declarações em frente ao espelho do banheiro do hotel. Lembrei-me de todas as coisas que escrevi no meu papel, há muito tempo, e comecei a fazer as declarações tomando banho. Debaixo daquela água, daquele chuveiro, coloquei a mão na parede e comecei a declarar. Afirmava em voz alta tudo de que sou capaz, tudo o que consigo, tudo o que posso. Você pode fazer isso a qualquer momento, mas precisa ter clareza do que verdadeiramente quer ser, para declarar o **"Eu sou"**, do que você quer fazer para declarar o **"Eu faço"** e do que deseja ter para declarar "**Eu tenho**".

Esse é um exercício fundamental e extremamente importante para mudar as crenças que o estão limitando e impedindo de ser tudo que pode ser e ter tudo que pode ter.

2. **Crie uma "*playlist* de poder"**. Baseado em uma experiência pessoal, criei algumas ***playlists* de músicas que me fortalecem e empoderam**. Tenho várias. Há dias em que fico mal, chateado por algum motivo, afinal, sou um ser humano que também tem seus problemas. Nesses dias, sempre corro para a minha *playlist* de poder, e coloco músicas que conversam comigo, que me aproximam de Deus, que me empoderam, que me levantam, que me colocam num outro astral. Ritmos, palavras e informações que

estão entrando pelos meus ouvidos, que geram pensamentos, que geram sentimentos, que geram atitudes, que geram resultados. Então, crie a sua *playlist* de poder com músicas que o fazem se sentir bem, que o levantam e o jogam para cima.

3. **Recite algum texto de autoempoderamento e automotivação**. Tenho uma história de amor com um texto chamado **"Filosofia do sucesso de Napoleon Hill"**. Essa filosofia tem um papel muito importante na minha vida e na minha história. Há muitos anos, quando comecei a carreira na venda direta, tinha um curso de fechamento de vendas que fazíamos todos os meses, e nesse evento tinha o "Desafio da filosofia do sucesso de Napoleon Hill". As pessoas recebiam um papel no final do curso e eram convidadas a recitar a "Filosofia do sucesso de Napoleon Hill" no palco. Era incrível a energia que tomava aquele lugar quando aquelas pessoas recitavam. Todos em silêncio, uma música de fundo, "Chariots of fire", e alguém recitava a filosofia com energia. Ganhava a equipe cujo integrante recitasse melhor. Aquilo era muito impactante. Geralmente eram quatro pessoas no desafio, e todos que estavam naquele curso eram desafiados a estudar a filosofia e decorá-la, para no evento seguinte se desafiar. Foi uma grande experiência na minha vida a primeira vez que ouvi essa filosofia. Eu me arrepiei, chorei, e foram tantas emoções, que pensei: "Eu preciso disso". Peguei aquela folha de papel com a filosofia escrita, e no mês seguinte me desafiei. Foi a primeira vez que falei para uma plateia. Recitei a "Filosofia do sucesso de Napoleon Hill". E confesso a vocês que nem lembro se eu tinha pernas quando subi ao palco com aquele microfone na mão, me desafiando. E na penúltima ou na última estrofe, esqueci o texto, fiquei muito nervoso, mas naquele momento

uma pessoa me deu a mão e continuou comigo. E eu consegui. Aprendi muitas lições naquele tempo da minha vida. Sempre que você tiver uma dificuldade, sempre que travar ou as coisas não estiverem indo bem, Deus sempre vai enviar alguém para lhe dar a mão e seguir com você. Então, valorize sempre as pessoas que lhe estendem a mão.

E depois daquele momento, ensaiei, treinei mais e me tornei um dos melhores declamadores da "Filosofia do sucesso de Napoleon Hill". E esse texto caminha comigo até hoje.

Nesse momento desafio você a fazer essa declamação. Leia normalmente nas primeiras vezes e, depois que decorar, comece a fazer com energia. Essa prática mudou minha vida! Tornou-me forte e ousado nos momentos difíceis da minha jornada.

Filosofia do Sucesso de Napoleon Hill

Se você pensa que é um derrotado,
você será derrotado.
Se não pensar "quero a qualquer custo!"
Não conseguirá nada.
Mesmo que você queira vencer,
mas pensa que não vai conseguir,
a vitória não sorrirá para você.

Se você fizer as coisas pela metade,
você será um fracassado.
Nós descobrimos neste mundo
que o sucesso começa pela intenção da gente
e tudo se determina pelo nosso espírito.

Se você pensa que é um malogrado,
você se torna como tal.
Se almeja atingir uma posição mais elevada,
deve, antes de obter a vitória,
dotar-se da convicção de que
conseguirá infalivelmente.

A luta pela vida nem sempre é vantajosa
aos fortes nem aos espertos.
Mais cedo ou mais tarde, quem cativa a vitória
é aquele que crê plenamente
Eu conseguirei!

Descobrindo seu real motivo para vencer

Imagine que o gênio da lâmpada aparecesse para você e dissesse: "Faça três pedidos". O que você pediria? O que deseja para a sua vida, você sabe?

Clareza é poder. A maioria das pessoas no mundo não tem clareza do que deseja. As pessoas não sabem o que realmente querem em detalhes.

Você já ouviu falar do **quadro dos sonhos**, quadro de desejos ou visão extraordinária de futuro? Se sim, ok. Se não, vou lhe explicar rapidamente.

Quadro dos sonhos é um quadro, um caderno ou um mural onde você cola recortes de tudo que sonha em ter ou realizar. Exemplo: o carro dos seus sonhos na cor que deseja, os lugares que deseja conhecer, a casa dos seus sonhos, algo que você deseja se tornar, a família que deseja formar, o casamento, enfim, tudo que você deseja ser ou ter, vai recortar de algum lugar ou imprimir algo idêntico ou muito parecido e tornar visível no seu dia a dia em algum lugar da sua casa ou onde desejar.

ENTÃO, VAMOS À TAREFA E FAZER SEU QUADRO DOS SONHOS?

Se você já tem um, eu o desafio a avaliá-lo; tenho certeza de que você não tem tudo o que deseja em detalhes nele. E além do quadro dos sonhos você também precisa ter por escrito em detalhes aquilo que não dá para ter em recortes. Detalhes sobre uma pessoa, uma experiência que gostaria de viver etc.

O que deseja em sua vida financeira, você sabe? E na vida conjugal, a qualidade da relação que você quer ter, **o que você deseja para**

sua vida familiar? Na relação com seus filhos, na convivência familiar? O que você deseja para sua vida com os seus pais, sua vida social, sua vida profissional ou sua vida espiritual? **O que você quer? Como quer que seja a sua vida espiritual?** Como quer que os seus amigos o vejam?

Particularmente, eu sempre soube o que desejava para minha vida financeira, conjugal e familiar. Tenho clareza do que quero gerar no coração dos meus filhos. Em algumas áreas da minha vida, já cheguei ao ponto de precisar refazer o que queria, o que desejava, mas, em outras, a maioria das coisas sonhei antes e tive clareza antes de realizar. Sempre desejei ser bem-sucedido. Eu não sabia como, mas sabia que ficaria rico e que minha vida seria diferente. Sabia que alguma coisa aconteceria para que eu pudesse mudar de vida. Atualmente, sou uma pessoa bem-sucedida, tenho uma situação financeira extraordinária comparada à vida que tive antes, e, segundo as pesquisas de mercado, já me enquadro no grupo de pessoas que ganham mais do que 99% da população do meu país. É uma discrepância monstruosa. **Só no marketing multinível, calculo ter tido ganhos superiores a 12 milhões de 2005 até 2024. Sem contar as viagens que ganhei como reconhecimento por desempenho: foram 26 viagens internacionais para vários lugares do mundo, todas por conta das empresas, ficando hospedado em resorts e hotéis incríveis; além de onze cruzeiros, cinco carros de luxo e centenas de viagens pelo Brasil.** Foram incríveis minhas conquistas no multinível.

Há alguns anos, aconteceu um episódio interessante. Tenho um grande amigo do tempo da aeronáutica, Fernando Tavares, que está comigo no multinível desde 2006, e outro amigo que se formou conosco na mesma turma, mas que fiquei muito tempo sem encontrar. Silva era o nome de guerra dele no tempo da Força Aérea. Quando nos reencontramos, em 2019, Fernando teve a oportunidade de cadastrá-lo no multinível, e um dia, em uma reunião caseira, Silva falou para mim:

"Marcio, você me chamou há muitos anos para trabalhar com você e com o Fernando, e eu nunca quis, tive medo de não dar certo. Como me arrependo de não ter caminhado com vocês." Ele falava emocionado e com os olhos marejados, e continuou: "Cara, eu lembro de você no quartel, a gente era muito jovem e você já falava que queria ser rico, que mudaria de vida e seria bem-sucedido. E hoje, ver quem você se tornou é inspirador".

A fala dele também me emocionou, porque lembrei que os colegas da turma riam de mim e zombavam dos meus sonhos. E na fase da companhia aérea acontecia a mesma coisa; meus sonhos e declarações sempre foram motivo de risadas. Hoje, de todos eles, sou o único que fez milhões e construiu um sucesso notável. Sou o cara mais bem-sucedido da minha família, de todos os colegas e amigos da infância, da adolescência e da fase adulta.

As declarações funcionam, e você acabou de aprender isso. Eu não sabia o como, não tinha clareza, não fazia a menor ideia, mas existia dentro de mim uma semente. Algo que queimava muito forte em meu coração. Já existia algo sinalizando que não nasci para ser pequeno, que a vida tinha muito a me oferecer. E tudo o que fiz foi alimentar isso. Investi nessa semente, mesmo passando necessidades, com a família sofrendo, faltando de tudo em casa durante muitos anos, mas a semente estava lá. Fui muito incentivado pelo meu pai, nisso. Ele era um cara muito crédulo, ousado, empreendedor, e foi meu grande incentivador. Ele sempre dizia: "Riqueza, você é diferente. Você nasceu para vencer!".

Pode ser que você não tenha tido isso na sua casa, e acredito que a maioria das pessoas não tem esse tipo de incentivo, mas, independentemente disso, no multinível existem dezenas de pessoas dizendo que você pode e consegue. E tenho que lhe dizer isto:

SE VOCÊ NÃO TIVER CLAREZA DO QUE DESEJA PARA SUA VIDA E FUTURO, A PROBABILIDADE DE CHEGAR LÁ É ZERO.

Porque ninguém sai de casa para ir a um lugar desconhecido. Ninguém chega a um destino que não conhece. Olha o nome: "destino". É o lugar ao qual você está destinado a ir. Então, **ninguém se move se não tiver clareza de aonde quer chegar**. Você precisa saber exatamente o que deseja e com o máximo de detalhes possível.

Sempre sonhei em ser bem-sucedido e morar bem; era meu sonho de menino. E hoje tenho isso. Meu pai amava carros conversíveis, e pude realizar esse sonho. Lembro que, quando eu tinha onze, doze anos, morava na Pavuna, no Rio de Janeiro, em uma rua chamada Iturama. Quem conhece a Pavuna vai saber onde é, bem perto do Chapadão. Morei lá antes de morar na comunidade Vila Alvorada. Lembro que perdi todos os meus amigos de uma hora para outra, porque eu morava em um condomínio em Inhaúma quando a gente perdeu absolutamente tudo, inclusive o apartamento onde morávamos, e fomos morar de favor numa casa emprestada pelo patrão do meu pai daquela época.

Lembro que nesse novo bairro minha mãe fez amizade com uma senhora que viajava ao Paraguai e trazia brinquedos de lá, e minha mãe comprava carrinhos de fricção colecionáveis para mim. Eram meus sonhos em forma de brinquedo. Com o multinível, tive a oportunidade de realizar alguns desses sonhos tendo em minha garagem carros da mesma marca.

Todos os sonhos da minha infância ficaram vivos em mim, e sempre tive clareza do que quis. Tenho clareza do que desejo para o meu próximo ano, nos meus negócios, das viagens que desejo fazer, dos lugares a conhecer, dos carros que desejo ter, do futuro para meus filhos, da vida em casal que desejo. **Clareza é poder!** E você precisa ter clareza dos seus sonhos.

Lembre-se: **crenças são autorrealizáveis**. Quando você acredita de todo o seu coração, cultiva esses sonhos dentro de você e se dispõe a trabalhar por eles, cedo ou tarde, por meio de algum negócio ou oportunidade, esses sonhos serão concretizados.

Tenha clareza dos seus objetivos

Napoleon Hill foi um pesquisador que passou mais de vinte anos estudando, e entrevistou mais de 16 mil pessoas, dentre elas os quinhentos milionários mais poderosos e importantes do mundo na época. Além de pioneiro no estudo do comportamento humano para o sucesso, ainda é, provavelmente, o pensador que mais inspira líderes, empresários e autores sobre o assunto no mundo todo. Segundo Napoleon Hill, 95% das pessoas não têm claro o que querem da vida, e em alguns de seus livros, como *Quem pensa enriquece*, por exemplo, uma das primeiras coisas que ele instrui para que alguém seja bem-sucedido é que tenha seus objetivos muito claros e definidos.

Você já parou para pensar sobre o que deseja para sua vida? Aonde quer chegar? Faça essa reflexão e tire da imaginação para o papel. Escreva uma lista de tudo que deseja sem medo. O fato de você ainda não saber o "como" não significa que não é possível.

O que a sua família precisa ou deseja? Quais são seus sonhos de curto prazo?

Talvez seja a festinha das crianças, trocar o sofá da sua casa, fazer uma reforma, trocar de telefone, fazer uma viagem em família, matricular seus filhos em uma boa escola; de repente esses são os sonhos de curto prazo que você nutre. E são motivos de sobra para construir seu negócio de multinível. Os sonhos de curto prazo são aqueles que você pode realizar rapidamente apenas com uma renda extra ou juntando em poucos meses determinada quantia, e são tão importantes quanto os de médio e longo prazo.

Sonhos de longo prazo geram persistência e promovem resiliência, mas realizações de curto prazo fortalecem sua crença para continuar caminhando. Então, é importante você ter e realizar pequenos sonhos.

Quais são os seus sonhos de médio prazo? Móveis novos, mudar-se para uma casa melhor, viagens, carro novo?

Vamos supor que você esteja doido para trocar de carro. **Você já sabe qual será seu próximo carro?** Qual modelo, cor, potência do motor? **Já fez o *test drive*?** É extremamente importante ter clareza das suas metas e de seus objetivos.

E os de longo prazo? Daqui a cinco, dez anos, como você quer estar? Você precisa ter essa projeção. Não é um exercício simples, mas vai valer a pena.

Quando pensa em sua vida na terceira idade, como se enxerga? O que você quer fazer? Como vai estar?

"QUEM DESCONHECE O PORTO DE DESTINO FICA À MERCÊ DA VONTADE DOS OUTROS. É UM ETERNO INSATISFEITO."

Coloque uma coisa na cabeça: **as pessoas podem dizer não para o seu plano, mas elas nunca vão poder dizer não para os seus so-**

nhos. Só quem pode dizer não para os seus sonhos é você mesmo. Então, continue fazendo o que tem que ser feito, continue caminhando, continue acreditando. Não é vergonha nenhuma colocar metas e objetivos na parede de algum cômodo da sua casa. Vergonha é passar os anos da sua vida sem sair do lugar, como a maioria das pessoas neste país e no mundo.

Então, meu amigo, "caia para dentro", escreva o que você quer sem medo de ser feliz, é de graça. Faça o que tem que ser feito, faça o trabalho de transformação, de mudança, de mapeamento de crenças negativas, crie sua realidade por meio dos exercícios, falando de realidade dentro de você. Aplicando isso no multinível e trabalhando no dia a dia com uma nova mentalidade de sucesso, é impossível você não ter resultado. A clareza de sonhos e objetivos cria foco.

QUANTO MAIS VOCÊ INTERNALIZAR O SEU QUERER E O SEU DESEJO, MAIS ENERGIA E FORÇA SUA MENTE E SEU CORPO PRODUZIRÃO PARA REALIZAR.

TENHA CLAREZA DOS SEUS OBJETIVOS

Comprometimento - onde tudo começa!

Comprometimento é o ato de dedicar-se intensamente, entregar-se a uma causa, uma meta, um desafio, uma missão. É uma qualidade essencial que permeia todas as áreas da vida, inclusive a do empreendedorismo.

QUANDO VOCÊ SE COMPROMETE COM SEUS SONHOS E OBJETIVOS, AS COISAS COMEÇAM A ACONTECER.

Sabemos que no multinível você precisa acreditar no negócio, na empresa, nos produtos e, principalmente, em si mesmo.

É muito comum, no multinível, líderes reclamarem de *downlines* que não levam a sério o negócio, que não se comprometem com o sistema de treinamento nem com os eventos e negligenciam até os encontros on-line. De duas, uma: ou a pessoa não acredita que é possível realizar seus próprios sonhos e por isso não faz o que tem que fazer; ou, se acredita, seus sonhos não são fortes o suficiente para movê-la. Porque não há como alguém que sabe o que quer, e acredita que pode realizar, negligenciar o comprometimento. É tão óbvio que parece matemática básica.

O problema de comprometimento da equipe não tem a ver com o negócio e não tem a ver com você. Tem a ver com a mentalidade da pessoa, se ela verdadeiramente acredita no que está fazendo, no que quer, se pensa grande ou se está incomodada com a vida que tem. Alguém satisfeito e acomodado jamais estará disposto a abrir mão de seu tempo livre ou de descanso para fazer algo diferente. Essa probabilidade é zero.

NINGUÉM SE COMPROMETE COM ALGO QUE NÃO VALE A PENA.

As pessoas se comprometem com aquilo que realmente vale o esforço. Então, a partir do momento em que tiver clareza de seus sonhos e objetivos e suas crenças estiverem alinhadas, é que você realmente estará disposto a pagar o preço. Acredito, por isso, sonho!

Se meu sonho é forte o suficiente para me mover e tomo a decisão de realizá-lo, eu me comprometo.

Seu primeiro grande compromisso nesse negócio deve ser com seu desenvolvimento, com o aprendizado! Quando alguém se compromete de verdade com o sistema de treinamento e toma a decisão de buscar o que deseja, logo vêm os resultados. Tudo está ligado!

Se você é do multinível e tem aquela sensação de que não é tão comprometido, a raiz do seu problema está na clareza de objetivos. Se você tem clareza de objetivos e não se compromete em realizá-los, é porque seus objetivos não estão valendo a pena. Se você não tem clareza de objetivos é porque não acredita no que está fazendo ou acha que não é capaz de realizar.

Isso é muito óbvio. Vivo do multinível há muitos anos e me lembro em detalhes de como foi a minha história nessa indústria, como conquistei as coisas, como pensava na época que entrei no negócio. Essa sequência de sucesso que estou passando aqui para você, chamo de ciclo perfeito. Gosto de classificá-lo assim:

Primeiro: **crença é tudo.** Segundo: defina seus motivos. Quais são seus motivos, quais são seus objetivos, quais são seus sonhos e desejos? Eles estão claros? Estão definidos? Terceiro: comprometimento.

QUANDO HÁ COMPROMETIMENTO, HÁ APRENDIZADO.

E quando há aprendizado, há desejo de crescimento, de trabalho, de ação. Quando você trabalha, o que mais é preciso para gerar resultados? É preciso persistir, ter consistência. A visão de longo prazo faz permanecer e ter resiliência; então você define uma rotina de trabalho. Como vai trabalhar? Como vai dividir as ações geradoras de renda? Dia, horário, com quem, rotina de trabalho, visão de longo prazo, rotina de trabalho. E depois, foco. Foco visionário, foco comportamental e foco consistente. E por meio do foco, persistência, consistência, crenças inabaláveis nos objetivos. Não falta mais nada, você vai conseguir tudo que determinar conseguir. É, de fato, um passo a passo. Uma receita de bolo infalível!

Mergulhe no aprendizado

Um fato interessante sobre o multinível é que existem muitos treinamentos disponíveis, capacitações diárias, semanais e mensais pelo sistema de treinamento. Basicamente é assim em quase todas as empresas. Hoje em dia, com as ferramentas on-line, a capacitação ficou ainda mais acessível, facilitando o aprendizado de todos de maneira remota.

E outra coisa mais interessante é que, mesmo com toda essa disponibilidade e facilidade de aprender nos tempos atuais, as pessoas têm negligenciado absurdamente esse ponto tão importante. Chega a ser contraditória essa atitude. **As pessoas dizem que desejam melhorar a própria vida, e sabemos que a maioria realmente precisa, mas na hora de fazer o mínimo, não fazem.** Tem algo mais intrigante que isso? É algo que nós, líderes, não conseguimos entender.

Se tem algo de muito valor nesse modelo de negócio, é exatamente o que as pessoas menos levam a sério: o sistema de treinamento.

Quer um conselho de milhões? Mergulhe de cabeça no aprendizado. O seu desenvolvimento pessoal e profissional é fundamental para construir uma mentalidade de sucesso, e aprender toda a parte técnica e operacional do multinível é essencial. Nos capítulos 1 e 3 você já percebeu que tem motivos de sobra para isso, então não seja tolo e siga esse direcionamento de alguém que mudou de vida com esse negócio e ajudou milhares.

Aprender *versus* aceitar

Há uma diferença brutal entre aprender e aceitar. De forma geral, a maioria das coisas que as pessoas aprendem em seminários, convenções, treinamentos, cursos, livros e áudios, elas não conseguem aplicar. Aprendem, mas não aplicam, por quê? Porque ainda não aceitaram.

TEM COISAS QUE VOCÊ APRENDE, MAS NÃO ACEITA.

É muito importante não só aprender a fazer algo, mas também aceitar que aquilo é uma verdade e que faz a diferença. Quantas coisas você já ouviu repetidamente no seu passado e só entendeu depois de muito tempo? Isso é muito comum no multinível. Isso é muito comum com a humanidade.

Um exemplo pessoal:

Lembro que minha mãe cansava de ensinar certas coisas para mim; pedia para que eu não fizesse algumas coisas, e sim outras, ou me dava algumas orientações e ensinamentos que eu ignorava, porque achava aquilo uma besteira. Amava e respeitava minha mãe, mas não compreendia certos ensinamentos, porque não tinha maturidade suficiente para isso. Hoje seus antigos ensinamentos são claros como a luz do sol para mim. Teve muita coisa que ela me ensinou na adolescência que, por não ter aplicado, paguei com meus próprios erros.

Sabe qual a diferença entre o tolo, o inteligente e o sábio?

"OS TOLOS NUNCA APRENDEM, OS INTELIGENTES APRENDEM COM SEUS PRÓPRIOS ERROS, MAS OS SÁBIOS APRENDEM COM OS ERROS DOS OUTROS."

Todos temos a chance de ser sábios atualmente. Nunca se ensinou tanto sobre sucesso, mentalidade vencedora, virtudes, bons hábitos, comportamentos e tudo que pode fazer você vencer na vida. Então, não perca a oportunidade de ganhar velocidade em sua construção de sucesso, mergulhe no aprendizado.

Se você chegou até aqui e pulou algum capítulo, isso já fala alguma coisa a seu respeito. Mesmo que seja um capítulo com conteúdo técnico.

Por exemplo: iniciamos este livro com um conteúdo muito rico sobre a história do multinível. Quando decidi me tornar especialista nesse mercado, entendi que uma parte do processo passaria por entender como essa indústria surgiu. Li muito sobre o assunto, assisti documentários, vídeos, conversei com pessoas e só depois de muito estudo me senti preparado para escrever o capítulo que você já leu, ou deveria ter lido. A maior parte do conteúdo que está ali, 90% da história do multinível, você não vai aplicar em nada no seu dia a dia, mas o simples fato de saber aquilo traz uma convicção absurda para quando você for questionado sobre essa indústria. Fortalece as suas crenças, entende? **A partir do momento em que você tem conhecimento da sua indústria, conhece a história, você tem convicção. Não há nada que alguém possa lhe dizer que vá colocar dúvida em seu coração e na sua mente a respeito do negócio que você desenvolve. Conhecimento é poder.**

CAPÍTULO 4

INÍCIO RÁPIDO

VOCÊ NÃO PRECISA SABER TUDO PARA FAZER DINHEIRO RÁPIDO

INÍCIO RÁPIDO

Você não precisa saber tudo para começar a gerar os primeiros resultados e subir os primeiros níveis no plano de carreira da sua empresa. Aqui vamos resumir o que você precisa fazer imediatamente e dar as orientações essenciais para você transmitir ao seu novo empreendedor no primeiro momento, logo quando ele fecha com você e retira o combo de produtos do início.

Comece de forma prática, objetiva e simples

Entenda, é muito importante que você dê velocidade ao seu negócio e construa uma **história de impacto** no primeiro momento. Caso esteja há algum tempo no multinível, como construir uma história de impacto?

Encare isso como seu recomeço. A partir do momento em que você toma uma nova decisão de fazer a coisa acontecer, **é um novo início**. E isso serve também para as outras pessoas que você acabou de cadastrar: é preciso ensinar isso a todos. Tem que ser algo que se duplique em sua organização, construir uma história de impacto.

Qual é a primeira coisa que o novo empreendedor deve fazer após ter tomado a decisão e fechado com você?

Ele deve marcar uma data para retirar os produtos. E que seja logo! Não deixe muito para a frente, pois o ferro dobra quando está quente!

1. **Quando seu cadastrado for retirar os produtos, ele tem que ser orientado tanto sobre quais produtos escolher, quanto sobre o que fazer com os produtos em mãos.**

Como é essa orientação?

Primeiro: ajude-o a escolher os produtos que mais vendem se ele precisa recuperar o dinheiro do investimento rapidamente. Mas entenda, o que mais vende precisa estar alinhado também com o público-alvo dele. Não adianta, por exemplo, ele ter vindo de uma empresa de suplementos e você empurrar perfumes ou outra linha que não condiz com o perfil ou o público dele. Sim, o que mais vende funciona, mas é preciso ter coerência na escolha dos produtos.

Outra dica é perceber quais produtos fizeram brilhar os olhos do novo cadastrado e orientá-lo para que escolha alguns para uso pessoal e para seu cônjuge ou alguém da família que ele deseja presentear ou agradar. Isso é importante principalmente quando essa pessoa específica é uma influência para ela. Agradar quem o influencia é uma estratégia para alavancar mais rápido e ter apoio.

Há casos em que a pessoa compra o combo ou o kit todo para uso. Isso não é ruim, mas gosto mais de mesclar entre produtos para uso próprio, para comercializar e para presentear. Isso fortalece a crença nos produtos e no negócio.

Segundo: explique para o novo empreendedor algumas características de cada produto, ou seja, faça um breve treinamento. Oriente-o a experimentá-los imediatamente, para que ele tenha de imediato experiência com os produtos, estabelecendo suas primeiras impressões e desenvolvendo memórias. Com isso, você está gerando sentimentos e despertando nele o desejo de apresentar para outras pessoas.

2. Separe os produtos que você vai usar para o mostruário.

Entenda algo: para um empreendedor de multinível que trabalha com produtos físicos, fazer uma apresentação de negócios sem ter os produtos em mãos **é inadmissível**. Muitas vezes você vai fazer uma apresentação para um casal, por exemplo, ou para alguém que, quando você mencionou o negócio, a pessoa até gostou, mas não se interessou tanto. Mas se você tiver em mãos os produtos principais, produtos de impacto, produtos que geram sensações e sentimentos, naquele primeiro momento, isso vai ajudar no fechamento. Vai ajudar você como prova social de que se trata de um bom negócio, que seus produtos têm qualidade e que podem impressionar aquela pessoa.

Inconscientemente, as pessoas pensam assim: **"Se eu gostei desse produto, fulano vai gostar!". "Se eu gostei desse produto, minha mulher vai gostar, minha mãe vai gostar, meu marido vai gostar"**.

É extremamente importante que você faça com que as pessoas que estão assistindo à apresentação, que estão vendo o negócio pela primeira vez, tenham alguma experiência com os produtos da sua empresa também.

"E aí, o que eu faço? Separei o mostruário, já sei que tenho que levar os produtos na minha apresentação, e agora?"

Não mostre os produtos logo que você chegar para fazer uma apresentação. O seu mostruário de produtos tem que estar em uma nécessaire, uma bolsa ou algum lugar discreto. A pessoa pode até imaginar que ali dentro tem alguma coisa, mas não precisa saber o quê, ela vai descobrir na hora certa. Na apresentação da sua empresa de multinível, provavelmente há aquele momento-chave em que você vai falar dos produtos, e é só nesse momento que você retira os itens que irá usar para a demonstração.

Trabalhei em uma empresa de aparelhos de tratamento de água; foi minha primeira empresa de venda direta. Sempre levei o produto para demonstração. Porém, como o filtro era muito grande, eu o carregava em uma pasta de negócios maior, era a única em que cabia. Eu chegava com a mala nas apresentações, e a pessoa achava que era papel, material de escritório, e não um filtro.

Na segunda empresa, a mesma coisa. Eu tinha uma caixa e uma "nécessaire" em que colocava os produtos. Se você tiver condições de ter uma malinha de médico, aquelas malas de material, será ótimo, vale o investimento. Se não tiver, qualquer nécessaire discreta atende bem. Dica importante sobre isso: evite ter o nome da empresa na nécessaire; quando as pessoas não sabem para qual empresa você trabalha, isso é um fator surpresa bastante interessante para preservar e utilizar a seu favor.

Você também pode trabalhar de outra maneira: se é daqueles que já querem que todos saibam dos produtos mesmo antes de apresentar o negócio, é uma opção sua. Funciona também. Mas eu, particularmente, gosto do elemento surpresa quando convido alguém para ver um plano de negócios. Nem todo mundo reage bem com vendas no primeiro momento. Como a maioria das pessoas nunca trabalhou com vendas, evito deixar que façam algum prejulgamento mesmo antes de eu começar a apresentar o negócio. O multinível funciona para quem gosta de vendas e para quem não gosta também. Mas, se você vacilar e a pessoa que não gosta de vendas achar que multinível é pura venda, certamente perderá o seu prospecto ou convidado.

Materiais de apoio

Agora que já separou seu mostruário, vamos falar sobre outros materiais e ferramentas que podem ou devem ser utilizados em suas apresentações.

Você precisa ter todos os materiais que a sua empresa disponibiliza. Ter as ferramentas para chegar bem equipado e fazer uma boa apresentação de negócio é muito importante.

Exemplo: *flipshart*, catálogos, PDFs de plano e produtos e coisas do tipo. Papel e caneta são itens simples, mas que você precisa ter.

Certifique-se de que a sua apresentação está no seu computador ou tablet, e que está atualizada. São tarefas simples, mas que muitas pessoas relevam, deixam de fazer, e assim se prejudicam. Se você resolveu entrar no multinível, fique atento pelo menos ao básico, faça as coisas direitinho. Precisa sempre checar se todo o seu material de trabalho está ok.

Apresentação pessoal

Agora, uma dica de ouro: seus amigos sabem que tipo de roupa você usa. Os seus primeiros contatos, como parentes e amigos, sabem como você é e como você se veste. Faça um *upgrade* no visual quando for fazer uma apresentação para essas pessoas. Se usa muita roupa de malha, camisetas, short, bermuda, calça jeans, experimente vestir uma camisa polo ou uma camisa de botão com as mangas dobradas. As pessoas vão perceber uma diferença. É como se na mente delas algo diferente tivesse acontecido com você. Ainda não aconteceu nada, você está começando no negócio, não teve resultado nenhum. Talvez seja sua primeira apresentação. Mas só pelo fato de você chegar um pouco diferente da maneira como se veste normalmente, inconscientemente as pessoas percebem que algo mudou.

Cuide bem do seu visual, da sua higiene, corte as unhas, faça a barba, ajeite o cabelo, vá discretamente perfumado ou, se for mulher, perfumada e maquiada. Arrume-se, vista-se bem, você tem que estar bem apresentável. Afinal, começou um negócio novo e quer ter sucesso. Cause uma boa impressão nesse novo momento.

Sistema de treinamento

Assim que você se cadastrar em sua empresa de multinível, antes mesmo de realizar as etapas anteriores, é importante que, de imediato, se informe sobre o sistema de treinamento da empresa. Descubra onde são ministrados os treinamentos presenciais e on-line, com quem você busca esses treinamentos e informações, quem são as pessoas que vão treiná-lo e como acessar todos os canais informativos sobre o aprendizado. E você, que já está no negócio há muito tempo, e está orientando isso para o recém-cadastrado da sua organização, explique detalhadamente sobre esse assunto e faça o novato se comprometer com o sistema educacional, esclareça a importância de se capacitar e aponte todos os benefícios que ele terá perante as linhas ascendentes assumindo esse compromisso.

Grave isto: "O sistema de treinamento é determinante para o sucesso de qualquer pessoa no multinível!". É inegociável!!!

1. Dicas rápidas sobre lista de nomes, convites e apresentação do negócio

Para quem está começando no multinível, é muito importante aprender como fazer uma lista de nomes. Se você está patrocinando alguém novo, precisa orientar imediatamente essa pessoa e ensiná-la a fazer essa lista. O ideal é fazer a lista juntos. Se necessário, pode ser on-line, mas acompanhe seu patrocinado, e esteja junto por videochamada.

Durante o patrocínio responsável, você precisa instruir seu prospecto na confecção de uma lista de nomes e exemplificar o convite uma ou duas vezes, para que ele possa reproduzir em seguida. Começando pela lista, para efeitos educacionais, gosto de trabalhar com vinte nomes só para a primeira semana. Você precisa estimular seu patrocinado a se lembrar de pessoas conforme as instruções que você dá, iniciando com as pessoas que mais confiam nele. O fato de ter uma pessoa muito próxima não significa que você tem credibilidade com ela. Então, vai orientá-la a fazer uma lista pensando em seus melhores amigos, mas primando por aqueles que mais confiam nela. Parentes também.

Aqui, como a intenção é fazer uma lista rápida, evite os nomes de pessoas com quem não tem muita afinidade, priorize aquelas próximas, mais chegadas, de maior confiança e credibilidade. Outro ponto é aprender rapidamente a fazer um convite. Vou lhe dar um exemplo rápido, considerando que esteja ligando para um amigo muito próximo, íntimo, que confia em você, alguém que não vai fazer muitos questionamentos. A conversa vai ser mais ou menos assim:

"Olá, fulano, tudo bem? Como você está? E a família, está bem?

Amigo, precisamos nos encontrar o quanto antes, porque tenho um assunto muito importante para falar com você. Qual o melhor dia dessa semana?

Fique tranquilo que o assunto é bom, coisa boa."

Ele provavelmente não vai lhe perguntar nada, mas, caso pergunte:

"Mas o que é?"

"Fique tranquilo. Quero falar pessoalmente. Qual o melhor dia dessa semana?"

Isso é um convite rápido. Entretanto, esse modelo é apenas para pessoas muito próximas e íntimas. Pessoas que o conhecem muito bem e com quem você tem uma excelente relação. Não repita esse roteiro com aqueles com quem você tem pouca proximidade, que você não vê ou fala há muito tempo, nem com contatos frios.

Se possível, como é seu primeiro prospecto, leve seu patrocinador para apresentar esse plano de negócios para você. Se não for possível, se você não tem um patrocinador nem algum contato da sua linha ascendente para mostrar o plano para esse seu amigo que você acabou de convidar, seria ótimo que fizesse alguns treinamentos de apresentação. Pegue um plano simples, de que você gosta; simples e objetivo, de alguém que a sua linha ascendente indique para você. Assista ou ouça essa gravação várias vezes e reproduza as etapas quando fizer pessoalmente. Confesso que ninguém me ensinou a fazer apresentação de negócio; treinei sozinho, da maneira como mencionei agora, assistindo repetidamente às apresentações dos outros.

Então, de verdade, se tem algo que você precisa para dar velocidade no multinível é não depender da sua linha ascendente, não depender do seu patrocinador. São figuras importantes, que podem e vão ajudá-lo muito no início, mas você deve se educar e trabalhar duro em busca da sua independência. Você não tem que depender de ninguém nesse negócio. **Você é o único responsável pelo seu sucesso.**

Comprometa-se com o seu sucesso e apoie-se em seu sonho, pois não há motivador melhor. Você não precisa de ninguém para ser bem-sucedido na vida, apenas de suas boas atitudes e de uma mentalidade voltada para o sucesso. Hoje em dia, você encontra muito conteúdo disponível relacionado às competências do multinível em diversas plataformas; nunca houve época melhor para crescer nesse negócio e conquistar sua independência. Nunca foi tão fácil ter acesso ao aprendizado. É óbvio que, para ter sucesso na vida, a gente precisa do cliente para comprar o produto, precisa de alguém para entrar no negócio, mas estou falando de você. Então, tenha atitude, estude, aprenda a fazer o convite e apresente o seu plano de negócio.

Outra dica muito importante com relação a mostrar o seu plano: conecte seu contato em uma apresentação on-line de alguém da sua linha ascendente:

> **"Amigo, preciso conversar com você sobre um assunto muito sério. Gostaria de uma ajuda com sua avaliação. Você sabe o quanto confio em você e o quanto é importante para mim. Pode me ajudar com isso?"**

Possível resposta: **"Claro, mas o que é?".**

> **"Como está o seu tempo tal dia, em tal horário?"**

Possível resposta: **"Estou disponível".** (E se ele não puder, veja outro dia e horário.)

> **"Vou mandar um link de uma apresentação** (pode ser ao vivo ou não), **e gostaria que você assistisse e me desse um feedback depois. Pode ser?"**

Possível resposta: **"Pode ser!".**

> **"Então ok."**

Indique-o para a apresentação, e ele vai assistir on-line.

Se a apresentação ocorrer presencialmente e você tiver a oportunidade de levar o seu amigo, pode seguir o mesmo modelo de proposta, incluindo em sua adaptação a data, o horário e o local do evento. Não se esqueça de ressaltar muito a importância da relação de confiança que há entre vocês e como você se sente honrado por ele acompanhá-lo na apresentação.

2. Dicas importantes sobre fechamento

Vamos supor que você esteja inseguro, mesmo depois de ter feito alguns treinamentos, consumido material on-line e lido este livro até aqui. **Como fará o fechamento desse prospecto?** Se ele foi a uma apresentação presencial, o ideal é que tenha alguém experiente no local para fazer pra você esse fechamento. Pode ser seu patrocinador, alguém da sua linha ascendente ou um crossline do bem, disposto a ajudá-lo. Se foi uma apresentação on-line, você pode pedir para alguém experiente, assim como orientei anteriormente, fazer uma ligação por telefone junto com você. Desde que você fique quieto e deixe a pessoa fazer um bom trabalho. A terceira opção é você ficar bom em fechamento, no capítulo 9 deste livro. Aqui lhe ensino tudo no detalhe e com os scripts pra você replicar ou simplesmente ler e fazer um belo fechamento.

Eu, como patrocinador e linha ascendente, já fechei milhares de pessoas presencialmente e centenas de pessoas por telefone para alguns da minha rede. Certa vez, por telefone, fechei um prospecto para uma *downline* e esse contato dela chegou ao nível de Duplo Diamante Elite em uma das empresas de multinível em que trabalhei. Ele estava em cima do muro, perturbou na apresentação, as pessoas estavam inseguras de fazer o fechamento com ele, então assumi essa responsabilidade e obtive sucesso. Liguei para ele em um domingo de manhã e disse o seguinte:

"Fala, campeão, tudo bem, como você está, beleza?"
"Beleza!"

"Irmãozão, estou ligando porque vi em você um potencial tremendo. Fulano está falando muito bem de você. Eu vi que você estava atento à apresentação, mas ficou com dúvidas. Eu quero tirar suas dúvidas e ajudar você na sua decisão."

Conversei brevemente com ele, sanei todas as dúvidas e falei:

"Meu irmão, você tem potencial; se entrar nesse negócio, você vai arrebentar. O que está faltando para você tomar a decisão agora?"

Tudo que ele precisava era de mais segurança e da certeza de que alguém iria apoiá-lo.

E fiz o fechamento com ele. Ou seja, sou uma pessoa capacitada. Ele viu a apresentação do negócio comigo numa reunião caseira de um *downline* com uma semana de negócio, mas o ambiente estava muito cheio, não deu para fazer o fechamento de todos, e ele foi embora com muitas dúvidas; dois dias depois, liguei para ele e fiz o fechamento. O que aconteceu? Esse cara, no dia seguinte, entrou no negócio, não tinha dinheiro para fazer o investimento inicial no combo de produtos, se virou para conseguir e deu *start*, se tornou um tremendo líder de multinível, com ganhos de centenas de milhares de reais em poucos anos.

Então, é muito importante você usar as ferramentas que estão ao seu alcance. Patrocinador e linha ascendente, por exemplo, são ferramentas. Treinamentos em áudio, lives, vídeos, artigos e livros também são ferramentas superacessíveis. Com elas você pode aprender como fazer um fechamento, e aplicar no seu dia a dia. Ninguém deixa de fazer multinível hoje em dia por falta de conteúdo.

Contudo, mesmo que o negócio seja acessível, abrangente e acolhedor, não são todas as pessoas que vão se encaixar na rotina e no ritmo de trabalho que ele demanda. Costumo dizer o seguinte:

"O MULTINÍVEL É PARA TODO MUNDO, MAS NEM TODO MUNDO É PARA O MULTINÍVEL".

E isso acontece em qualquer área profissional, não há novidade nessa frase. **O meu dever, como profissional, é apresentar o plano de negócios para o maior número de pessoas que eu conseguir.** Depois disso, a decisão é da pessoa; ouvir minha proposta não vai arrancar um pedaço da pessoa, assim como receber uma negativa dela não vai me fazer parar. Mais uma frase pronta, mas muito significativa: **"O NÃO você já tem!".**

Portanto, faça suas apresentações sem receios. Quanto mais vezes você repetir esse processo, melhor você fica, maior a sua chance de encontrar pessoas dispostas a entrar no multinível com você e mais bem-sucedido você vai ser. Lembre-se de uma coisa: todos os dias nascem pessoas, todos os dias pessoas entram ou saem do mercado de trabalho, e todos os seres humanos têm necessidades iguais, como demonstrado na Pirâmide de Maslow, um modelo proposto pelo psicólogo norte-americano de mesmo nome, que hierarquiza e apresenta as necessidades humanas.

Esse modelo demonstra que nós, seres humanos, somos iguais em qualquer lugar do mundo. Independentemente das várias diferenças criadas e sustentadas pelo próprio homem, nossas necessidades são rigorosamente as mesmas. Todos partimos da base da pirâmide, com as necessidades fisiológicas, passamos pela necessidade de ter algum nível de segurança em alguns âmbitos da vida, necessidade de pertencimento, de ser acolhido por diversos grupos sociais (família, amigos, na escola, no trabalho etc.), e os dois últimos níveis, estima e autorrealização, que são a necessidade de realizar feitos grandiosos e construir um legado. E muitos, invariavelmente, vão suprir essa necessidade por meio do multinível. Portanto, não se desespere, sempre haverá pessoas novas interessadas em entrar para o negócio.

Então, não se preocupe com isso. Quero deixar você tranquilo. Você, novo no negócio, que acabou de entrar e quer ter um resultado rápido; você que é patrocinador e está achando que só porque demorou um tempão para subir algum nível, que todo mundo que vai entrar na sua equipe vai repetir a mesma história que você, isso não vai acontecer. Você tem que ter sempre uma expectativa de que as pessoas que estão chegando podem construir uma história de impacto muito rápido. **Por que não bater os dois, três primeiros níveis logo no primeiro mês? É possível.** A meta das minhas equipes, durante todos esses anos em que estou no multinível, sempre foi subir o primeiro e o segundo nível do plano de marketing logo nos primeiros trinta dias. Estimulo meus *downlines* a trabalharem essa meta porque preciso gerar algum resultado rápido na vida deles. E esse resultado no primeiro mês e a continuidade no segundo mês conectam fortemente as pessoas ao negócio. Eles ganham resistência, adquirem confiança para permanecer por mais um mês, e mais um mês, e mais um mês...

Então, quando você patrocina uma pessoa nova e dedica seu tempo para prepará-la, indicando material de estudo e estabelecendo metas, esse início rápido faz as coisas acontecerem logo na primeira semana, na primeira quinzena, nos primeiros 30 dias, 45 dias ou 60 dias, no máximo. Ela deve subir o primeiro e o segundo nível, ou pelo menos vender todos os produtos, recuperar todo o dinheiro e ter lucro. Se isso acontecer, a retenção acontece. Isso já é tempo suficiente para que se acostume com o sistema de treinamento, comece a estudar e desenvolver meios de aumentar a própria autoconfiança e permanecer no multinível.

3. Detalhes inegociáveis

O sistema de treinamento é o que você tem de mais precioso neste negócio. Se você negocia o sistema de treinamento, vai fracassar, desistir, ou, se permanecer no negócio, nunca vai chegar aonde quer, porque não se dispôs a conhecer todo o potencial que tem para construir os melhores resultados nesse ramo. **É importante que você entenda: este livro, o curso Multinível Raiz e as lives que produzo são complementos, e não anulam o sistema de treinamento da sua linha ascendente, da sua empresa, e nenhum outro conteúdo que seus *uplines* indicarem.** É extremamente importante que você entenda isso agora. Você pode ser até certificado, mas jamais negocie o sistema de treinamento da sua linha ascendente, da sua empresa, aquele que o patrocinador lhe indica.

E o mais importante: o que vai fazer o negócio dar certo para você, fazer o multinível transformar a sua vida, é a sua convicção. Convicção cadastra, convicção fecha, convicção vende. Sua convicção, sua determinação, sua energia, sua segurança na hora de fazer o negócio, seja para apresentar um plano, seja para fazer um fechamento, seja para fazer um patrocínio responsável, seja para sair com o seu *downline*; isso é o que vai fazer a diferença para que você atinja seus objetivos.

**SISTEMA DE TREINAMENTO
É INEGOCIÁVEL**

AGR: AÇÕES GERADORAS DE RENDA

MULTINÍVEL NA PRÁTICA!

A partir de agora entraremos na parte prática do multinível. Faça um excelente uso deste conteúdo, porque daqui por diante é pura prática, e o livro se torna manual de cabeceira.

CAPÍTULO 5

O MAPA DO TESOURO

LISTA QUENTE: O VERDADEIRO MAPA DO TESOURO

O seu trabalho inicia, de fato, quando você começa a apresentar o negócio e os produtos. Afinal, acredito que você já entendeu que sem pessoas é impossível construir um negócio de multinível e vendas diretas, por isso, fazer uma lista de nomes é o primeiro passo para começar a ganhar dinheiro e expandir seu negócio.

A importância da lista de nomes

A lista de nomes deve contemplar todas as pessoas que você conhece. Sabemos que a maioria das pessoas conhece muita gente, em diferentes graus de intimidade e proximidade; amigos, colegas, parentes, aqueles que passaram por sua vida em algum momento. São muitos, mas você não precisa fazer isso em sua primeira semana no multinível, nem no primeiro mês. Inicialmente, seu foco deve estar em colocar as pessoas mais próximas de você, o mais rápido possível. Depois, as que são próximas, mas não são tão íntimas, como colegas de trabalho, de faculdade, de atividades esportivas, de hobbies, professores etc. Em seguida, aqueles que são amigos, mas que você já não vê há algum tempo.

Em um exercício simples, rapidamente você preenche a lista com cem nomes. Acho um número interessante para uma lista de trabalho inicial, que o mantenha ocupado nos primeiros dois meses. Existe também a possibilidade de você se surpreender, e, quando chegar na vigésima pessoa da sua lista, já ter um time trabalhando com você. A verdade é que o multinível pode ser uma bela caixinha de surpresa positiva, mas, como não contamos com sorte, temos que trabalhar com possibilidades reais e de maneira estratégica.

Anteriormente, falei que com vinte pessoas você dá um ***start*** muito rápido no seu negócio. Esse é um número legal para as duas primeiras semanas, no máximo, quando você ainda está aprendendo conceitos bastante básicos. Mesmo que não tenha tanto tempo e o seu início seja daqueles de fazer apenas no tempo livre, que comentamos no início deste livro, prospectando pessoas que confiam muito em você, tenho que ter certeza de que você terá algum sucesso. Mas não se esqueça, **quanto maior a sua lista, menos desmotivado você fica quando alguém lhe dá um "não"**. E listas grandes são essenciais para quem abraça o multinível em horário integral, doando todo o seu tempo e disposição. A lista de nomes é o **mapa do tesouro**: quanto mais você avança, mais perto do tesouro você fica.

Um ponto de atenção ao elaborar sua lista: **não prejulgue as pessoas!** Não cabe a você decidir ou prever se a pessoa vai achar a proposta interessante ou não. Seu papel é apresentar o plano de maneira confiante, persuasiva e empática. Quando você faz uma lista, precisa acreditar que está levando algo bom para as pessoas, uma oportunidade para que elas possam mudar de vida. E isso engloba não apenas o campo financeiro. Moramos em um país que nos leva a crer que a única mudança necessária na vida das pessoas é a financeira. Contudo, existem muitas pessoas que estão com esse aspecto da vida muito bem resolvido, mas não encontram um propósito para seguir. E é aí que você entra. Apresentar o multinível para alguém financeiramente resolvido não significa uma recusa; a chance que você tem de obter uma resposta positiva ou negativa é a mesma que tem com qualquer outra pessoa. Imagine se você abre uma loja de roupas e resolve escolher os clientes que passam na porta para entrar e comprar. Seu negócio não sai nem do chão. Portanto, cumpra o seu papel de empreendedor, apresente o negócio e deixe a decisão para o prospecto, sempre dando uma "empurradinha", é claro.

Sempre coloque pessoas novas na sua lista

Você já tem a sua lista de nomes, desenvolve o seu trabalho com ela e, um dia, vai para uma festa de amigos. Lá você se conectou com algumas pessoas, se identificou bastante com uma ou duas, criou uma amizade e, perto do fim da festa, bateu um papo com outro grupo de pessoas. Existem maneiras bastante sutis de você se conectar com elas. Acrescente o nome delas em sua lista. Hoje em dia é muito comum, em vez de pedirmos o telefone, pegarmos o WhatsApp, Instagram, TikTok ou qualquer outra rede social; peça isso para as pessoas da festa. Então, com o nome e perfil da rede social anotados, você coloca ao lado "Fulano de tal, contato frio; CF". Quando faz isso, se buscar na sua agenda por "CF" (estou supondo que você utilize um aplicativo como agenda, que é o meu caso e o de grande parte dos empreendedores que conheço, mas, caso seja uma de papel, anote os contatos frios em uma seção separada), vai aparecer um monte de gente que você conheceu e cujo contato pode "aquecer" para, depois, fazer um convite para uma apresentação de negócios.

É muito importante que você sempre esteja colocando pessoas novas na sua lista. Conhecemos pessoas o tempo todo. Às vezes é o motorista de um Uber, um amigo de um amigo, professores dos filhos, pais de coleguinhas de escola dos filhos etc. É óbvio que, depois de se tornar um profissional de multinível, você se torna uma pessoa atraente, uma espécie de ímã. Começa a ter comportamentos e atitudes, até devido à energia que passa a ter; desenvolvendo o multinível, você começa a atrair mais as pessoas. Então, fica até mais fácil aumentar a sua lista de nomes.

Mas o que posso lhe dizer com toda certeza é que todos os dias você tem a possibilidade de aumentar sua lista. Então, esqueça essa ideia de que "acabou minha lista". Acabou a lista de quem não sabe fazer multinível. Até porque, lendo este livro, e compreendendo as lições, sua lista nunca vai acabar. Se você quiser mostrar o plano todos os dias, vai saber onde conhecer pessoas para mostrar o plano todo santo dia, e as pessoas da sua equipe também.

Quanto maior a sua lista, maior será o seu negócio

Imagine que alguém tem uma lista de cem nomes, e vai mostrar o plano para essas pessoas. A cada "não" que recebe, diminui suas possibilidades. Vamos supor que essa pessoa ainda não saiba fazer contato frio, é novata, insegura, e as pessoas da sua lista estão chegando ao fim. Quando ela chegar a cinquenta planos mostrados, sua lista já chegou na metade. Ou seja, quanto maior a lista de nomes, maiores são as possibilidades. E se ela tiver uma lista de duzentos nomes? O nível de motivação continua alto mesmo já tendo mostrado para cinquenta pessoas da lista. Ela terá mais 150 pessoas para apresentar o negócio! Posso lhe garantir que, com o conteúdo que você vai receber neste livro, quando chegar ao centésimo nome da sua lista, fazendo um trabalho profissional, você vai encontrar pessoas no caminho, cadastrá-las, trabalhar a lista dessas pessoas e não conseguirá nem terminar a sua própria lista. Garanto isso! Mas, para tanto, você precisa mergulhar de cabeça, aprender os conteúdos da Academia do Multinível e aplicá-los na sua rotina de trabalho.

A IMPORTÂNCIA DA LISTA DE NOMES

Elaborando sua lista

Vou lhe dar uma dica de como buscar nomes na sua memória. É um exercício simples, mas muito eficiente. O objetivo é buscar na sua memória possíveis candidatos para o seu negócio, possíveis empreendedores para você incluir na sua lista de nomes.

Você vai fazer isso por grupo ou por profissão. Por exemplo, por grupo: **quem são meus parentes próximos?** Escreva os nomes: pai, mãe, irmãos, irmãs, tios, tias, primos, primas, avô e avó. A tendência é que um nome puxe o outro, porque você vai relacionando e correlacionando as pessoas. **Quem são meus parentes distantes?** Primos de segundo grau em diante, tios-avós. Seus **melhores amigos**, os que o conhecem muito bem. **Amigos do trabalho, amigos da faculdade ou escola, amigos da sua rua, do seu bairro, da sua infância, amigos da religião que você segue, amigos do esporte ou hobby que pratica**.

Então, você vai buscar por grupos e por lugares pelos quais passou na sua vida, fazendo um exercício de memória. De repente, vai se lembrar de um curso de inglês que fez por pouco tempo, mas cujos contatos ainda tem, mesmo que bem frio, com um ou dois colegas dessa época; coloque-os na sua lista.

No meu caso, fiz um curso de mecânico de avião, tenho uns amigos do quartel, tenho alguns amigos da Varig, alguns que participaram da Hoken, da Forever Living, enfim; faça uma lista por grupo.

Outra maneira de encontrar nomes é pensando por ocupação, por profissão. Por exemplo: **quem você conhece que é mecânico de automóvel?** Ou pintor, professor, dentista, advogado, médico etc. Isso pode render mais alguns nomes interessantes, porque muitas pessoas estão cansadas de suas profissões e só continuam exercendo porque não encontraram outra fonte de renda mais lucrativa.

Esses são dois métodos muito eficientes para angariar nomes que o mantenham ocupado por um bom tempo. Algumas das categorias propostas também são "recicláveis" e podem continuar gerando novos nomes à medida que você vai simplesmente vivendo e conhecendo novas pessoas.

Classificação da lista

Muitos ignoram essa etapa por não conseguirem compreender o ganho de eficiência que esse processo traz à sua prospecção. A classificação da lista é um filtro, uma peneira, mas não para aproveitar um grupo e descartar outro. É um filtro que classifica a ordem de relevância e possível taxa de efetividade que posso ter com cada contato da minha lista. É um otimizador de tempo. Não faça uma classificação medíocre só porque seu patrocinador pediu que você fizesse; faça com cuidado, com minúcia.

Muitas lideranças de multinível estão ensinando uma classificação baseada em pouquíssimos critérios – com apenas três classificações. É muito pouco. Por exemplo: já trabalhou com vendas, ambição, condições favoráveis. Se você faz uma classificação bacana, atribuindo uma pontuação, consegue fazer uma separação das pessoas excelentes para negócio, daquelas ótimas para esse negócio, regulares, ruins e péssimas; isso fica muito claro para você, que erra muito menos e perde menos tempo.

Depois de ter feito a sua lista inteira, você vai pegar uma folha de papel e fazer oito colunas (pode usar um software de planilhas também, se preferir). No topo de cada uma delas, vai colocar cada um dos pré-requisitos que iremos utilizar.

Ambição, Atitude positiva, Credibilidade, Contatos, Condições favoráveis, Ensinável, Vendedor e Empreendedor.

Exemplo de uma lista de contatos:

Nº	NOMES	AMBIÇÃO	ATITUDE POSITIVA	CREDIBILIDADE	CONTATOS	CONDIÇÕES FAVORÁVEIS	ENSINÁVEL	VENDEDOR	EMPREENDEDOR	TOTAL
1	FERNANDO									
2	MICHELL									
3	AMANDA									
4	DIEGO									
5	WILLIAN									
6	THATIANE									
7	MAICON									
8	MILENE									
9	MARCOS									
10	LEONAN									

Você vai utilizar esses **oito critérios** para fazer uma avaliação de cada pessoa em sua lista de nomes. Por exemplo: João é animado, sempre motivado e muito agradável de estar junto, então, posso considerar que é alguém de atitudes positivas; faço uma marcação no campo **"atitudes positivas"** da tabela. João também está sempre inquieto em relação às suas condições, tanto pessoais como financeiras e profissionais, por isso está sempre estudando, sempre buscando melhorar, sempre almejando ir além. Então, posso fazer uma marcação no campo **"ambição"**. Entretanto, nesse momento João está desempregado, sem nenhuma atividade que lhe traga algum retorno financeiro, e vive com suporte da família, por isso, deixo o campo **"condição favorável"** vazio. Mas mesmo desempregado, se mantém esperançoso, animado e cultivando atitudes positivas e empáticas, gosta de estar com amigos e de trocar experiências com outras pessoas; assim, marco o campo **"contatos"**. João é uma pessoa muito atenta às necessidades daqueles de seu círculo mais próximo, e sua família e seus amigos sabem que podem contar com ele em momentos bons e ruins; marco o campo **"credibilidade"**. João é uma pessoa na faixa dos 30 anos, e, apesar de ser muito querido por sua família e amigos, é conhecido por ser cabeça-dura e fazer o que quer, mesmo sabendo que pode não ser a melhor decisão. Então, deixo o campo **"ensinável"** sem marcação. Sempre trabalhou com carteira assinada, na área de logística, e nunca teve pequenas empresas ou negócios que pudessem lhe gerar renda extra. Deixo os campos **"vendedor"** e **"empreendedor"** vazios.

Dos oito requisitos, João atende quatro, portanto, nota 4. Entretanto, alguns desses requisitos têm pesos maiores do que outros. Ambição, por exemplo, é um atributo fundamental para quem quer empreender. Gosto de atribuir peso 2 a esse item, porque existem poucas pessoas que se destacam por essa característica, que têm uma ambição que as torna dispostas a correr atrás de forma incansável e pagar o preço necessário para estar mais perto de seus sonhos.

Outros pré-requisitos que também podem ter um peso maior na avaliação, são **empreendedor e/ou vendedor**. Pessoas com essas características têm uma visão um pouco melhor do que aquelas que nunca venderam nada ou que nunca empreenderam. São pessoas que preferem lucro a salário. O multinível é um empreendimento, um negócio em que você vai empreender. Você é dono de um negócio, sócio de uma empresa que fornece os produtos e tem um plano de marketing. Então, se a pessoa já está adaptada a isso, para a mente dela é mais fácil.

Após repetir esse processo com todos da lista, você terá uma ordem lógica para iniciar suas abordagens **convidando aqueles com mais requisitos primeiro.** Lembrando que as notas que atribuiu para cada item não representam uma verdade absoluta, elas representam a percepção que você tem das pessoas e que pode estar equivocada; nem sempre você vai conseguir fechar o negócio com as notas mais altas, mas vai encontrar notas baixas dispostas a entrar. A classificação é apenas um método para ajudá-lo a acertar mais e ter taxas de aprovação maiores em seu início no multinível, o que o mantém motivado a seguir em frente e melhorar cada vez mais.

CLASSIFICANDO A LISTA DE NOMES

Como ter uma lista infinita

Você já ouviu falar da **"Lista da lista"**? Pegue essa dica e nunca mais tenha problemas com falta de planos para mostrar ou clientes para vender.

Toda vez que você apresentar seu plano de negócios, vender um produto para alguém, fizer uma lista no fechamento ou patrocínio responsável, terá a oportunidade de aumentar sua lista de nomes. É isso mesmo que você leu!

Lista da lista nada mais é do que fazer uma lista rápida de possíveis prospectos com o seu prospecto ou cliente como se fossem indicações.

Exemplo 1:

Você está mostrando o plano de negócios e, no meio do plano, quando estiver apresentando a parte de formação de equipe, você pergunta para ele:

"Fulano, diga dez nomes que você chamaria para esse negócio".

Ele vai dizer, e você vai anotar no papel que está usando no plano ou em um rascunho. Se ele entrar no negócio, essas pessoas serão da lista dele, mas, se ele não entrar, você pede os contatos e a lista passa a ser sua.

Das duas maneiras, serão pessoas para prospectar e aumentar seu time.

Exemplo 2:

Você cadastrou o prospecto, fez o patrocínio responsável e puxou a lista de nomes junto com ele para iniciar o trabalho. Ele fica com a lista, e você também. Se ele desistir e parar no negócio, trabalhe a lista dele para você.

Talvez você esteja pensando: Marcio, isso não é errado? Não, desde que você comunique a ele e o conscientize de que o fato de não ser para ele o negócio não significa que não é para alguém que ele conheça. E impedi-lo de ajudar outra pessoa é um ato de egoísmo e arrogância.

Exemplo 3:

A lista de cada pessoa da sua rede é uma "lista da lista". Aprenda isto: atrás de cada pessoa da equipe há centenas de outras para mostrar o plano e os produtos. E atrás de cada centena há mais algumas centenas.

Para quem sabe trabalhar a lista dos *downlines*, nunca faltará apresentações para fazer e clientes para vender.

E a última maneira de você ter uma lista infinita é fazendo contatos frios. Vou lhe ensinar isso no próximo capítulo de uma maneira que você se tornará um profissional em fazer novos contatos para seu negócio.

Vamos aprender o próximo passo?

CAPÍTULO 6

CONTATAR E CONVIDAR

Fazer um convite para alguém entrar no multinível nada mais é do que oferecer uma oportunidade. Você está marcando um encontro para oferecer um negócio no qual acredita e do qual gosta, e confia no potencial dele para uma transformação na vida das pessoas.

Quando convido alguém, meu objetivo sempre é ajudar. Imagine que as pessoas já estão em busca de algo para a vida delas, desejam melhorar, e talvez você nem saiba disso. Aí você entra em contato, marca uma apresentação para mostrar o plano de negócios e percebe, algumas vezes, que a pessoa já estava buscando algo para desenvolver e aumentar a renda. **Na maioria das vezes, as pessoas, principalmente as ambiciosas**, estão sempre atentas, pensando e refletindo sobre algo que possam fazer para melhorar seu padrão de vida. Se você está pensando em começar no multinível ou já começou, e sente que terá vergonha de apresentar o plano de negócio e terá essa dificuldade, tranquilize-se. Você está simplesmente passando adiante uma oportunidade de crescimento, autodesenvolvimento e melhoria de vida para aqueles que conhece.

Isso não é vergonhoso, mas, sim, motivo de orgulho, saber que você pensa em ajudar as pessoas e se importa.

Convicção – a chave do bom convite

A chave de um bom convite é a convicção, o que chamo de **"brilho nos olhos"**. Quando você chega em uma apresentação de negócios com esse brilho, exala convicção e transmite credibilidade. Pode até ser que dê errado, mas, provavelmente, é porque a pessoa não é para o negócio. E quando o prospecto percebe que você é uma pessoa séria, centrada e que tem domínio sobre suas emoções e sobre o negócio, mesmo recusando a proposta, ele pode falar bem de você para alguém que esteja precisando dessa oportunidade. Portanto, mesmo na "falha" você pode ter sucesso. Porque a maioria das pessoas não sabe para onde está indo, tem dificuldades para encontrar o próprio caminho, mas se espelha nos que são bem-sucedidos nessa tarefa e busca proximidade e orientação com esses modelos.

Marcar uma apresentação de negócios nada mais é do que marcar um compromisso. É como marcar uma visita na casa de amigos, convidá-los para um café, um momento agradável.

A **lista quentíssima**, aquela com seus amigos próximos, funciona assim: você não precisa seguir um *script* de convite para chamar alguém com quem você tem intimidade. Aja naturalmente. Seu amigo já vai entender que você quer estar com ele para bater um papo, e você, naturalmente, falará que está iniciando um negócio novo e faz sua apresentação. Explique como o negócio funciona, faça a demonstração dos produtos, mostre o plano e diga ao seu amigo como gostaria que ele entrasse no negócio com você. Seja simples e objetivo, não complique! É comum agirmos com ansiedade diante de novas experiências e torná-las um "bicho de sete cabeças". Você não precisa estar preocupado com julgamentos ou com o que seu prospecto vai dizer. Precisa se preocupar com o que você vai dizer e ainda mais com o que não vai dizer.

"O QUE NÃO É IMPORTANTE SER DITO É IMPORTANTE QUE NÃO SEJA DITO!"

Por exemplo: quando você ligar para marcar o encontro, não precisa falar qual é a empresa, quais são os produtos ou que se trata de multinível. Só precisa demonstrar um interesse genuíno de estar com a pessoa, compartilhar um momento agradável e falar que tem um assunto interessante para abordar com ela; precisa trabalhar o interesse da pessoa em desenvolver algo e obter um retorno. E procure ser breve.

O convite deve ser feito com **firmeza, rapidez, convicção, simplicidade e naturalidade**. Se estiver ansioso, treine um pouco antes com outra pessoa. Pode ser com seu cônjuge, seus pais, seu patrocinador e até mesmo com o espelho, mas vença o medo. **Se você tem convicção no negócio, no potencial que ele tem, vai dar certo!**

Métodos de convite para construção de rede

Esclarecendo: **contatar é diferente de convidar.** Contatar é quando você liga para alguém. Convidar é a finalização da chamada, independentemente da ferramenta que você usa, se é telefone, WhatsApp ou qualquer outro aplicativo. Mídias sociais e mensagens de texto são bastante difundidas hoje em dia e são uma alternativa para contatos frios, principalmente. Você pode avaliar cada caso. É importante que saiba utilizar diversas ferramentas a seu favor.

Particularmente, prefiro fazer meus convites por chamada de áudio. É um meio mais intimista, que permite transmitir entusiasmo por meio da voz. Você também tem a possibilidade de captar reações e usá-las a seu favor.

Atualmente, devido à resistência que as pessoas têm às chamadas, é interessante fazer uso de mensagens de texto e do WhatsApp para aquecer contatos e combinar um horário conveniente para fazer a chamada. No multinível, fazemos isso por meio da técnica FORM.

Usando a regra FORM

A regra FORM nada mais é do que um **"quebra-gelo"**. Uma introdução para iniciar uma conversa e trazer a pessoa para o assunto que você deseja.

Família, Ocupação, Recreação e Mensagem – essa é a técnica FORM.

- **Família** – Inicialmente você pergunta a respeito da pessoa e da família demonstrando interesse, carinho e preocupação, se está tudo bem ou não. É óbvio que, se a pessoa disser que a família não está bem, que alguém morreu ou existe algo grave acontecendo, pelo bom senso você deve avaliar se vai prosseguir ou não com seu plano de convidar. Talvez não seja o momento mais adequado. Mas, caso esteja tudo de boa, prossiga.

- **Ocupação** – Sobre o trabalho e a vida profissional da pessoa. Esse momento demonstra interesse pelo bem-estar do outro, também gerando empatia e respeito, e é uma maneira de você descobrir seu grau de satisfação. Geralmente nesse ponto as pessoas reclamam ou mencionam alguma informação que lhe dá bons argumentos para um convite. Tudo que desejamos nesse momento é ouvir sua insatisfação com ganhos ou com algo que abra caminho para ele aceitar um convite para conhecer algo novo ou complementar.

- **Recreação** – Sobre hobbies e tempo livre. É uma maneira de você saber se ele tem tempo ou não, seu grau de satisfação com isso e também de interagir com algo em comum, positivo ou não. Muitas pessoas não têm tempo para praticar hobbies ou para fazer o que gostam, ou tempo para dedicar à família, por estarem sempre correndo atrás de dinheiro ou trabalhando demais. É uma isca importante que irá ajudá-lo na hora do convite, para quebrar uma objeção ao convite, ou numa apresentação e até num fechamento.

- **Mensagem** – É a hora de fazer um convite para uma apresentação on-line ou presencial. A mensagem é o CONVITE!

Neste capítulo, vou lhe dar vários scripts prontos que uso desde 2005 e outros atualizados que funcionam implacavelmente. Tudo que você precisa fazer é copiar e colar. Fale exatamente o que está escrito em um deles e você verá a mágica de todos aceitarem ver seu plano de negócio.

Entenda melhor essa sequência

Essa sequência é uma orientação para uma chamada de áudio, vídeo ou pode ser utilizada como mensagens de texto, WhatsApp, direct, com o intuito de gerar aproximação e iniciar o contato. É uma técnica interessante para iniciar o contato e gerar uma abertura para que você faça o convite. Estabelecido o contato, você pode marcar um compromisso com a pessoa, levá-la a uma apresentação de negócio, marcar um plano individual, uma reunião caseira ou, em último caso, marcar uma apresentação on-line. A seguir, um exemplo de como pode funcionar:

"Oi, fulano, tudo bem? É o Marcio aqui. Meu irmão, você está podendo falar um minutinho comigo?"

"Tudo bem. Posso falar."

"A família está bem?"

"Tudo tranquilo."

Se você sabe o nome do cônjuge, dos filhos, dos pais, mencione essas pessoas:

"Como está a fulana, tudo bem com vocês?"

"Estamos bem."

"Amigo, vi seus filhos no Instagram, estão lindos, meu irmão. Parabéns!"

Perguntando sobre a família e fazendo elogios, estou criando uma conexão com essa pessoa, estou tirando o pensamento e o sentimento dela do ambiente em que ela está e conduzindo-os, por meio dessas perguntas, para o sentimento que tem pela família. Pensamos por imagens, e uma sugestão gera uma imagem na mente da pessoa. Então, por meio dessas sugestões, busque provocar sensações boas na pessoa, fazendo-a lembrar de entes queridos. Essa é a primeira etapa do FORM, **"Família"**.

Seguimos com **"Ocupação"**:

"Fulano, você está trabalhando com alguma coisa, desenvolvendo algum projeto?"

"Continuo no meu trabalho normal, mas hoje eu estou de folga."

"E como está lá, tudo bem? Você está feliz?"

"Está indo... (ou tudo bem, ou não aguento mais.)"

Não importa o que ele diga, fique atento aos sinais e procure saber o que puder, com respeito e discrição, pois isso o ajudará na hora certa.

Agora você aborda a **"Recreação"**. Se for alguém com quem você já compartilhou algum lazer ou *hobby* ou se praticam o mesmo esporte, pergunte sobre isso também. Provoque o máximo de sensações boas para que ele se sinta relaxado e bem-humorado quando chegar o momento do convite. Você pode dar segmento assim:

"E aí, está fazendo (tal coisa) ainda?"

"Meu amigo, não paro... nunca. Todo sábado de manhã eu..." (ou, então, pode ser que ele diga que não tem tempo para nada.)

"Isso mesmo, saúde é tudo. Meu irmão, é o seguinte, preciso falar com você rapidinho."

◆ Script 1 – Convite

"Fulano, posso te fazer uma pergunta?"

"Pode."

"Se você tivesse uma oportunidade de aumentar a sua renda sem atrapalhar o que você faz, se interessaria em conhecer?"

"Eu me interesso, sim."

"Excelente. Qual o melhor dia dessa semana para você, quinta ou sexta?"

E em seguida, você combina o horário, conclui o convite e encerra a ligação, sem dar abertura para uma objeção. Você precisa ser rápido e objetivo, não é para ser uma chamada extensa.

Com base no relacionamento e conhecimento que você tem da pessoa, faz o convite sugerindo a ideia de renda extra. Provavelmente você já sabe se ela tem um emprego e uma fonte de renda ou não. Mas, mesmo que tenha, todo mundo deseja uma renda extra, não importa se é alguém com uma condição financeira excelente, boa ou ruim.

Mesmo assim, se ela fizer uma objeção e perguntar sobre o que se trata, uma possível resposta é:

"Fique tranquilo, depois a gente conversa sobre isso. Eu só quero saber qual o dia da semana que a gente pode se encontrar e qual horário."

E busque fechar o mais rápido possível.

Em outra abordagem para o fechamento do convite, após aplicar a técnica FORM, você vai direto ao ponto:

- **Script 2 – Convite**

"Fulano, me responda algo: você analisaria novas formas de fazer negócio e ganhar dinheiro?"

"Analisaria."

"Então, qual o melhor dia dessa semana para conversarmos? E qual horário?"

E você sugere os dias e horários. Evite deixar essa possibilidade aberta, para manter o dinamismo da conversa e encerrar o mais rápido possível. Lembre-se: objetividade, sempre. Data e horário decididos, você encerra:

"Excelente, vamos tomar um café nesse dia, então. Vai ser ótimo matarmos a saudade. Um abraço."

E encerra.

Outra sugestão para o momento do convite é:

- **Script 3 – Convite**

"Fulano, descobri uma oportunidade de negócio com grande potencial de renda. Se o dinheiro for bom e não atrapalhar o que você está fazendo atualmente, você gostaria de obter mais detalhes?"

Após a confirmação, você sugere a data e conclui. É interessante conhecer essas variações de abordagem, mas todas seguem o mesmo padrão, cada pergunta no momento certo. O que você vai desenvolver, com a prática, é a frieza para entender qual é o momento certo para cada abordagem. Inclusive para contornar e quebrar objeções. Quando alguém está na sua lista quente, aquela composta por pessoas mais próximas e íntimas, você pode quebrar essas objeções de maneira mais descontraída e puxando para o seu lado a confiança existente na relação entre vocês:

> **"Irmão, fica tranquilo, confia em mim. A gente vai bater um papo pessoalmente e eu explico tudo."**

Pronto, marcado.

Pequenas objeções, principalmente as vindas de pessoas íntimas, geralmente são fáceis de contornar. Entretanto, quando você está fazendo o convite para uma pessoa que você não vê há muito tempo ou com quem não tem intimidade, pessoas de uma lista fria, o método deve ser outro. Existem formas interessantes de despertar o interesse daqueles dessa categoria. Vamos analisar algumas:

- **Script 4 – Convite** (para pessoas não tão próximas, mas que prestam algum serviço a você)

> **"Você conhece alguém que gostaria de ganhar de mil a 3 mil reais trabalhando nas horas vagas, sem atrapalhar a atividade principal?"**

Observação: esses valores você pode ajustar no seu convite.

Esse convite pode ser atraente para novos contatos, alguém que acabou de conhecer ou uma pessoa que presta um serviço para você. Prefiro esse convite para uma coisa mais pessoal, e mais para aqueles cujo contato não é tão quente assim. Por exemplo: você foi ao barbeiro, ao salão de cabeleireiro, um restaurante, e percebeu uma abertura para convidar o profissional que o está atendendo. Esse convite indireto que apresentei é uma boa alternativa para profissionais com esse perfil. Se ele demonstrar interesse, você segue na proposta:

> **"Vamos fazer o seguinte: marcamos um horário para eu explicar melhor a você. Mas posso adiantar que é uma empresa em crescimento aqui da região que está procurando pessoas para expandir a operação."**

Depois disso, você apresenta as datas, combina o horário e muda de assunto ou se despede e vai embora. Se a pessoa for insistente, dependendo da empresa em que você trabalha, pode abrir um pouco mais:

> **"É uma empresa que trabalha na área de (diga qual), e a gente está buscando algumas pessoas para desenvolver um papel de liderança, formação de equipe, e fazer um trabalho de divulgação na região."**

Tem um outro tipo de contato que muitos empreendedores evitam ou receiam, feito com aqueles de alto poder aquisitivo ou com resultados melhores. Um pensamento muito comum em relação a essas pessoas é que elas recusarão o convite por não precisarem de outras formas de fazer mais dinheiro ou que não vão se interessar em algo que lhes dê mais trabalho. Antes de tudo, lembre-se: **evite prejulgar**. Partindo desse princípio, utilize as informações que tem sobre a pessoa a seu favor, sempre. Logo, a melhor abordagem para aqueles com esse perfil é partir de um convite indireto:

◆ **Script 5 – Convite** (para empresários ou empreendedores com resultados maiores que o seu)

> **"Fulano, conheci um modelo de negócio que me chamou muito a atenção e preciso da opinião de alguém que seja empreendedor e em quem eu confie. Você pode me ajudar?"**
>
> **"Gostaria que você visse junto comigo para me dar sua opinião sincera. Posso contar com você?"**

Se for APN (Apresentação de Negócio), marco o dia e horário. E se for plano:

> **"Quando podemos nos encontrar para falar sobre o assunto?"**

Nesse cenário, é difícil que a pessoa se recuse a conversar. Você está pedindo uma orientação, reforçando que confia na pessoa e exaltando sua capacidade empreendedora. No fundo, você não quer a avaliação dela, mas, sim, gerar uma oportunidade de trazer para a sua equipe alguém com potencial, pois isso é importante para a sua experiência como empreendedor de multinível.

◆ **Script 6 – Convite**

> **"Fulano, eu me envolvi num projeto empresarial muito interessante e gostaria de fazer uma proposta a você. Você tem interesse em aumentar sua renda sem atrapalhar o que faz?"**
>
> **"Quando podemos nos encontrar para falar sobre o assunto? Amanhã ou depois de amanhã? (Tal dia ou tal dia?) E qual melhor horário? À tarde ou à noite?**

◆ **Script 7 – Convite** (para os melhores amigos ou parentes)

> **"Fulano, o que você está fazendo agora?"**
> **"Nada, por quê?**
> **"Estou indo aí. Não saia de casa!"**

◆ **Script 8 – Convite** (para os melhores amigos ou parentes)

> **"Fala irmão, beleza? Como você está? E a família? Irmão, eu quero muito encontrar você essa semana, preciso muito conversar com você. Qual o melhor dia para tomarmos um café? Quero lhe dar um abraço e trocar uma ideia (ou "conversar com você").**

Uma dica importante para essa etapa do convite: se a pessoa com quem você está fazendo o contato for casada, sempre convide os dois. Casais normalmente tomam decisões em conjunto, e se você conseguir impactar positivamente um dos dois, certamente essa opinião irá influenciar a do outro. Então, quando marca com eles, já mata dois coelhos com uma cajadada só; mostra o plano para os dois, pede a opinião dos dois, faz o fechamento, e encerra o assunto. Quando mostra o plano para apenas uma pessoa do casal, você pode receber a clássica resposta:

> **"Vou conversar com a minha esposa e entro em contato com você."**

Sinceramente, em um casal alinhado, em que um confia no outro, quando um dos dois recebe um convite para o multinível, gosta da proposta e fala com convicção para o cônjuge que vai entrar no negócio, dificilmente haverá objeções. Casais com essas qualidades se apoiam e compartilham experiências um com o outro. Mas é muito comum encontrar casais desalinhados e presenciar conflitos durante as apresentações. Nesse momento, é necessário ter jogo de cintura.

Essas são as formas mais eficazes de convite. Existem diversas outras maneiras, e, com tempo e experiência no negócio, você vai desenvolver as suas. Entretanto, esses modelos que abordamos aqui são amplamente conhecidos e utilizados com bastante eficácia por muitos profissionais de multinível, e vão ajudar muito no início de sua jornada.

CONTATAR E CONVIDAR (MÉTODOS DE CONVITE)

Objeções ao convite e como quebrá-las

Sempre que você fizer um convite, está sujeito a receber objeções. Então, esta seção é para você entender sobre elas.

Quando o prospecto levanta uma objeção, ele não está recusando sua proposta. É um obstáculo em meio ao fechamento, mas trata-se apenas de uma dúvida, da necessidade de ouvir mais sobre a proposta que a pessoa está recebendo.

Então, vamos ver as principais objeções aos convites dentro da nossa indústria.

Objeção 1 - "O que é, do que se trata?"

Geralmente, a pessoa coloca essa objeção após o convite. Nesse caso, você pode responder assim:

"É exatamente sobre isso que eu quero conversar. Mas precisa ser pessoalmente."

"Mas me adianta alguma coisa, fala alguma coisa, estou curioso."

"Infelizmente não tem como falar por aqui, porque 95% é visual, preciso que você veja e ouça com atenção."

Se a pessoa insistir:

"Mas eu quero que você me fale."

"Você confia em mim?"

"Confio."

"Então fique tranquilo. A gente vai estar junto e eu vou conversar com você sobre isso."

Uma objeção incomum é o prospecto dizer que não tem dinheiro para entrar no negócio. Geralmente, essa objeção é utilizada na hora do fechamento, depois do plano. Mas vamos supor que aconteça:

Objeção 2 - "Eu não tenho dinheiro para investir, estou apertado."

"Por isso mesmo estou convidando você, fica tranquilo. O importante é a gente se encontrar para conversarmos sobre o assunto."

Sempre conduza a pessoa para se reunir e conversar pessoalmente, sempre. Se você focar muito na objeção, a pessoa vai colocar mais objeções. Então, conduza logo para o encontro que você quer ter com essa pessoa.

Outra possível objeção é quando as pessoas já foram convidadas para algum outro tipo de negócio multinível. Esses já conhecem a abordagem, e prontamente perguntam de qual empresa se trata.

Objeção 3 - "É Amway, Herbalife ou é a empresa tal?"

A pessoa vai dizer o nome da empresa que a abordou. Se não é a empresa em que você desenvolve, pode responder:

> **"Não! Fique tranquilo. Eu quero encontrar você para conversarmos pessoalmente."**

Contudo, **muitos empreendedores sentem-se encurralados** quando a pessoa fala **exatamente o nome da empresa em que eles trabalham,** mas há saídas para essa objeção.

Se o prospecto conhecer o nome da sua empresa e perguntar, responda:

> **"Sim, é. O que você conhece sobre a empresa?" ou "O que você conhece sobre a empresa [tal]?"** ou **"Que bom que você já ouviu falar. Agora você precisa conhecer o nosso plano de negócios para empreendedores."**
>
> **"Você confia em mim, fulano?** (Insista!) **Quero que me responda sinceramente: você confia em mim?"**

Se for alguém com quem você tem certa proximidade, vai dizer que sim. E você continua:

"Então fique tranquilo. Qual o melhor dia dessa semana para conversarmos? (Dia tal ou dia tal?) A que horas?"

Você agenda a reunião e encerra a chamada.

Objeção 4 - "É emprego?"

E aí você responde para a pessoa:

"É melhor que emprego. É um negócio que vai fazer você crescer mais do que em um emprego. Fique tranquilo. Vamos conversar pessoalmente e você vai entender."

Lembrando: sempre conduza a pessoa para o fechamento, para uma reunião de apresentação.

Outra pergunta que era muito frequente há alguns anos, mas que hoje não ocorre tanto, é:

Objeção 5 - "É venda?"

"Por que, você gosta de vendas?" (Sempre responda com uma outra pergunta.)

A pessoa pode dizer "sim" ou "não." Independentemente da resposta, você vai responder o seguinte:

"Excelente, você vai gostar muito do que eu tenho para lhe mostrar. Você vai gostar muito desse negócio."

Devido ao fato de o esquema das pirâmides ter usado o nome do multinível para parecer um negócio legítimo e lícito no passado, infelizmente ainda é comum as pessoas associarem o multinível com pirâmides. Então, pode existir essa objeção também.

Objeção 6 - "É pirâmide?" ou "Não é aquele negócio de pirâmide não, né?"

"Claro que não. Pirâmide é ilegal. Eu jamais convidaria você para algo assim. Até me ofende você achar que estou convidando para um golpe ou um negócio ilegal. Nem parece que me conhece! Fique tranquilo, vamos marcar um café para conversarmos."

Sempre conduza para um encontro presencial ou on-line. Foque nisso!

Entenda: você precisa sempre trazer a confiança da pessoa para você. Sempre que o prospecto colocar uma objeção e você se sentir encurralado, use a sua credibilidade:

"Fulano, você está me fazendo um monte de perguntas, mas deixe eu lhe fazer uma pergunta: você confia em mim? Confia minimamente que eu não o levaria para algo que não fosse bom, que eu não mostraria a você algo que fosse ruim? Eu gosto de você e a gente tem uma amizade, você confia em mim?"

"Confio."

"Então é só disso que eu preciso. Qual o melhor dia para estarmos juntos e conversar? Não será demorado, eu vou ser bem objetivo, mas também quero aproveitar para ver você e lhe dar um abraço."

Pronto, assim você marca o plano.

Em suma: nosso negócio é marketing de relacionamento, marketing de confiança, marketing de credibilidade. Quanto mais credibilidade você tem, mais fácil fica marcar um plano e fazer um fechamento. O segredo desse negócio é usar sua credibilidade a seu favor. Quando entrei no multinível, eu não tinha credibilidade, as pessoas que chamei não entraram no negócio. Mas, com muito esforço, construí minha credibilidade. **Não importa a história que você tem para trás, o que importa é a história que você vai construir daqui para a frente.**

Objeção 7 - É marketing de rede?

O que você conhece sobre marketing de rede? Espere a pessoa falar sem interromper e depois fale:

"Que bom que você conhece, agora precisamos estar juntos para eu lhe apresentar isso de uma maneira profissional. Qual o melhor dia dessa semana para conversarmos? (Dia tal ou dia tal?) A que horas?"

OBJEÇÕES AO CONVITE

Como convidar revendedoras de catálogos (consultoras)

A primeira coisa que quero que você entenda é que formar equipe de revendedores ou revendedoras não é a mesma coisa que formar uma rede de empreendedores de multinível. **Formar uma equipe de revendedoras, pessoas que vão apenas vender por catálogo, não é da mesma maneira que se constrói uma equipe de multinível**, é outro *game*, é outro jogo, é outra forma de trabalhar. Existem muitos cuidados a serem tomados para você não assustar esse público.

O empreendedor é ambicioso, deseja crescer, tem visão de longo prazo, quer ganhar muito, busca negócios escaláveis e está disposto a pagar um preço alto para gerar resultados grandiosos. O empreendedor vê as dificuldades e as adversidades como desafios possíveis de vencer, e não como obstáculos que paralisam, ao contrário da maioria das pessoas, que só quer revender, que paralisa quando encontra um obstáculo muito grande e vai fazer outra coisa. É muito importante saber que existe uma diferença entre mostrar um plano para um empresário, para um empreendedor ou para uma pessoa comum, com a visão de trazê-la para o negócio multinível; existe uma diferença muito grande nisso, para apresentar o negócio para revendedoras de produtos.

É muito mais fácil apresentar o negócio para revendedoras, porque a linguagem é muito simples, a abordagem é muito simples e você não precisa mostrar todo o seu negócio, a empresa, os produtos, os números do mercado, as provas sociais; é um trabalho muito mais simples. Mas aqui quero lhe mostrar que esse trabalho muito simples, muito diferente do que empreendedores de multinível estão acostumados, pode lhe trazer resultados gigantescos.

Quero deixar claro: **a formação de equipes de revendedoras não elimina todo o trabalho de multinível.** Trata-se apenas de mais um braço para o nosso negócio. Acrescentamos algo ao negócio de multinível, a oportunidade para revendedoras, para ganhar mais mercado, mais visibilidade, colocar mais produtos no mercado, gerar mais volume de vendas e de consumo de produtos. Todo o trabalho feito no Multinível Raiz permanece. Contatar e convidar, mostrar o plano, fazer acompanhamento, fechamento, patrocínio responsável, construção de rede, visão de futuro, bater metas grandes, ganhar carro da empresa, viagens internacionais e, agora, a opção de formar equipes de revendedoras, aumentar o volume pessoal e ensinar seu time a seguir o mesmo caminho.

Como é o comportamento dos revendedores ou revendedoras em sua maioria?

Raramente estão dispostos a investir. Na cultura de venda por catálogo no Brasil, as empresas que dão essa oportunidade para as pessoas venderem por catálogo permitem que elas paguem por boleto. A pessoa precisa ter o nome limpo para se cadastrar e fazer pedidos nas principais empresas de vendas diretas do Brasil, e, apesar de investirem no kit inicial, como nas empresas de multinível, raramente fazem mais investimentos. E provavelmente você vai encontrar pessoas que não vão querer comprar o kit de início, mas não tem problema. Você, inicialmente, pode deixar o catálogo com elas.

Outro ponto importante aqui: essas pessoas precisam de apoio e motivação externa. São pessoas que estão sempre precisando de incentivo. O empreendedor de multinível não precisa que você fique no pé dele, mandando fazer, porque é uma pessoa com uma visão clara de futuro. Quer bater metas, bater níveis, ser Diamante. Ele sabe que vai ganhar a viagem, o carro etc. Revendedoras são pessoas de metas pequenas, são coisas muito simples, são raras os que vendem mil, dois mil, três mil reais. A maioria vende cem, duzentos, trezentos, quatrocentos reais por mês. É o máximo que a média delas costuma vender. Então são pessoas que precisam de apoio e motivação externa. Geralmente desejam apenas uma pequena renda extra; não têm ambição por grandes resultados.

Por que investir no recrutamento de pessoas com esse perfil?

Ano após ano, empresas de vendas diretas atingem faturamentos bilionários. A empresa brasileira Natura, após se fundir com a Avon, passou a ocupar o pódio mundial de companhias de vendas diretas e multinível em receita, atingindo em 2021, segundo a Associação Brasileira de Empresas de Vendas Diretas, o valor de 40,1 bilhões de reais; companhias como O Boticário, Tupperware e outras, também atingiram faturamentos bilionários. Portanto, é um mercado gigantesco em nosso país, que representa uma oportunidade incrível a ser explorada por empresas e profissionais de multinível.

Diversas companhias do ramo já desenvolveram planos específicos para profissionais com esse perfil, e é importante que você contemple esse público em sua equipe. Então vou dar algumas dicas importantes para que você não cometa nenhum erro na hora de contatar e convidar revendedores.

- **Dica número 1**: jamais fale mal de outras empresas ou produtos. Mesmo que, por seus motivos, você não goste da empresa A do catálogo, da empresa B do catálogo, da empresa C do catálogo, guarde para si. Começar um contato gerando um clima hostil pode fechar as portas de uma possibilidade muito interessante a ser explorada.

◆ **Dica número 2:** nunca deixe transparecer que você quer exclusividade. Esse perfil de profissional não vai aceitar representar só a sua marca, pois gosta de variedade. Isso tem que ser uma coisa natural da pessoa, apenas se ela quiser. Você não tem que forçar a barra para isso. Tem que se concentrar em acrescentar na vida dela mais uma oportunidade. Não é diminuir uma oportunidade que ela tem, **é acrescentar outra!**

◆ **Dica número 3:** mostre a oportunidade de aumentar o portfólio da revendedora com novidades, ou seja, o nosso objetivo é mostrar uma oportunidade de aumentar o portfólio dela, aumentar o leque de produtos que ela tem, por meio de um novo catálogo. E, obviamente, isso pode trazer novas vendas para ela, novos clientes, e aumentar o ticket de vendas mensais.

◆ **Dica número 4**: mostre-se disponível a apoiá-la. Toda revendedora precisa de apoio e incentivo. A comunicação com a revendedora não é igual a que é feita com um empreendedor de multinível. Gentileza e paciência são primordiais no trato com essas pessoas. Vai ser trabalhoso ter uma equipe de revendedoras, sim! Mas vai valer muito a pena quando você duplicar isso na sua organização e aumentar consideravelmente o volume. Não é pelo dinheiro em si, mas pelo volume que você vai obter na sua organização. Consequentemente, você vai bater as qualificações, se requalificar mais facilmente, subir nas qualificações da sua empresa e, indiretamente, aumentar os seus ganhos e seu resultado financeiro. O jogo não é para ganhar muito dinheiro com a revendedora, o jogo é para a revendedora ajudá-lo no crescimento das qualificações, no crescimento no plano de carreira, aumentar o volume do time e, no bônus final, você gerar um resultado financeiro muito maior.

- **Dica número 5:** tenha um mostruário encantador. Procure ter produtos que vendam muito facilmente, produtos extremamente atraentes quando a pessoa experimenta e que sejam baratos ou com preço justo. Não com qualidade baixa, mas bons e baratos. Produtos que encantem a pessoa já na primeira experiência, e que sejam vendidos com muita facilidade. Alguns podem até ser um pouco mais caros, mas devem vender com muita facilidade pela qualidade e pela apresentação. Sabe os carros-chefes da sua empresa? Esses são os produtos que você tem que ter no seu mostruário.

- **Dica número 6**: ofereça o catálogo gratuitamente. Lembre-se: elas não gostam de investir. Revendedoras (consultoras) de catálogos não gostam de investir. Você, como empreendedor, precisa ter uma visão de longo prazo; o empreendedor paga o preço, o empreendedor investe. Particularmente, sempre gostei de trabalhar com catálogo. Uma opção interessante é ter catálogos para deixar em consignação, assim, a revendedora pode olhar com calma, mostrar para o público dela e testar a aceitação, depois você pega de volta. Até porque muitas revendedoras vão se interessar em revender seu produto, mas elas não vão querer comprar o kit inicial. Mas isso não significa que você vai perder a pessoa. Você pode fazer o seguinte: no um a um, você faz uma demonstração rápida com os produtos de impacto, mostra o catálogo, mostra os preços, fala do percentual de ganho dela, e, se ela não quiser cadastrar na hora, não tem problema, deixe um catálogo em consignação. Você também pode deixar um produto de que ela gostou mais, para que ela experimente e devolva depois.

- **Dica número 7:** tenha muitos catálogos para repetir o processo anterior com muitos prospectos. Use a estratégia do catálogo.

- **Dica número 8**: respeite o tempo desses prospectos, pois revendedoras não gostam de pressão. A consultora de vendas por catálogos e vendas diretas não funciona como no multinível. São pessoas que precisam de mais atenção, sim, mas você não pode exigir resultados. Contudo, há formas de abordá-las e oferecer incentivos. Vamos supor que uma de nossas revendedoras vendeu dois perfumes em um mês:

"Parabéns, dona fulana, vamos aumentar sua meta e tentar fazer 3? Se a senhora conseguir, eu vou lhe presentear com o produto X."

Você é o empreendedor, e agora tem a opção de colocar revendedoras para gerar volume para o seu negócio, para que você se qualifique na sua empresa, bata as metas, cresça e construa um negócio mais sólido do que antes. O quanto você está disposto a investir por isso?

- **Dica número 9:** seja criativo e crie promoções, pequenas metas de incentivo.

- **Dica número 10:** é um trabalho para se fazer buscando quantidade e não se preocupar muito com qualidade. Às vezes ficamos muito preocupados em treinar uma revendedora e fazê-la ter qualidade no trabalho dela. Mas, de verdade, o que torna essa possibilidade interessante para o profissional de multinível é a quantidade. Não é ter cinco revendedoras excelentes, é ter vinte, trinta, quarenta, cinquenta. Se cada uma delas conseguir vender três produtos, imagine o potencial de crescimento que isso não oferece para você e sua equipe? É fácil essa nova cultura de trazer revendedoras para o multinível? Não, mas vale muito a pena. E como empreendedores, qual é o nosso lema?

"NÃO PRECISA SER FÁCIL, SÓ PRECISA VALER A PENA."

- **Dica número 11:** não mostre o plano de negócios logo de cara, espere para o momento em que a relação estiver aquecida. Se você identificar uma revendedora com boa visão e que considera apta para fazer multinível, procure aquecer a relação, marque uma data e mostre o plano de negócios para ela fazer o upgrade e se tornar uma empreendedora. Vou dar mais duas dicas a você. Primeira: vamos supor que eu tenha mostrado dez planos e cadastrado apenas um para o multinível. E os outros nove para quem eu mostrei, que eu perdi ou não vendi o produto?

São oportunidades para cadastrar para revenda. São oportunidades para deixar o catálogo para revender inicialmente para mim ou para eu cadastrar na empresa como revendedor.

Você tem noção de quantas pessoas o multinível perdeu ao longo do caminho porque não contava com essa opção? São muitas pessoas que poderiam estar vendendo um, dois, três produtos e não estão no negócio. Então, na busca de empreendedores, quando vou mostrar o plano para alguém que eu acredito que seja para o negócio, e essa pessoa não quer entrar para o multinível, ofereço cadastrar como revendedor ou até como consumidor direto. Então, a opção, o braço de trabalhar com revendedoras ou revendedores é uma oportunidade para converter mais pessoas ao negócio, independentemente do combo, é uma grande oportunidade. Segunda dica: na busca de revendedores, você vai encontrar empreendedores; na busca de empreendedores, se não encontrar um empreendedor, cadastre um revendedor. E no volume de cadastro de revendedores, você vai achar novos empreendedores. Pode ser que na minha equipe de revendedores e revendedoras surja alguém que se torne um Diamante.

- **Dica número 12:** não pressione a revendedora para ir a eventos ou treinamentos. Simplesmente comunique que existem alguns eventos e, se ela tiver interesse, será bem-vinda. Não pressione o revendedor, não tente enfiar na cabeça dele que ele tem que ir à franquia ou a um treinamento de produto... Você pode perder a pessoa se fizer isso.

- **Dica número 13:** ofereça ensinar. Ofereça um ensino mínimo sobre alguns produtos-chave. Mesmo que essa pessoa não frequente treinamentos, você precisa ter ferramentas para dar explicações breves. Podem ser vídeos curtos, enviados pelo WhatsApp, ou quando encontrá-la pessoalmente para ajudá-la com o pedido, para retirar o produto, para entregar um produto, para entregar um catálogo, para fazer alguma coisa; passe quinze, vinte, trinta minutos com ela e fale um pouco dos produtos que mais vendem. Esse tipo de treinamento ajuda, porque, quando a revendedora tem conhecimento do produto, muitas vezes ela o experimenta, compra para ela e se torna uma cliente, e, quando ela se apaixona pelo produto, acaba vendendo mais, porque descreve o produto com entusiasmo. Então, é muito importante que você invista um pouco de tempo em entregar conhecimento sobre produtos para a revendedora.

- **Dica número 14:** tenha uma meta pessoal de formar um time com um número razoável de revendedoras, que lhe garanta uma movimentação e o ajude a crescer no plano de carreira como empreendedor.

Com todas essas dicas, você já compreendeu a relevância de contar com o trabalho desse perfil de pessoas em sua equipe. Na prática, as diferenças entre empreendedores de multinível e revendedoras não é grande. Mas são sutilezas que fazem a diferença na abordagem e no trato do dia a dia. E falando em abordagem, também há sutilezas na hora de buscar contatos para fazer uma lista de revendedoras e na hora de contatar e convidar. Vou lhe apresentar algumas possibilidades.

Venda por catálogo, no Brasil, por incrível que pareça, ainda é um modelo de negócios mais difundido que o multinível. Aliás, é extremamente popular e muito provável que você conheça uma consultora/revendedora que trabalhe com uma ou mais marcas. Portanto, para começar a fazer uma **lista de nomes com revendedoras de catálogos**, você vai, nos próximos dias, conversar com o maior número possível de pessoas e pedir indicações de consultoras que elas conheçam. Converse com pessoas conhecidas, peça indicação em salões de cabeleireiros, lojas de roupas e onde mais tiver a oportunidade. Quando reunir um número razoável de contatos, você pode começar suas abordagens seguindo o script que mais se adequar. Veja os exemplos a seguir.

A primeira dica, antes de iniciarmos os scripts, é sempre utilizar a técnica FORM. É muito provável que a maioria dos contatos que você vai fazer aqui seja do tipo frio, então, esse artifício ajuda a quebrar o gelo e aproximar a pessoa de você. E sempre mencione quem indicou o contato, se for uma indicação.

Script 1:

Vamos supor que você vai ligar para a dona Cláudia. Comece depois de quebrar o gelo:

"Cláudia, tudo bem?"

"Tudo bem."

"Aqui é o fulano. Eu precisava falar com você um minutinho, você tem um tempo para falar comigo?"

"Tenho."

"Tudo bem com a família? Como estão as coisas? O trabalho está legal?"

Se eu conheço a Cláudia, faço isso. Se não a conheço, falo:

"Cláudia, tudo bem? Desculpe, você não me conhece, eu sou fulano de tal. Quem me indicou você foi a beltrana." Ou então: **"...peguei seu contato na revista do salão da dona fulana, você a conhece?"**

“Conheço.”

“Ela é gente boa. Cláudia, eu gostaria de fazer uma pergunta rápida! (Ela já falou que tem 1 minuto.)

“Você teria interesse em ter novas opções de produtos por meio de um catálogo, sem atrapalhar o que você já faz?”

“Tenho.”

“Excelente. Eu gostaria muito de marcar com você para lhe mostrar o meu catálogo. Ou posso enviá-lo e você dá uma olhada; se tiver interesse, marcamos uma reunião para a gente bater um papo rápido, 10, 20 minutos no máximo para eu explicar como funciona para você acrescentar esse catálogo no seu trabalho, pode ser?”

“Pode.”

Você combina os próximos passos com ela e encerra a chamada.

Script 2:

Vamos projetar o mesmo cenário do roteiro anterior. Você está falando com a Cláudia e, **após quebrar o gelo aplicando a técnica FORM**, inicia:

“Dona Cláudia, uma grande marca de cosméticos do Brasil está oferecendo uma grande oportunidade. Seria interessante para a senhora aumentar suas vendas com novas opções de produtos para seus clientes?”

Após a resposta:

"Eu gostaria de lhe apresentar o nosso catálogo e os nossos produtos. Quando posso ir até a senhora para conversarmos?"

E então, você marca tal dia ou tal dia; tal hora ou tal hora; manhã, tarde ou noite. E fecha com ela:

"Posso lhe enviar alguns dos meus materiais para você assistir?"

Envie materiais virtuais para ajudar a acelerar o processo. Mas só envie aquilo que for atrativo e gerar desejo nela de saber mais.

É interessante que você se informe com sua linha ascendente se a empresa disponibiliza algum material em vídeo com demonstrações dos produtos para você enviar nesses casos. Se a empresa não tiver, improvise alguns com os produtos de seu mostruário, mas não deixe de enviar.

Script 3:

Aquele contato para ser feito em um salão de beleza, padaria, loja de roupas, ou qualquer lugar onde você possa falar com alguma atendente.

Quebra-gelo, técnica FORM e começa:

"Fulana, você conhece algumas revendedoras aqui na região?"

Ou:

"Fulana, você conhece algumas revendedoras aqui na região que trabalhem com catálogos de produtos?"

A pessoa vai dizer assim:

"Conheço uma pessoa." Ou "Conheço umas duas pessoas."

"Bacana. Uma grande empresa de cosméticos e perfumaria do Brasil está oferecendo uma grande oportunidade. Estamos cadastrando revendedoras para trabalhar com o nosso catálogo de produtos. Você pode me indicar alguém?"

Esse convite tem um pequeno macete. Você pede uma indicação, pergunta se a pessoa conhece, e já faz o convite para ela, explicando o que é. Em muitos casos, a pessoa vai dizer assim:

"Conheço, mas eu também gostaria de saber do que se trata. Que catálogo é esse, que empresa é?"

Você desperta a curiosidade da pessoa e tem a oportunidade de mostrar o seu catálogo, fazer uma demonstração de produtos. É possível que você venda um ou mais produtos, ou cadastre essa pessoa. Na pior das hipóteses, essa pessoa vai lhe indicar alguém, seguindo o propósito da abordagem.

Uma outra possibilidade:

Você foi em um salão de beleza, ou em qualquer outro lugar, encontrou uma pessoa e começou a conversar com ela:

"Fulano, deixa eu lhe fazer uma pergunta rapidinho: você conhece algumas revendedoras aqui na região que trabalham com catálogo de produtos?"

A pessoa vai falar "Conheço", ou ela pode falar "Não".

> **"Sabe por quê? Uma grande empresa de cosméticos e perfumes está oferecendo uma grande oportunidade, e eu faço parte dessa empresa. Estamos cadastrando revendedoras para trabalhar, fazer uma renda extra com o nosso catálogo de produtos. Você pode me indicar alguém?" Ou "Se você souber de alguém, você indica para mim? Toma aqui o meu cartão e o número do meu telefone. Posso deixar um catálogo com você?"**

Não temos o hábito de fazer isso no multinível. Quando isso se tornar comum em nosso modelo de negócios, vamos vender muito mais, e não só vender, mas também cadastrar pessoas no combo pequeno. **O nosso negócio é um negócio de gente. É um negócio de gente que consome produtos, que vende produtos e cadastra pessoas.**

Script 4:

Agora, você vai falar com dona Teresa. Ela foi indicada por algum desses contatos indiretos.

Primeiro, quebre o gelo com dona Teresa, diga por quem ela foi indicada e entre na pergunta:

> **"Dona Teresa, a senhora teria interesse em aumentar seus lucros e suas vendas sem atrapalhar o que a senhora faz?"**
>
> "É óbvio, meu filho, é claro; dinheiro todo mundo quer".
>
> **"Estou com uma grande oportunidade para revendedoras, com um novo catálogo de produtos. Trabalho para uma**

grande empresa de cosméticos do Brasil e estamos buscando revendedoras para divulgar o nosso catálogo. Quando posso marcar com a senhora para conversarmos?"

Agora vamos nos debruçar sobre como você deve agir na apresentação. Antes de tudo, é importante dizer: **NUNCA MOSTRE O PLANO de negócios de multinível para um prospecto de vendas por catálogo**. Você foi mostrar um negócio para revendedores, então não é hora de mostrar o plano todo, apenas o catálogo, como combinado com prospecto. **Tenha o mostruário dos produtos mais simples e fáceis de vender.** Você NÃO precisa abrir *flipchart*, PowerPoint, nem levar computador, nada. Apenas o catálogo e um mostruário de produtos.

- **Primeira dica: fale de comissão.** Explique direitinho qual é a porcentagem inicial que ela terá de lucro e como pode fazer para aumentá-la.

- **Segunda dica: mostre o catálogo.**

- **Terceira dica: ofereça apoio** e mostre-se disposto a tirar dúvidas, a dar orientações. Essas pessoas precisam de apoio.

- **Quarta dica**: fale das franquias, se houver na sua empresa. Se tem uma franquia no bairro dela, na vizinhança ou a alguns quilômetros, comente. Mas se prepare, porque muitas vão querer receber os produtos em casa, pois esse é um serviço oferecido por todas as maiores empresas de vendas diretas de catálogos. **Facilite a vida da revendedora.**

Ponto de observação importante: revendedoras estão acostumadas com boletos. Então, se prepare para essa objeção. Algumas pessoas podem ter restrições no nome e ficar com vergonha de comentar, então se antecipe:

"Olha, para se cadastrar na nossa empresa, para trabalhar com a gente, não tem problema se você tiver algum tipo de restrição, tá? A nossa empresa dá oportunidade para qualquer pessoa, com restrição ou não. Não que a senhora precise, mas só para saber que existe. Se alguma amiga sua quiser trabalhar também, mesmo que não esteja desenvolvendo um trabalho com catálogos porque tem alguma restrição, a senhora pode me indicar." É uma maneira de você falar.

Contatos frios

O que é contato frio?

Contato frio é quando você conhece ou aborda uma pessoa em qualquer lugar e até aquele momento nunca falou com ela na vida. Ou seja, alguém que, intencionalmente ou não, você acabou de conhecer.

Se tem algo que posso lhe afirmar é que se você estiver apresentável, dominar uma boa comunicação, souber conversar e realmente se interessar pela pessoa com um olhar humanizado, e não como um número, a probabilidade de conseguir um novo prospecto é gigantesca.

Eu me tornei mestre na arte do contato frio depois de ter queimado minha lista em meu primeiro ano de multinível, 2005. Não sabia como fazer uma lista e classificá-la, não sabia convidar, falava tudo pelo telefone e assim perdi minhas chances de cadastrar alguém da minha pequena lista na época. Eu só tinha uma saída se não quisesse desistir do multinível: ficar bom em fazer novas conexões e amizades, e mostrar o plano de negócio para elas.

Foi o que fiz! Eu me especializei nisso e incrivelmente formei um grande time com pessoas que vieram por meio dessa habilidade.

Se você tem dúvidas sobre o que fazer quando sua lista de nomes estiver terminando e não houver mais pessoas próximas para convidar, não se desespere. Elaborar uma lista com **contatos frios a partir de novas conexões** é o que vai ajudá-lo a continuar caminhando com o crescimento de sua rede.

Se a lista quente é feita de maneira a facilitar os contatos, elaborada com pessoas com quem você tem intimidade e certa proximidade, a lista fria cresce à medida que você aborda e estabelece novos contatos no seu dia a dia.

É uma excelente solução para quem tem dificuldades de desenvolver sua lista quente, por ter baixa credibilidade, timidez ou problemas pessoais com a família.

Outro motivo que pode fazer você "queimar" sua lista quente sem uma taxa de aproveitamento aceitável é o mau uso das redes sociais.

Dicas para fazer contatos frios

Quando se inicia no multinível, é bastante comum que você queira divulgar seu negócio e atrair novos contatos para crescer sua rede. Entretanto, ao utilizar suas redes sociais para fazer esse tipo de divulgação, se o seu foco inicial é postar apenas fotos e vídeos dos produtos, muitos de seus seguidores podem passar a evitar um futuro contato seu, por já estarem "vacinados" em relação ao seu novo negócio. Algumas pessoas, infelizmente, não têm uma boa imagem do mundo das vendas e do nosso modelo de negócio, ou por ainda ser erroneamente encarado como pirâmide, ou por puro desconhecimento. Então, divulgando o seu negócio da maneira errada, você pode afastar pessoas. Se mesmo assim você pretende usar suas redes para se promover e atrair contatos, uma boa saída é expor o negócio e o estilo de vida que os retornos do multinível podem proporcionar. Se pensar que as redes sociais são como um rio onde você pode pescar, o multinível é a vara com a qual pode utilizar dois tipos de iscas: **o negócio e os produtos**. O negócio, na maioria das vezes, será a isca que atrairá os melhores peixes.

Então, **fazer contatos frios nada mais é do que fazer novas conexões.** É conectar-se com pessoas que não estavam na sua vida antes. Mesmo as pessoas mais tímidas, inconscientemente, utilizam certos motivos e abordagens para se aproximar de pessoas que não conhecem. Essa mesma abordagem deve ser utilizada no multinível, para encontrar pessoas que componham sua lista fria; a diferença é que a intenção inicial não é uma amizade ou relacionamento amoroso, mas oferecer uma oportunidade que pode acrescentar ou mudar a vida da pessoa. E acreditar, verdadeiramente, no poder transformador desse negócio vai fazer você se sentir muito mais seguro e convicto na hora de falar sobre o multinível com as pessoas.

Como disse, mesmo os mais tímidos sabem estabelecer novos contatos, entretanto, para ser um mestre do contato frio, você precisa gostar de gente, ser muito aberto para conhecer novas pessoas em qualquer lugar e não ter vergonha de falar com elas.

A MELHOR MANEIRA DE AUMENTAR SUA CONVICÇÃO E AUTOCONFIANÇA NA HORA DE ABORDAR ESSAS PESSOAS É TRABALHANDO SUA APARÊNCIA.

As pessoas compram a embalagem antes de comprar o produto, e você é a embalagem do seu negócio de multinível. Portanto, vista-se bem, esteja apresentável. Mantenha uma boa fisionomia, pois as pessoas são muito mais receptivas a abordagens simpáticas vindas de uma pessoa sorridente do que de uma pessoa sisuda, de cara fechada. Para isso, cultive hábitos que o ajudem a transmitir uma energia positiva e a manter a ansiedade longe. Ouça músicas edificantes! Lembra da playlist de poder do capítulo 3? Use-a! Pratique atividades físicas, tenha hobbies que ajudem a relaxar. E se você estiver passando por momentos difíceis, situações desagradáveis na família, por exemplo, use sua inteligência emocional. Na medida do possível, viva os problemas na hora de viver os problemas. No seu dia a dia, as pessoas de fora não têm nada a ver com seus problemas. Então, não desconte no mundo suas insatisfações e chateações.

Quando você começar a estabelecer contatos, procure não fazer comentários desagradáveis com as pessoas. Leia o momento, preste atenção no que está sendo dito e use a seu favor. Utilize as informações que a pessoa dá durante a conversa para elaborar boas perguntas. Coloque uma informação que complemente a dela e ajude a conduzir a conversa para uma troca de contatos ou até mesmo um convite. **O segredo desse processo é fazer as pessoas gostarem de você.** Conseguindo isso, vão estar receptivas para conversar.

E se você estiver se perguntando sobre qual é o melhor lugar para buscar contatos frios, **use a regra dos "Três Qualquer": Qualquer lugar, Qualquer hora e Qualquer pessoa**. É preciso estar atento a qualquer hora, no aeroporto, no avião, na recepção do dentista, do médico, na fila do supermercado, da padaria, nos corredores de um shopping; literalmente, em qualquer lugar.

Um exemplo disso era meu pai. Ele era uma pessoa com um perfil muito comunicativo e seguia a regra dos "Três Qualquer" literalmente. Uma vez, já divorciado de minha mãe, ele sofreu um acidente, precisou fazer uma cirurgia na coluna e teve que ficar internado por algumas semanas. Ele conversava com todos, o tempo todo, mas um dia puxou papo com uma mulher que trabalhava no hospital e sempre estava no setor dele. Quando recebeu alta, começaram a namorar. Ficaram juntos por vários anos. Acho essa história incrível e sempre me lembro dela quando menciono essa habilidade do meu pai. Ele teria dado certo no multinível.

Um ponto de atenção sobre a regra dos "Três Qualquer" é: evite abordar pessoas que estejam em horário de trabalho para convites diretos, pois você pode prejudicá-las caso algum superior escute a conversa. Se for apenas para estabelecer uma conexão e trocar contatos de telefone ou mídia social, sem problemas.

Agora, quero falar sobre uma técnica que utilizei para prospectar contatos frios com muito sucesso e propor que você faça o mesmo em sua região. Faça este exercício:

Escolha algumas lojas de sua região, aborde o vendedor e se apresente (lembre-se: sempre simpático e bem-vestido). Pergunte o nome do responsável pela loja (gerente, supervisor ou o que for) e peça para conversar com a pessoa. Quando essa pessoa o receber, você a cumprimenta e diz:

"Oi, fulano (sempre chame a pessoa pelo nome). **Eu me chamo beltrano, represento uma empresa que está em expansão e vai começar a desenvolver um trabalho muito forte nessa região. Estou à procura de pessoas com perfil de liderança, vendas e supervisão de vendas para compor um time comercial e não conheço ninguém por aqui. Será**

que você conhece algumas pessoas para me indicar? Pode ser alguém que já tenha trabalhado com você ou que esteja procurando por uma oportunidade na área. Aqui está meu contato (entregue seu cartão para a pessoa ou deixe seu contato, mas sempre pegue o contato dela também). **Se puder me indicar para essas pessoas e dizer que tenho uma oportunidade, agradeço muito."**

Sempre que utilizei essa técnica tive excelentes retornos. Uma vez, a apliquei em vários comércios de uma cidade do interior do Rio de Janeiro e até o fim da tarde obtive mais de vinte contatos. É um exercício muito produtivo, e, executando-o bem, você sempre terá sua lista cheia.

Um ponto importante para ressaltar durante o contato com fontes frias são as objeções. É muito comum que esse tipo de contato pergunte com o que você trabalha, e uma resposta de muito sucesso para essa pergunta é simplesmente dizer que trabalha com **"marketing de relacionamento". Se em seguida a pessoa perguntar "o que você faz", existem três excelentes respostas para essa objeção:**

"Trabalho com a construção de mercado distribuidor e consumidor para uma marca" ou **"Trabalho na área comercial de uma indústria, na parte de vendas e expansão de mercado"** ou, simplesmente, **"Sou líder de um time comercial e estou expandindo a equipe."**

De qualquer forma, o importante é sempre ter autocontrole e praticar muito.

Entenda algo: fazer contatos frios nada mais é que estabelecer novas conexões e fazer novas amizades. Conhecer pessoas e fazer com que elas, em algum momento, parem para ouvir o que você tem a dizer. Apenas isso!

CAPÍTULO 7

APRESENTAÇÃO DO NEGÓCIO/ COMO MOSTRAR O PLANO

Neste capítulo você vai encontrar dicas para cada tipo de reunião e o passo a passo para arrebentar numa apresentação. É um verdadeiro manual de apresentação. Boa leitura!

Na linguagem do multinível, a apresentação do negócio é popularmente conhecida como APN ou "Mostrar o Plano". Em algumas empresas, pode ser conhecida como AO ou APO (Apresentação de Oportunidade), OPEN (reunião aberta), ou Reunião de Negócios. E costumamos dizer que quem ainda não sabe apresentar o plano de marketing não tem um negócio. É óbvio que a pessoa tem um negócio, mas, se ainda depende de alguém para realizar essa etapa, ainda não é "independente". Portanto, essa é uma das habilidades que você precisa aprender o mais rápido possível nesse modelo de negócios, pois trazer pessoas para a sua equipe é a característica principal do multinível.

Existem algumas maneiras de apresentar o negócio, produtos e serviços. **As quatro formas mais comuns são**:

1. Apresentações grandes, em hotéis, franquias, salas de reuniões, auditórios, conferências presenciais ou on-line, que chamamos de **APN, AO ou OPEN**;

2. Apresentação de negócio individual, que chamamos de **Um a Um**;

3. Apresentações nas casas, normalmente realizadas com pequenos grupos, e que carinhosamente chamamos de **Reuniões Caseiras ou Home Day**;

4. **Apresentações on-line**. Hoje muito comuns e cada vez mais utilizadas por conectar pessoas de qualquer lugar do mundo em tempo real.

O que você precisa entender é que **mostrar o plano é algo extremamente importante no seu negócio, e você precisa dominar isso.** A boa notícia é que não é difícil. Assistindo a algumas apresentações ou estudando uma apresentação específica, revendo várias vezes e estudando as maneiras do apresentador, você estará certamente preparado para fazer a sua. Entretanto, não existe preparação melhor do que se colocar perante a audiência e apresentar o plano você mesmo.

Dicas para APN/OPEN (Apresentação de Negócios)

Como disse anteriormente, existem três maneiras de você fazer suas apresentações: a individual, conhecida como um a um; a caseira, que é mais intimista; e as apresentações grandes, conhecidas como Open ou APN.

Um fato interessante é que em todas elas a apresentação utilizada é a mesma. O que muda é o seu comportamento e a maneira de conduzir. Em uma APN, por exemplo, que é um evento mais formal, você não pode fazer certas perguntas e interagir tanto com as pessoas, como em uma apresentação individual. Na caseira, que conta com uma ambientação mais íntima, com poucas pessoas e mais descontraída, você tem mais tranquilidade para interagir com as pessoas, olhar no olho, tirar valor ao trocar ideias e exibir o mostruário de produtos para as pessoas experimentarem.

As pessoas compram você antes de comprar seu produto ou seu negócio

No dia da APN, você precisa estar bem trajado, vestindo roupas adequadas para uma reunião de negócios; se o evento pede traje esporte fino, vá assim. Essa exigência fica mais latente se você tem níveis relevantes de liderança. Quanto maior o nível de liderança, mais bem-vestido você precisa estar.

Uma regra que se aplica muito além do multinível é a máxima de "**vestir-se para o sucesso**". Quanto mais cuidar da sua aparência, sua saúde e sua "embalagem", maior a mudança em sua vida financeira nesse negócio. As pessoas passam a tratar você de modo diferente, porque sua imagem comunica suas intenções, sua relevância e sua convicção.

O comportamento também é um ponto de atenção para as APNs. Mais do que uma boa imagem, você precisa demonstrar entusiasmo e estar sempre sorrindo. Tem dias em que você não acorda bem, não está legal, mas precisa estar entusiasmado e sorridente na hora da APN.

Promova seu patrocinador e sua linha ascendente

Outro ponto muito importante na APN é **chegar cedo.** Quando você leva um convidado para uma apresentação de negócios, precisa ter em mente que provavelmente seu patrocinador vai estar presente e sua linha ascendente também. E é fundamental edificar as pessoas que têm bons resultados e seus ascendentes no negócio. Se você convidou um prospecto para assistir a uma APN, lembre-se de que você tem certa credibilidade com essa pessoa. Ela confia em você. Existe uma relação de confiança estabelecida que precisa ser mantida e reforçada para que vocês fechem o negócio. E a melhor maneira de ser mais convincente para seu convidado é fazendo uma **transferência de credibilidade**. Essa técnica consiste em promover para o prospecto pessoas que tenham mais autoridade do que você e que estarão presentes no mesmo evento.

Script de promoção do patrocinador, palestrante ou linha ascendente

Antes de chegar ao local do evento, você diz para seu convidado:

> **"Fulano, preciso dizer a você o seguinte: lá estarão algumas pessoas extremamente importantes, pessoas que têm sucesso, pessoas que têm resultados expressivos, e grave este nome que eu vou lhe falar agora (mencione o nome do seu patrocinador ou de quem vai palestrar)."**
>
> **"Fulano, essa pessoa é um ser humano incrível; foi ele quem me deu oportunidade e está me apoiando muito."**

Defina três ou quatro qualidades da pessoa que você citou e mencione-as para o seu prospecto. Não promova PIN (graduação), e não promova apenas o resultado. Fazendo isso, está promovendo apenas uma posição, e não é essa a imagem que você quer projetar. A intenção é criar uma expectativa grande em seu prospecto, deixá-lo, antes mesmo de ele conhecer a pessoa citada, predisposto a receber as palavras dessa pessoa com a convicção de que são orientações valorosas.

E o seu patrocinador, que vai estar lá na APN, precisa saber que toda vez que você leva um convidado, você o promove. Vocês precisam combinar previamente que sempre que você chegar com uma pessoa nova, vai apresentá-la para ele. E vai seguir os seguintes passos:

Primeiro, vai falar para o seu prospecto:

"Sabe aquele cara que eu mencionei, o fulano, que tem essas qualidades assim, assim e assim? Quero apresentar você para ele."

Nunca chame o patrocinador ou a linha ascendente, a "autoridade", ou a pessoa que você promoveu para apresentar ao seu prospecto, nunca! É você que deve ir até ele e dizer:

"Posso trazer uma pessoa aqui para você conhecer?"

Entenda, isso é uma estratégia, e a pessoa vai responder positivamente. Então, você volta até seu prospecto e diz:

"Vou apresentar você para ele."

Leve-o até a pessoa promovida e diga:

"Fulano, este aqui é meu convidado."

E para o convidado, você diz:

> **"Beltrano, este aqui é o (nome da autoridade), aquela pessoa de quem eu falei, que é assim, assim, assim, uma pessoa extraordinária, que admiro muito..."**

E novamente você ressalta as qualidades do "fulano" e diz, brevemente, a importância dele em sua carreira. Então, a pessoa promovida vai transferir a credibilidade dada a ele. Vai chegar para o convidado (isso precisa estar previamente combinado) e dizer o seguinte:

> **"Fulano, você veio convidado por uma pessoa extremamente comprometida. Ele é novo no negócio, chegou recentemente, mas é um cara sério. É só uma questão de tempo para ele explodir nesse negócio, e crescer muito. Você está muito bem acompanhado. Valorize essa pessoa que o convidou, valorize o (seu nome), porque ele realmente está no caminho certo."**

Nesse momento, a imagem que seu convidado tinha de você vai ser tremendamente transformada. Quando ele ouve uma pessoa que atingiu resultados e reconhecimentos altíssimos no negócio, que conquistou coisas que ele almeja, edificando você, sua credibilidade com esse prospecto vai aumentar muito. A probabilidade de fechamento é muito maior. E depois disso, a probabilidade de esse convidado ouvi-lo e seguir as suas instruções é muito maior. Essa é uma estratégia bastante eficiente.

Nunca saia no meio da reunião

A pior coisa que existe para alguém que está fazendo uma apresentação de negócios, e para um convidado que está ali prestando atenção, são pessoas transitando no ambiente. Então, não faça isso. Respeite a apresentação de negócios. As pessoas se esforçam absurdamente para convencer o prospecto a ir, para assistir a uma apresentação. Em muitos casos, é um convidado que foi difícil de levar, e quando ele está conhecendo o negócio, "degustando" a atmosfera do multinível, fica aquele monte de gente transitando, desviando a atenção das pessoas. Isso não pode acontecer! Causa uma péssima impressão em todos os convidados presentes e faz muitos colegas perderem a oportunidade de realizar um bom fechamento.

Participe da apresentação junto com seu convidado

Ainda falando sobre boas práticas em uma APN, quando a reunião começar, não fique do lado de fora do auditório. Lamentavelmente isso tem acontecido muito no multinível. Os líderes, Diamantes, Duplos, independentemente do PIN, precisam dar um bom exemplo, causar uma boa impressão aos convidados. As pessoas de níveis menores do plano de negócios querem crescer, ganhar dinheiro, obter reconhecimento, e quem já conquistou tudo isso, em vez de ficar lá dentro para ajudar, coordenar e apoiar o evento, muitas vezes fica do lado de fora, conversando e até atrapalhando a apresentação. Se esse for o seu caso, apoie o palestrante com palmas e concordando com a cabeça quando ele falar algo interessante ao público. Participe!

Seus amigos, seus colegas *crosslines*, *uplines* e seus *downlines* levaram convidados. Se você não estiver legal emocionalmente, precisa se empoderar, fazer alguma coisa para estar animado nesse dia. Se o problema for muito grande e você estiver muito abatido, fique em casa, não queira abraçar o mundo. Sua intenção de ir pode ser a melhor, mas desanimado e cabisbaixo você só vai prejudicar seus colegas. APNs precisam ser ambientes de entusiasmo, motivação e inspiração.

Tenha produtos para demonstração e degustação

Apresentações de negócio precisam ter produtos. Sei que muitas pessoas não gostam de deixar os produtos expostos para não estragar o efeito surpresa, mas é preciso dar um jeito de fazer os produtos aparecerem em algum momento. Uma abordagem de que gosto muito é a de montar a mesa de produtos do lado de fora do auditório, para que, ao término da apresentação, os convidados tenham a oportunidade de conhecê-los e experimentá-los.

Há também a opção de colocar os produtos no próprio auditório, expostos e bem arrumados, ou cobertos com uma toalha que será retirada na hora de falar sobre eles.

Já vi essas opções em apresentações de negócios, e todas funcionam bem. E para quem tem um negócio de multinível de serviços, use a melhor maneira de apresentar seus serviços na APN e gerar credibilidade.

Demonstração sempre funciona e fortalece o fechamento!

Dicas para apresentação UM a UM

O plano um a um é fantástico. É um dos planos de que mais gosto. Muitas vezes, perdemos um pouco de tempo trabalhando o um a um, mas ele demanda essa personalização. Assim, você consegue entender melhor a situação da pessoa e criar uma conexão maior com o seu prospecto.

Primeiro, vista-se adequadamente. Sei que estou me repetindo, mas é importante lembrá-lo da importância de estar **"vestido para o sucesso"**. Se o prospecto é um amigo seu, uma pessoa que convive com você ou mesmo que o encontre esporadicamente, e conhece o jeito que você se veste, no dia em que você for mostrar o plano, mude seu estilo habitual.

Se você usa camisetas de malha, experimente ir com uma camisa polo ou uma camisa social. Se usa calças despojadas, daqueles modelos rasgados, experimente uma calça de sarja ou social, com um corte alinhado à sua silhueta. As pessoas compram a embalagem antes de comprar o que está dentro. Quando uma pessoa olha para uma embalagem, para um frasco ou para uma vitrine e não gosta muito, ela não perde tempo nem entrando na loja. Por isso existem especialistas em arrumar vitrines, por isso as empresas gastam fortunas com embalagens e frascos. Isso é extremamente importante, desperta o interesse de quem vê, e o mesmo acontece com as pessoas. Então, **sua apresentação pessoal no multinível é sempre muito importante, em qualquer situação.**

O plano um a um pode ser feito de várias maneiras. Você pode marcar na sua casa, na casa da pessoa, ou em qualquer outro ambiente agradável, que tenha mesa e cadeiras. Se você e seu prospecto moram muito longe um do outro, marquem um encontro em algum lugar no meio do caminho. Escolha um local onde não tenha tanto barulho. Se for em um restaurante, em um fast-food, em um shopping, escolha um lugar um pouco mais reservado e, de preferência, induza a pessoa a sentar de costas para onde está a maior movimentação.

Por exemplo: se vocês forem para um restaurante, sentem-se mais perto da parede; você fica de costas para a parede e ele fica de frente, voltado para você. Essa é uma estratégia para que ele não se disperse prestando atenção no movimento e em outras coisas que estão acontecendo. É uma dica simples, mas com detalhes importantes, que fazem toda a diferença na hora de você fazer uma apresentação.

Seja objetivo e confiante. Uma das coisas que percebo que acontecem depois de um tempo, quando os empreendedores do multinível já têm certa experiência, é que eles querem passar todo o conteúdo que detêm logo na primeira apresentação. Não precisa! Mostre para a pessoa apenas aquilo que mostraram a você, e que despertou seu interesse: a empresa, o mercado, os produtos ou serviços e o plano de negócios.

Antes da apresentação, contextualize para o seu prospecto o plano, faça uma análise de mercado, como é a economia, como está a economia no Brasil, fale que as pessoas buscam oportunidades. Mostre estatísticas e números por meio de reportagens e pesquisas, mas seja breve. Não fique enchendo o plano com um monte de conhecimento e de coisas que não têm nada a ver. Tente ser o mais objetivo que puder.

E outra coisa que acho extremamente importante é o seu entusiasmo. Seu nível de entusiasmo tem que estar sempre no alto. Esteja sempre sorridente, bem-arrumado, entusiasmado, usando os produtos da sua empresa. Obviamente o ajudará se for um perfume, um creme ou um produto para o cabelo. Isso vai ajudar a causar uma excelente impressão.

Dicas para Reuniões Caseiras ou Home Day

Quando comecei com as vendas diretas, chamávamos essa reunião nas casas de "minirreunião", e hoje chamamos carinhosamente de **Reunião Caseira**. É importante lembrar que as caseiras funcionam para apresentar o negócio e para vender produtos, dependendo da necessidade ou do foco do empreendedor.

Uma dica de ouro para caseiras, plano um a um e APNs: pelo menos enquanto você ainda estiver no início, o ideal é fazer as primeiras apresentações acompanhado, seja do seu patrocinador, seja de alguém da sua linha ascendente. Se possível alguém com mais experiência, para que você possa assistir e aprender. Se não for possível, assuma a responsabilidade, até porque o responsável pelo seu sucesso é você! Se não tiver ninguém para fazer, aprenda e faça. Não fique preocupado em cometer erros durante sua apresentação, a pessoa que está assistindo provavelmente nem vai perceber, pois ela não tem a informação correta. Então, simplesmente faça o que precisa ser feito e busque melhorar a cada nova apresentação.

Um ponto muito importante é que muitas das pessoas que desenvolvem multinível fazem esse negócio em paralelo ao seu trabalho tradicional, e, obviamente, muitos de seus prospectos não estão disponíveis em tempo integral, pois também trabalham, estudam e têm a vida ocupada. Então, é certo falar que, geralmente, o melhor horário para fazer multinível é à noite (porque a maioria das pessoas já está em casa), assim como em feriados, sábados e domingos. Você pode não estar acostumado com essa rotina que vai na "contramão" do tradicional, mas esse sacrifício é necessário se quiser construir algum resultado. Não estou dizendo que você não irá fazer o negócio à tarde ou pela manhã, até porque terá em sua lista de nomes pessoas com esses horários disponíveis, mas tenho certeza de que encontrará muito mais pessoas disponíveis à noite. Por isso, prepare-se para ocupar suas noites, feriados e finais de semana.

De verdade, quer construir resultado? Então entenda: não é momento de descansar. Quer crescer? Não tem descanso, agora é hora de construção. Quando você está construindo algo no multinível, precisa estar focado em fazer acontecer.

Convidando para uma caseira

Antes de convidar as pessoas para uma reunião caseira, faça um treinamento de convite. Revise o material de estudo a que você tem acesso, pois isso é importante para fixação.

Para uma caseira, existem ótimas maneiras de convidar. Vamos a um exemplo:

"Fala, fulano, tudo bem? O que você vai fazer dia tal?"

"Ah, não sei, não programei nada!"

"Amigo, quero convidar você para ir lá em casa. Vou fazer uma confraternização com alguns amigos e você é uma pessoa muito importante para mim. Estou iniciando um negócio novo e vou comemorar esse start, e sua presença tem um grande valor para mim e para minha família. Consegue estar presente (dia tal, tal hora)?"

Uma variação desse convite seria iniciar o contato aplicando a técnica FORM, e logo em seguida:

"Fulano, queria fazer um convite muito especial a você. Vou fazer a inauguração do meu novo negócio na minha casa. Algo simples, só para amigos, e queria muito que você estivesse presente. Vá me prestigiar, estar comigo e leve a sua esposa (ou marido)."

"Vamos fazer uma confraternização e depois bater um papo com os amigos. Gostaria muito de contar com você aqui nesse dia. Será (dia tal e hora tal). Posso confirmar sua presença?"

Um ponto extremamente importante: nunca comente coisas negativas em uma apresentação. Na caseira, é muito comum estar entre amigos e falar assim:

"Convidei o fulano e ele não veio." Jamais fale isso!

Não faça isso, nunca! Ninguém precisa saber quem você convidou. É extremamente importante não ficar falando o que deu errado no seu convite ou na chegada das pessoas, ou no volume de pessoas presentes em sua casa. Não fale coisas negativas.

O QUE NÃO É IMPORTANTE SER DITO É IMPORTANTE QUE NÃO SEJA DITO.

E por último: **nunca encha a sua casa**, a sua sala ou qualquer lugar que seja, **com cadeiras.** Se você convidou vinte pessoas, coloque quatro cadeiras e deixe as quatro lá. As primeiras quatro pessoas vão chegar e se sentar, e conforme os próximos forem chegando, coloque outras cadeiras. **A melhor sensação que você pode provocar no seu convidado é de que está mais cheio do que você esperava, e não o contrário.** Se você transmitir para ele a sensação de que esperava muito mais pessoas e veio só um pouquinho de gente, isso já coloca uma pulga atrás da orelha dele. Ele já se arma e se fecha para ver a apresentação do negócio com várias cadeiras vazias no local, provocando um sentimento de desconfiança do motivo pelo qual as pessoas não vieram. O que elas sabem que eu não sei?

Já sabendo disso, não falhe nessa técnica!

Dicas para apresentação on-line

As ferramentas digitais não podem mais ser ignoradas como anos atrás; devem ser usadas como uma grande aliada do presencial. Ao contrário do que muitos acreditavam ou acreditam, **o digital jamais irá substituir o presencial, mas, sim, potencializá-lo**. As ferramentas digitais como **WhatsApp, Telegram, mídias sociais, Zoom, Google Meet** e outras que conectem pessoas por meio de smartphones, computadores e tablets são **verdadeiras máquinas de aceleração no processo de capacitação, conexão ao sistema educativo, apresentação de negócios, duplicação de informações, notícias e promoções, em tempo real.** É praticamente impossível imaginar o multinível nos dias atuais sem essas ferramentas, mas uma coisa é importante dizer: não acredito no multinível de produtos apenas no digital. Ele pode funcionar até certo ponto, mas não consigo ver um negócio sólido, recorrente, e com uma retenção satisfatória, sem a credibilidade do presencial, a experiência com produtos nas apresentações, os eventos presenciais e o bom e velho calor humano. Fomos feitos para nos relacionar, e, como o próprio nome já diz, é um marketing de relacionamento. Sendo assim, use e abuse das ferramentas digitais, mas jamais ignore o poder do presencial, do olho no olho, das confraternizações com a rede e, principalmente, dos eventos cheios de pessoas motivadas com aquela sinergia incrível.

Fazer uma apresentação on-line é muito mais simples que em qualquer outra reunião, sem falar na economia com deslocamento, produtos, salas de reunião, alimentação e outras coisas, mas tem alguns pontos muito importantes que vou compartilhar com você agora.

Escolha o aplicativo ou a plataforma que mais lhe atende e esteja com sua apresentação pronta para compartilhar. Faça sua apresentação pessoal e não enrole, as pessoas não querem ficar muito tempo paradas ouvindo alguém explicando algo diante de uma tela. E ainda tem o fator distração, que é muito maior no on-line do que no presencial, dentro de uma sala de reunião.

Esteja com uma boa aparência, use uma camisa mais neutra e um fundo de ambiente aparentemente agradável ou neutro. **Lembre-se: as pessoas compram a embalagem primeiro antes de comprar seu produto ou negócio.** Certifique-se de que seu áudio esteja funcionando bem, o equipamento esteja carregado, a internet funcionando perfeitamente, e seja pontual.

Siga todos os passos de uma apresentação de negócio normalmente e, ao final, pode fazer as perguntas de fechamento ou deixar quem convidou o prospecto fazer.

Uma dica muito boa é contar seu depoimento de uma maneira estratégica, que encoraje o prospecto a tomar a decisão de fechar negócio.

No capítulo 12, ensino como dar um depoimento com maestria usando os gatilhos mentais necessários para encantar e encorajar um bom fechamento.

Existe um passo a passo, e quero lhe mostrar como sempre fiz nas minhas apresentações. Obviamente, fui aperfeiçoando, melhorando uma coisa ou outra até chegar ao modelo que sigo atualmente. Não importa se vai ser um a um, caseira, APN ou on-line, sigo o mesmo modelo para todas.

Passo a passo para apresentação do negócio

Material de trabalho / Vá à guerra bem armado

Inicialmente, você precisa ter todas as ferramentas de trabalho necessárias para fazer sua apresentação. Por exemplo, no presencial, precisa ter seu computador ou *flipchart*, projetor, fio, se necessário, TV no local, mostruário de produtos, catálogo, e, se for usar quadro branco, tem que ter as canetas, papel e caneta, enfim, dependendo de que tipo de reunião irá fazer, precisará ter à mão tudo que é necessário ser usado para fazer um bom trabalho.

Se for on-line, ter seu equipamento carregado, o arquivo de apresentação, a plataforma e a internet funcionando.

Não preciso explicar isso em detalhes, porque é meio óbvio.

- **Esteja apresentável / Vista-se para o sucesso**

Sua aparência é importante para fazer uma apresentação do seu negócio ou de seus produtos, afinal, você está vendendo sucesso, mudança ou melhoria de vida, um produto de qualidade. Não dá para fazer isso com uma aparência ruim. Como já disse anteriormente: "As pessoas compram você antes de comprar seu produto ou seu negócio!".

- **Apresentação pessoal**

A primeira coisa que você precisa fazer é se apresentar, dar as boas-vindas e dizer por que está ali, qual o objetivo da apresentação. O roteiro que sigo é o seguinte:

"Boa noite, boa tarde ou bom dia. É um prazer muito grande estar aqui com vocês, uma honra para mim. Meu nome é Marcio Angelo, sou empreendedor e hoje estou aqui para apresentar uma oportunidade de negócio para vocês. A primeira coisa que eu gostaria de dizer a todos que estão aqui é que não estou aqui para convencer ninguém."

Essa frase "eu não estou aqui para convencer ninguém" é uma marca pessoal que gosto muito de usar em minhas apresentações. Eu a justifico no momento seguinte da apresentação:

"Porque quando vi essa apresentação pela primeira vez, eu já estava convencido de que precisava de algo para melhorar a minha situação e mudar a minha vida financeira. Estava desejando algo para desenvolver paralelamente ao que eu fazia e encontrar alguma coisa que me desse um retorno financeiro melhor. Por isso quero deixar claro que não estou aqui para convencer vocês. Só estou aqui para fazer uma apresentação de um negócio. Se estiverem em busca de algo que possa lhes oferecer um ótimo retorno financeiro, mais qualidade de vida, mais tempo livre em médio ou longo prazo, tenho certeza de que vocês estão no lugar certo, na hora certa e com a pessoa certa."

Essa é minha abertura. Já fiz essa apresentação milhares de vezes e fui moldando ao longo do tempo. Você vai se sentir um pouco inseguro nas primeiras vezes, mas é só se expondo que se supera o medo. Uma dica é levar um papel com os tópicos na ordem que você vai falar, para ter um lembrete. Mas comece simples, se apresente, esclareça que é novo no negócio, se realmente for, diga por que está lá, e o resto vem naturalmente.

O segundo ponto que destaco para uma excelente apresentação de negócio é fazer os acordos com a plateia. Eles funcionam assim:

"Pessoal, eu queria fazer um acordo com vocês. Gostaria que deixassem o telefone no mudo ou modo avião, se possível. Se alguém precisar atender o telefone, por gentileza, atenda lá fora, para não atrapalhar quem está ao lado."

"Evitem conversas paralelas e não transitem no local, para não atrapalhar a experiência dos outros participantes."

"E para fechar o nosso acordo, gostaria que vocês prestassem muita atenção. Tenho certeza de que o tempo de vocês é muito precioso, e vocês vieram por convite de alguém que acredita e gosta muito de vocês. Vieram pela confiança que têm na pessoa que os convidou, e eu gostaria que cada um fizesse valer cada minuto aqui."

"Vou tentar ser o mais objetivo possível e gostaria que vocês prestassem muita atenção, porque, de repente, hoje pode ser um divisor de águas na vida de vocês, assim como foi na minha há (mencione o quanto de tempo). Saí extremamente motivado, entendendo que aquilo que eu estava vendo poderia ser uma nova fonte de renda para mim e o negócio que iria mudar minha vida. Posso contar com vocês?"

Então, faça a sua apresentação pessoal, fale do objetivo da reunião e faça os acordos com as pessoas.

No próximo passo, faça algumas perguntas para interagir com as pessoas, criar uma conexão e fazê-las pensar sobre a vida delas naquele momento.

Dica de ouro para você: apresentar o negócio da sua empresa para alguém é a coisa mais fácil do mundo, mas tocar o coração dessa pessoa, fazer com que ela entenda o que você está fazendo ali, entenda o objetivo daquela apresentação e mostrar que aquilo que você está fazendo é bom para ela, é outra coisa completamente diferente. Conheço pessoas que se gabam de mostrar muitos planos por semana ou por dia, de cinco a dez no dia, mas que mostram de qualquer jeito, só para cumprir tabela. E não é sobre isso! Mais importante do que mostrar um monte de planos é fazer bem-feito. Se você pode fazer muito, e com qualidade, legal, mas, se não pode, procure pelo menos fazer com a melhor qualidade possível. Às vezes você não consegue mostrar tantos planos assim, na semana ou no mês, mas, **se faz apresentações de negócio focadas na necessidade das pessoas, com empatia, fazendo um bom pré-plano e uma preparação para o fechamento já antes do plano, isso faz toda a diferença no seu negócio.**

◆ Quatro perguntas poderosas que mudaram minha vida

Quando conheci a venda direta, em novembro de 2001, eu era mecânico de aviões na Varig, e fui convidado para uma apresentação de negócios por um colega de trabalho. Depois de sua insistência, aceitei. Marcamos uma data e lá fui eu conhecer um "negócio para fazer uma renda extra". Chegando no local, uma sala comercial muito simples, estilo auditório, num bairro humilde do Rio de Janeiro, com poucas pessoas, no máximo vinte, lá estavam alguns que trabalhavam com o tal negócio e outros que eram convidados, como eu.

Como era minha vida naquele momento? Técnico de manutenção de aeronaves, insatisfeito financeiramente e com uma frustração muito grande devido a alguns acontecimentos. Naquele ano, dois meses antes daquela reunião, em setembro de 2001, haveria uma prova para subir de nível na empresa, em outro setor, e eu já estava estudando fazia um ano para isso. Tinha feito curso de piloto privado, comissário de bordo, e estudava inglês com afinco, porque meu sonho era ser piloto de aeronaves, mas o próximo passo para conseguir pagar minhas horas de voo seria um *upgrade* para comissário primeiro – porém, meu sonho foi interrompido pelo ataque terrorista às Torres Gêmeas, o World Trade Center, em Nova York. Isso afetou o setor de aviação no mundo todo, e a prova, que era para ser realizada no final de setembro, foi cancelada. Pilotos e comissários foram massivamente demitidos por causa da redução considerável no número de voos no Brasil e no mundo, e obviamente fiquei extremamente frustrado e chateado. Eu tinha certeza de que iria entrar naquela turma de novos comissários e sair da manutenção, mas isso não aconteceu.

E por que fui àquela apresentação de negócios? Porque precisava ganhar mais e tinha o objetivo de pagar minhas horas de voo.

Chegando lá, **o palestrante fez quatro perguntas que mudaram minha vida para sempre!**

Primeira pergunta: "Você tem sonhos? Quem tem sonhos aqui levante a mão!".

Levantei a mão, todo mundo acompanhou, e ele falou: "Não precisa falar quais são seus sonhos, só pense neles".

E minha resposta foi: **"Muitos!"**.

Segunda pergunta: "Fazendo o que você faz hoje, quando vai conseguir realizar seus sonhos?".

Minha resposta: **"Nunca!"**.

Terceira pergunta: "Se existisse uma oportunidade de negócio para que você pudesse trabalhar e tivesse a certeza de que poderia realizar seus sonhos, o que você faria?".

Minha resposta: **"Abraçaria a oportunidade, óbvio! E não deixaria passar!"**.

E aí veio a quarta pergunta: "O quanto você realmente está disposto a trabalhar pelos seus sonhos?".

Minha resposta: **"Faria o que tivesse que fazer!"**.

Essas quatro perguntas que o palestrante fez em novembro de 2001 me levaram a tomar a decisão de arriscar em algo novo e improvável, para o qual eu não tinha nenhuma habilidade. A oportunidade era para trabalhar com vendas de filtros residenciais da marca Hoken.

Eu queria ser piloto, e não vendedor, mas a necessidade de obter mais dinheiro para investir na minha carreira de piloto, meu sonho de morar numa casa melhor, ter um carro melhor e sair de uma situação financeira difícil eram maiores que minhas limitações e meu preconceito com vendas.

Entenda algo, se você tem uma grande necessidade ou grandes sonhos que o incomodam e o deixam inconformado, vai pagar o preço e fazer o tiver que ser feito.

Até hoje uso essas perguntas no início das minhas apresentações um a um, caseiras, APNs e on-line, ou no fechamento para ajudar o convidado a tomar uma decisão, e são extremamente eficazes. Quando pergunto, não sou eu quem diz que abraçaria uma oportunidade, não sou eu quem diz estar disposto a fazer o que tiver que ser feito para realizar um sonho, mas, sim, o prospecto; eu só faço a pergunta.

Essas quatro perguntas poderosas podem mudar completamente o rumo do seu plano. Logo depois de terminá-las, sempre falo:

"Parabéns, é por isso que estou aqui hoje. Vim exatamente para isso, apresentar algo para vocês que é real, que funciona, que já existe, que milhões de pessoas desenvolvem no Brasil e no mundo, obtendo resultados com isso e melhorando suas vidas."

Então, começo a minha apresentação do negócio fazendo uma comparação entre o emprego, o negócio próprio tradicional e o marketing multinível. Como está no exemplo a seguir:

Quais são as opções no mercado de trabalho?

EMPREGO

- Emprego tradicional numa pequena, média ou grande empresa;
- Servidor público consursado.

ABRIR UM NEGÓCIO

- Empresário;
- Autônomo (empreendedor);
- Profissional liberal.

MARKETING DE REDE

- Oportunidade de ter seu próprio negócio;
- Sem risco;
- Não atrapalha sua atividade principal;
- Chance de construir uma rede de consumidores e empreendedores participando de todo o lucro gerado em parceria com uma grande marca.

Comparativo e vantagens

EMPREGO

- 44 horas por semana, 50 semanas por ano durante 40 anos = 88.000 horas;
- Ao se aposentar é necessário complementar a renda;
- Sem liberdade de escolha e tempo.

ABRIR UM NEGÓCIO

- Investimento inicial alto;
- Grandes chances de falência;
- Funcionários, custos e despesas.

MARKETING DE REDE

- Você faz seu horário;
- Baixo custo inicial;
- Sem risco;
- Suporte e ensino profissionais que já alcançaram sucesso;
- Em 2 a 5 anos para construir uma vida confortável e 5 a 10 anos liberdade financeira;
- Renda residual em curto prazo.

Depois de fazer os comparativos, começo a apresentação da empresa de multinível.

Apresento a companhia, a história da empresa, como ela começou, quantos anos ela tem, a estrutura da empresa, o mercado em que ela atua. Durante a apresentação, sempre faço perguntas para as pessoas.

Exemplo:

> **"A empresa em que desenvolvo tem** (x anos). **Você acha que uma empresa com esse tempo de mercado é boa ou ruim?"**

Elas respondem: "Boa".

"Óbvio, porque a maioria das empresas abertas em nosso país fecha com menos de três anos. Segundo o Sebrae, 70% das empresas que abrem no Brasil fecham com menos de três anos. Ou seja, uma empresa com (x anos) de mercado é uma empresa séria, que já passou por todos os problemas pelos quais tinha que passar, é uma empresa estruturada."

As pessoas vão interagindo com você, e isso vai fazendo com que elas comecem a pensar. A grande sacada de uma boa apresentação de negócio é fazer as pessoas raciocinarem sobre o que você está falando, e, se aquilo que você fala é verdade, elas vão concordar.

Aprendi isso em minhas formações e treinamentos de PNL. Quando você faz perguntas às pessoas ou fala algumas coisas durante a apresentação e elas concordam com o que está sendo falado, vão se conectando cada vez mais com você. E a probabilidade de dizerem um "SIM" no final da apresentação é muito grande. Por exemplo, quando a gente fala do mercado, apresento o mercado de produtos:

"Trabalhamos com cosméticos e perfumaria. Vocês acham que as pessoas precisam usar cosméticos todos os dias? Sabonete, xampu, condicionador, desodorante, pasta de dente... Sim ou não?"

"É um mercado bom?"

Elas respondem que sim, porque é algo óbvio. E a cada resposta positiva dada, é um "SIM" para meu negócio e meus produtos.

Independentemente de qual seja seu negócio. Estou dando um exemplo aqui do mercado de cosméticos e perfumaria, mas pode ser qualquer outro mercado.

É como se os prospectos estivessem dando os passos da apresentação junto comigo. Falo do mercado, dos produtos, e, se der para fazer uma demonstração numa APN, você faz, se não der, melhor não improvisar. Em uma apresentação individual ou numa caseira, sempre apresento os produtos do meu mostruário. Busco impressionar os prospectos com uma demonstração dos produtos no meio do plano, usando os de maior impacto, os carros-chefes da empresa.

Depois da demonstração, vem a apresentação do plano de marketing, e esse é um momento em que sempre falo:

> **"Agora vem um momento extremamente importante da nossa apresentação. É um momento que vai durar menos tempo, talvez dez, quinze ou vinte minutos no máximo, e preciso de 100% da sua atenção. Posso contar com vocês?"**

Começo a apresentar o plano de negócio, falo dos lucros, falo do plano de carreira, dos percentuais de ganho, das possibilidades, das viagens, dos bônus de carro e de todos os bônus que a empresa oferece.

Agora entenda uma coisa: você não conhece a vida da pessoa que está lhe assistindo numa APN. Em uma reunião caseira ou no plano um a um, você tem uma ideia, porque há proximidade, o contato entre as pessoas é mais íntimo, mas, numa apresentação de negócios grande, você não conhece a história das pessoas, os sonhos, o poder aquisitivo, a idade, portanto, a linguagem que você emprega precisa permear todos os públicos.

Então, o que devo falar no plano quando for dar exemplos de ganhos?

"Você que está precisando ganhar de quinhentos reais a cinco mil a mais, nós temos aqui a venda direta. Você pode comercializar os produtos imediatamente, e começar a ter retorno imediato. Agora, se não gosta tanto de vendas, temos o nosso plano de carreira, que lhe permite formar uma equipe que vai crescendo até se tornar uma grande rede de consumo e vendas, dando ganhos extraordinários."

Fale dos níveis do plano de carreira e seus benefícios, mas cuidado para não exagerar demais e ficar algo muito distante da realidade das pessoas. Venda a ideia, mas seja cauteloso e lembre-se de que ali tem pessoas de todas as classes sociais. Fale para todas as classes.

No final da apresentação do plano, da parte financeira, mesmo que você já tenha apresentado as viagens, os carros, com muita empolgação, dê um passo atrás e diga:

"Pessoal, esse negócio é incrível. E por quê? Porque ele atende tanto a necessidade de uma pessoa que está só precisando pagar suas contas com urgência, como também os sonhos daquelas pessoas que estão com uma vida boa, mas querem subir alguns degraus a mais."

"Se cada um fizer da maneira certa, vai resolver o problema que tem ou vai alcançar aquilo que mais deseja nesse momento, e as outras coisas maiores, a gente vai caminhando junto, vai crescendo e vai realizando aos poucos."

Com essa fala, a intenção é deixar claro que o multinível atende qualquer pessoa, de qualquer perfil. É muito importante que você consiga mostrar para as pessoas que estão ali que esse negócio se encaixa na vida delas.

Pronto, eu me comuniquei com todo mundo, e entro no fechamento.

Faça um pré-fechamento, no final da apresentação do plano. E como é que faz isso, Marcio?

Você simplesmente, antes de encerrar com uma palavra final, começa a dar exemplos de objeções que as pessoas levantam no fechamento e já dá a resposta para essas objeções. **No capítulo 8 você encontrará as objeções mais comuns.**

Fale assim: "Algumas pessoas, quando terminam a apresentação, me dizem que não têm dinheiro para entrar. Pergunto a elas há quanto tempo elas trabalham, e me respondem que já há alguns ou muito anos". E aí pergunto: "Vocês trabalham há tanto tempo e não têm (x reais) reservados para uma emergência?". As pessoas respondem que não, e eu completo: "É por esse motivo que devem fazer esse negócio. Imaginem se alguém que vocês amam corre risco de vida e vocês precisam desse valor, deixariam essa pessoa morrer ou dariam um jeito?". Cada uma responde: "Eu daria um jeito". E eu digo: "Então dê um jeito para salvar sua vida financeira, para não ter que passar por isso".

Outro exemplo que funciona bem é pegar a chave do seu carro, dizer o quanto ele vale, e perguntar: "Se eu vendesse esse carro a você pelo valor desse kit de entrada, passando o documento na hora, você daria um jeito ou perderia a oportunidade?". A pessoa vai dizer que daria um jeito. "Então, se você entendeu o potencial desse negócio, vai perceber que ele vale muito mais que um carro, pois pode lhe dar quantos carros você quiser daqui a um tempo."

Faça isso com algumas das objeções mais comuns que compartilho no próximo capítulo, e você aumentará muito sua conversão no final das apresentações.

O plano em si não é só chegar, abrir o seu *flipchart* ou o computador e apresentar os slides da apresentação de negócios, não é isso. Vai muito além! Apresentar um plano de verdade é levantar as necessidades das pessoas, descobrir seus anseios, seus sonhos, e mostrar que, por meio do negócio que você está desenvolvendo, é possível que elas realizem o que desejam. Não mostramos apenas um plano de negócios para trabalhar, e sim um plano de vida, de transformação, um plano de futuro.

Pense como uma pessoa que ganha dois mil reais por mês paga todas as suas contas. Não sobra nada, e ela fica louca esperando chegar o mês seguinte, para receber e pagar as contas de novo. Pensou? A partir do momento que você mostra para essa pessoa uma possibilidade de ganhar mais mil, dois mil ou três mil, ela pira! Onde mais é possível dobrar o salário de uma hora para outra? Então, o **nosso negócio é muito mais do que um plano de trabalho, é muito mais do que um negocinho para ganhar dinheiro, é um negócio que transforma vidas, devolve dignidade e realiza sonhos.** E é dessa maneira que a gente tem que encarar o nosso negócio multinível. Você precisa encarar assim, porque, quando tem essa convicção, essa certeza, as pessoas vão acreditar e confiar em você, vão perceber o negócio da mesma forma que você percebe e entender o negócio da mesma forma que você entende.

Depoimentos e histórias de sucesso

Outro detalhe muito importante: **use as ferramentas mais poderosas do multinível – os depoimentos e histórias de sucesso.** Se tiver alguém de bom resultado ou com uma história impactante na apresentação, use essa ferramenta. Chame algumas pessoas para darem seus depoimentos a quem está assistindo. Isso também pode ser feito numa caseira.

Para fechar sua apresentação de negócios, conte a sua história de impacto ou fale uma frase ou um texto de impacto.

Exemplo 1:

> **"Pessoal, vocês acabaram de ver o negócio que transformou minha vida e mudou a vida dessas pessoas que estão aqui, então eu gostaria de dizer a vocês uma coisa muito importante: 'Na vida, ou você tem resultados, ou você tem desculpas, não dá para ter os dois'. O que vocês escolhem? Hoje vocês têm nas mãos a oportunidade de obter resultados ou continuar dando desculpas. Boa noite a todos, não saiam com dúvidas, conversem com a pessoa que os convidou e muito obrigado pela presença."**

Exemplo 2:

> **"Albert Einstein dizia que 'o maior grau de insanidade mental é querer resultados diferentes fazendo as mesmas coisas'. E nesta noite, vocês conheceram algo diferente, talvez diferente de tudo que já viram, e que pode verdadeiramente mudar a vida de vocês. Se quiserem resultados diferentes, precisam fazer algo diferente. Está nas suas mãos! Conversem com a pessoa que os convidou, tirem suas dúvidas e tomem a sua decisão. Boa noite e obrigado pela presença."**

PASSO A PASSO PARA APRESENTAÇÃO DE SUCESSO

Como fazer uma apresentação infalível

Ser certeiro é um ponto muito importante na hora de fazer uma apresentação. Então, é importante conhecer técnicas e estudar maneiras de torná-la irresistível ao seu prospecto, para aumentar a probabilidade de ele terminar de assistir à apresentação pronto para realizar o fechamento. Tenho algumas dicas para tornar suas apresentações praticamente à prova de falhas, mas, antes de pontuá-las, tenho algumas observações.

Primeira observação: não invente na hora de apresentar o plano. Use o plano da empresa e não fique "inventando moda" na tentativa de "engrandecê-lo". O plano precisa ser conduzido de uma maneira que toda a sua rede consiga reproduzir depois. O multinível foi feito para ser simples. E só mantendo essa simplicidade é que ele se torna duplicável e escalável. A pessoa que está assistindo à sua apresentação precisa se encantar com a simplicidade e objetividade das informações, e não franzir a testa até perder a atenção, porque não entende o que você diz.

Segunda observação: faça de cada plano único. Pode parecer contraditório, mas, apesar de a apresentação ser a mesma sempre, as pessoas para quem apresentamos são diferentes. Portanto, não trate todos da mesma maneira. Cada um tem uma personalidade e um perfil comportamental, e isso vai demandar uma dinâmica diferente. Portanto, seja flexível respeitando as diferenças e necessidades que cada pessoa comunica.

Feitas as observações, vamos esmiuçar nosso tema principal.

1. Conheça a história do seu prospecto

Quando você marcar uma apresentação de negócios, independentemente de a pessoa ser um contato quente ou frio, você precisa se atualizar a respeito da vida dela. Para isso, é necessário fazer uma pequena investigação, para conduzir sua apresentação da forma mais adequada ao momento pelo qual ela está passando. Você precisa falar diretamente ao coração dela.

Uma forma de extrair informações das pessoas, principalmente de contatos frios, é iniciar sua apresentação contando um pouco da sua história. Isso ajuda a gerar identificação e a deixá-las mais à vontade para se abrir com você. Pessoas adoram falar sobre a própria vida, então, aproveite para fazer perguntas que possam ajudar na condução do fechamento. Pergunte sobre o lugar onde ela mora, com quem mora, se tem filhos, com o que trabalha, o que estuda etc.

Quanto mais souber sobre a vida do prospecto, melhor é para você mostrar o plano na medida certa. O plano de multinível sempre será grandioso diante de qualquer coisa com que a pessoa trabalhe. Isso é um fato, porque não há empregos que ofereçam retornos e reconhecimentos tão robustos quanto o multinível. Portanto, não adianta falar sobre essa grandiosidade se você perceber que a pessoa não está com a mente aberta para enxergar isso. Se sentir, durante a conversa inicial, que a necessidade da pessoa pode ser resolvida com três ou quatro mil reais por mês, você deve conduzir o plano mostrando exatamente como fazer essa quantia e em quanto tempo ela pode chegar nesse valor. Use exemplos pessoais e de colegas da mesma empresa. Direcionando a apresentação dessa maneira, entregando ao prospecto o caminho para resolver o problema dele, dificilmente você terá dificuldades no fechamento.

2. Descubra os sonhos e objetivos de vida dessa pessoa

O ponto agora é descobrir o que essa pessoa deseja para o futuro. O que ela almeja para si e para a família. Novamente, não tenha vergonha de fazer perguntas, como:

> **"Fulano, se você ganhasse o dobro ou o triplo do que ganha hoje, o que resolveria imediatamente na sua vida?"**

Depois que ele responder, continue:

> **"E depois disso, quais são seus objetivos em curto, médio e longo prazo?"**

A partir daí, você começa a entender melhor o que move essa pessoa. Entende quais necessidades imediatas ela tem, e quais são seus sonhos. Entendendo isso, você direciona o plano para essas necessidades.

3. Mostre com clareza as vantagens do multinível sobre o mercado tradicional

Eu lhe garanto, com toda a convicção que tenho: **não existe, neste mundo, negócio mais extraordinário que o multinível.** Inicialmente, o multinível lhe dá a **oportunidade de ser dono do seu próprio negócio**, e essa é a única forma de atingir liberdade financeira. Você nunca vai estar livre enquanto for empregado de alguém. **A flexibilidade do multinível** também é algo que você não vai encontrar em nenhum outro negócio. Pode começar fazendo multinível paralelamente se não quiser largar seu emprego, mas garanto que em pouco tempo, se se dedicar diariamente, vai viver apenas dele. Pode fazer de onde quiser e como quiser. **Além disso, é um negócio que não oferece risco.** Ninguém quebra por causa do multinível. No máximo, você recupera seu investimento comercializando seus produtos e, mesmo assim, não ficará no prejuízo.

4. Impressione enfatizando as premiações extrabônus

Aqui estou falando das viagens anuais e prêmios extras. Pergunte ao prospecto se a empresa em que ele trabalha ou qualquer outra em que já tenha trabalhado, em algum momento, ofereceu viagens como bônus. Provavelmente a resposta vai ser não. A partir daí, comece a falar sobre essa possibilidade. Diga que, além dos excelentes retornos financeiros, se atingir as metas, ele tem a possibilidade de ganhar cruzeiros e outras viagens como bônus por resultado. Você precisa usar esse artifício sempre comparando-o com a realidade do mercado tradicional, que mal paga benefícios suficientes para que as pessoas se locomovam ou se alimentem direito em seus empregos. A pessoa precisa se encantar com a possibilidade de viajar pela empresa como reconhecimento por seu sucesso e ainda ter a possibilidade de levar a família junto pagando com o que conquistou por meio do multinível. Enfatize bastante esse ponto e enriqueça sua apresentação relatando as experiências que você teve com as viagens que conquistou.

5. Apresente provas sociais durante a apresentação

Se a pessoa tiver uma realidade simples, ótimo. Os níveis mais altos de reconhecimento em nosso negócio são amplamente formados por aqueles que vieram de baixo e se ergueram na base do esforço e do trabalho duro. Eu mesmo sou um exemplo disso. Portanto, conheça as histórias de seus colegas de rede, e conte entre duas e cinco histórias dessas. Esse é um artifício importante, pois pessoas se identificam com histórias e se projetam na vida dos outros. Se você conhecer algum colega que veio da mesma profissão do prospecto, é ainda melhor, pois reforça o ponto de identificação. Mostre vídeos e fotos com o sucesso dessas pessoas, para que o prospecto se projete nessas imagens. Trabalhe a imaginação dele, conecte-se com ele e mostre que você está lá para ajudá-lo a sair da situação em que ele está e resolver os problemas até atingir o sucesso.

6. **Faça o fechamento padrão, mas aperte a mão do prospecto e pergunte:**

> **"Quando vamos começar a construir na sua vida tudo isso que você acabou de ver?"**

Você vai aprender aqui neste livro (logo no próximo capítulo) como fazer um fechamento padrão e quebrar objeções. Entretanto, quando terminar esse processo, aperte a mão do seu prospecto e diga a frase acima para reforçar o laço que está sendo formado entre vocês. **Pessoas seguem pessoas convictas.** Tudo o que o ser humano quer é ser direcionado ao que deseja, ao que sonha. Quando você mostra ao prospecto que está disposto a caminhar junto com ele, dificilmente ele negará o fechamento.

Como mostrar um plano RAIZ com papel e caneta

Será que é importante saber mostrar o plano sem ter a apresentação à mão?

Vamos supor que você encontrou uma pessoa com quem já estava conversando sobre fazer a apresentação do negócio, mas aconteceu um imprevisto e ela vai viajar, e você tem a oportunidade de fazer a apresentação ali, na hora. Vai deixar seu prospecto na mão só porque não está com o material? A resposta é: NÃO! O empreendedor deve estar sempre pronto para desenvolver seu negócio em tempo integral e em qualquer situação possível. Não é a ausência de um dispositivo tecnológico que deve impedi-lo de fazer o seu negócio. **As pessoas não querem ver seu tablet, celular ou computador de última geração, querem apenas enxergar uma possibilidade que as tire do lugar onde estão e as leve para outro patamar.**

O que você precisa para fazer isso é: **convicção e preparo. Se tiver autoconfiança e dominar o negócio de multinível, você vira uma "máquina" de construção de rede apenas com papel e caneta na mão.** Além disso, tenho algumas dicas para ajudá-lo a se tornar um profissional preparado para mostrar o plano dessa maneira.

1. Entenda o conceito do multinível

Domine a diferença entre o multinível e o mercado tradicional, e entre o multinível e a pirâmide financeira. Você precisa ter clareza de como o multinível funciona desde o início. Felizmente, isso não é difícil, mas demanda estudo e repetição. Este livro, caro leitor, está aqui para trazer-lhe essa clareza.

2. Conheça os quatro pilares do multinível

Os quatro pilares são consumir produtos, compartilhar produtos (vender), cadastrar pessoas (patrocinar) e capacitar pessoas (participar e conectá-las ao sistema de treinamento). Já passamos por esse conceito no início deste livro, e é muito importante que você o domine para transmiti-lo com clareza aos seus prospectos.

3. Faça a apresentação na ordem certa, para um entendimento perfeito

O modo como você explica vai fazer toda a diferença no entendimento de quem está lhe assistindo. Você precisa praticar muito para dominar esse processo a ponto de se tornar natural, quase automático.

4. Antes de começar a apresentação, faça uma analogia

Esclarecendo: analogia é uma comparação, uma relação de semelhança entre coisas diferentes. Você vai se apoiar em uma analogia para fazer com que sua apresentação seja facilmente compreendida. A melhor analogia que conheço para isso é a seguinte:

Após "quebrar o gelo" com o prospecto, se apresentar e conversar um pouco com a pessoa, você pergunta:

> **"Fulano, quem faz a compra de supermercado é você ou sua esposa?"**

Independentemente da resposta, continue:

> **"Mas em qual supermercado vocês costumam ir, fulano?"**

Ele vai dizer o nome do supermercado. Siga:

"Fulano, imagine que você foi nesse supermercado para fazer suas compras, e quando já estava com o carrinho cheio, passando pelo caixa, a atendente lhe diz o seguinte: 'Tudo bem, senhor? Qual é o seu nome?'. Você responde e ela continua: 'Sr. fulano, o nosso supermercado mudou o sistema de distribuição. Agora temos um sistema em que nosso cliente tem benefícios, e os clientes fiéis, que indicam o nosso estabelecimento, têm alguns benefícios conosco. E não é um simples plano de vantagens, é algo melhor do que isso. Se o senhor fizer um cadastro hoje em nosso sistema e completar 500 reais em compras, o senhor passa a comprar qualquer item do nosso mercado com 50% de desconto'. Seria interessante para você, fulano?"

Nesse exemplo, você vai encaixar o percentual de desconto que a empresa de multinível em que você trabalha oferece para os funcionários. Obviamente, ele vai responder que sim.

Continue:

"'Só que tem mais uma coisa, sr. fulano. A partir do momento em que o senhor se tornar apto a comprar com 50% de desconto, pode indicar outras pessoas para comprar no supermercado, e essas pessoas, se vierem comprar aqui, vão trazer o ID do seu cadastro, fazer o delas e, quando atingirem 500 reais em compras, também receberão 50% de desconto'. Fulano, quantas pessoas você indicaria para comprar nesse supermercado?" Ele vai dizer: "Várias!".

Você continua:

"Ótimo. Fulano, e se além disso a caixa dissesse: 'Quando as pessoas cadastradas por intermédio da sua indicação, ou da indicação da sua indicação, vierem comprar produtos aqui, o senhor terá uma pequena participação em ganhos sobre todas as compras. Por exemplo: se o seu amigo comprou 500 reais, o senhor vai receber 1%, 2%, 3% de todas as compras que esse rapaz fizer aqui, para sempre'. Seria interessante? Você indicaria quantas pessoas para comprar nesse supermercado?" É provável que ele responda: "Eu indicaria todo mundo que eu conheço".

"Excelente, fulano. Porque é exatamente isso que eu vim lhe mostrar hoje. Mas é uma marca de produtos X, que funciona com o mesmo princípio desse supermercado. A diferença é que esse negócio pode impulsioná-lo de uma maneira muito maior e gerar grandes resultados financeiros para você."

Então, após a analogia, você pega o papel e a caneta e parte para a apresentação do plano. Você vai desenhar pequenos círculos conectados com uma linha, representando a cadeia de distribuição a seguir:

"Fulano, como funciona um produto que sai da fábrica até chegar no consumidor final, no caso desse supermercado? Você tem a fábrica – o distribuidor – o atacadista – o lojista – e o consumidor. Fulano, sabe quando o supermercado vai poder concretizar essa história que acabei de lhe contar? Nunca, porque o lucro do estabelecimento é pequeno, ele ganha na quantidade. E o preço do produto aumenta em cada etapa da cadeia, ele não tem margem para fazer isso. Se o produto sai da fábrica custando 2 reais e aumenta mais 2 a cada etapa da cadeia, ele chega no mercado a 10 reais. Portanto, esse preço

que você paga é 5 vezes maior do que o custo de produção. Agora imagine se isso aqui acontecesse (você risca os círculos conforme vai falando): **se eliminássemos o distribuidor, eliminássemos o atacadista, eliminássemos o lojista e essa fábrica** (conecte uma linha direta entre o círculo da fábrica e o do consumidor) **passasse a comercializar direto para você? É exatamente assim que acontece, mas não temos esse superfaturamento aqui** (circule os três círculos riscados) **e não temos a propaganda** (escreva "propaganda" sobre os círculos), **que é outra coisa que encarece o produto. Portanto, no meu negócio, você elimina os atravessadores, e o fabricante (desenhe um quadrado com um "F" dentro e conecte-o a outro quadrado com um "C" dentro) passa a comercializar direto para você. Você se associa ao fabricante e passa a comprar pelo preço de atacado, o preço que o distribuidor pagaria. Então, como vai funcionar, fulano?** (desenhe um círculo com um F e conecte-o a outro com a inicial do nome do seu prospecto): **a marca que eu represento é a fábrica, o fulano, está aqui. Você vai se associar direto à fábrica e ter três grandes benefícios: o primeiro é consumir a preço de custo** (escreva "consumir a preço de custo" no papel); **o segundo grande benefício: em todos os produtos que você comprar na minha empresa, você terá** (X%) **de desconto do preço comercializado para o cliente, porque você está associado à companhia. Então, pode comercializar com** (X%) **de lucro** (escreva no papel bem grande "100% de lucro"), **ou seja, você pode comprar direto da fábrica e indicar amigos para fazer o mesmo. Talvez algumas pessoas que não vão entender não vão querer. Então, você vai poder vender produtos para essas pessoas** (faça vários pequenos círculos conectados acima do quadrado que representa o prospecto). **Agora, fulano, existem pessoas de visão, como você, que vão querer ser indicadas e entrar no negócio como você** (desenhe cinco pequenos círculos conectados abaixo do círculo que representa seu prospecto e, dentro deles, coloque as letras de A a E) **e que vão se conectar diretamente à fábrica, e todas vão comprar produtos pelo mesmo preço que você compra. Essas pessoas, fulano, estão ligadas a você pelo seu número de cadastro na fábrica, e tudo o que essas pessoas retirarem de produtos na fábrica para uso ou revenda somam para você em duas coisas: para fazer carreira na empresa e receber percentuais do consumo e das movimentações dessas pessoas. E quando você forma uma equipe, fulano** (escreva "formar equipe"), **tem dois grandes benefícios: você cresce no plano de carreira e ganha percentual de tudo o que sua equipe faz** (escreva os dois benefícios no papel). **Faz sentido para você, fulano?"** Ele responderá que sim!

"Agora, pense, Fulano. Imagine quando o "E" começar a formar a equipe dele, o "D" começar a formar a equipe dele (desenhe bolinhas conectadas abaixo dos círculos de D e E), **o "A", o "B" e o "C" fazendo a mesma coisa. Isso aqui pode gerar um resultado tão grande para você que talvez se torne, no futuro, o seu maior ativo..."**

E você segue com a apresentação, utilizando mais analogias e comparações.

É importante que domine esse processo.

Particularmente, mesmo em apresentações em que conto com os slides, sempre desenho o plano. Isso ajuda o prospecto a visualizar e permite que você interaja com ele enquanto desenha, perguntando, por exemplo, quem vão ser os "círculos" dos indicados por ele.

CAPÍTULO 8

FECHAMENTO E ACOMPANHAMENTO

COMO FAZER UM FECHAMENTO

A primeira coisa que você precisa saber sobre fechamento é que ele deve ser simples e objetivo. A intenção do fechamento é levar o prospecto a tomar uma decisão. Seja objetivo no fechamento! Tudo o que você precisava falar já foi dito no plano, a questão agora é se a pessoa vai fechar ou não.

No fechamento, você pode usar perguntas-chave, que são cirúrgicas e vão ajudá-lo nesse momento.

- **Primeira pergunta: "De tudo que você viu, o que mais gostou?"**

O segredo dessa pergunta é: não importa o que a pessoa mais gostou. Independentemente da resposta, ela está consentindo que gostou de alguma coisa. Esse é o objetivo. Detalhe, essa pergunta nunca pode ser aberta, não pode ser apenas: "E aí, gostou?". Jamais pergunte assim! Em hipótese alguma!

Se você conduzir a pergunta dessa maneira, dará abertura para a pessoa dizer que não gostou, então dificilmente conseguirá trazê-la de volta para o fechamento. Portanto, habitue-se a sempre fazer suas perguntas contemplando os seus interesses, sempre da maneira mais fechada possível. Você precisa conduzir o prospecto a seu favor. Uma variação dessa pergunta, é: **"Fulano, pontue quatro ou cinco coisas que você mais gostou na apresentação"**.

Também cumpre o propósito; pergunta fechada e direta, que conduz ao seu objetivo.

◆ **Segunda pergunta: "Existe alguma coisa que o impede de fazer esse negócio?"**

Essa segunda pergunta é ótima, porque induz a pessoa a colocar as objeções dela para você, dá a chance de tirar dúvidas e esclarecer quaisquer questões que ainda não estejam claras para ela. Falta de tempo e de dinheiro são objeções muito comuns, e é excelente anteciparmos essa resposta, porque você já estará preparado para quebrá-la. É importante que repita essa pergunta mais duas ou três vezes, porque muitas pessoas têm receio de dizer a verdade logo de cara. Portanto, mostre que você está sentindo que há mais para extrair. As pessoas tendem a se abrir com essas repetições, e isso vai lhe permitir se aproximar do fechamento. Quando as objeções terminarem e a pessoa estiver disposta a fazer o cadastro, você emenda a próxima pergunta.

◆ **Terceira pergunta: "Como você pretende fazer seu investimento inicial?"**

Não use a palavra "comprar" nessa pergunta, isso pode ativar gatilhos mentais e fazer a pessoa desistir do negócio. Sempre que se sugere uma compra, é porque há uma venda, e você não quer que a pessoa sinta que você está vendendo algo para ela, não é essa a sensação a ser transmitida, e palavras como "investimento" valorizam a atitude da pessoa, você a empodera. Após a pergunta, espere o posicionamento dela para sugerir formas de pagamento. Essa pergunta sempre vai partir dela, e, caso ela não possa fazer o investimento à vista, que é sempre como você deve começar a negociação, há as opções à vista no cartão de crédito e parcelamento como "cartas na manga". Não diga em quantas vezes é possível parcelar, isso também deve partir da pessoa. Essa pergunta é um excelente termômetro para ajudá-lo a entender o quanto a pessoa está entusiasmada com o negócio. Muitas não vão colocar objeções, e, mesmo que não tenham o valor necessário para o investimento inicial, vão se mostrar dispostas a consegui-lo de algum jeito. Mas o mais importante é extrair logo a resposta que quer; se for negativa, você vai quebrar aquelas objeções, tirar as dúvidas, buscando sempre a resposta positiva acerca do fechamento. O importante é que você esteja focado em fazer o fechamento. Não disperse e não invente! Faça a pergunta e espere a resposta. Faça a pergunta e espere a resposta. Não tente mostrar o plano de novo, não tente convencer de novo, porque a pessoa já conhece tudo. O que ela precisa agora é tomar uma decisão.

Objeções mais comuns e como quebrá-las

1ª Objeção:

"Eu não tenho dinheiro."

Essa é a objeção que mais assombra empreendedores de multinível. Eu, Marcio Angelo, respondo da seguinte maneira:

"E você gosta?"

Aí a pessoa olha para mim, e diz: "Como assim?".

"Você gosta de não ter dinheiro? Até quando você vai permanecer sem dinheiro?"

"Não sei."

"Exatamente por isso que você está aqui. Essa oportunidade é exatamente para que você tenha dinheiro, para que ganhe mais. Não estou convidando você para gastar dinheiro, estou convidando para investir em um negócio e nunca mais ter problema de falta de dinheiro."

Outra forma de quebrar a objeção do dinheiro é assim:

"Há quanto tempo você trabalha?"

A pessoa me diz o tempo, e continuo:

"Você tem o seu salário, sua vida, e conseguiu sobreviver todos esses anos, correto?"

"Sim."

"Você não acha que tem algo errado? Olha só, você está me dizendo que trabalha há vários anos, está nesse trabalho esse tempo todo, e não tem um valor tão pequeno para investir no seu negócio?"

No caso da minha empresa, o combo maior custa em torno de 2 mil reais, por exemplo. Não sei quanto é o investimento na sua empresa, mas você vai dizer para a pessoa:

"Você trabalha há tanto tempo e não tem esse valor?"

"Não."

"Deixe-me fazer uma pergunta: se alguém na sua família tivesse, de repente, um problema de saúde, Deus nos livre e nos guarde disso, mas se isso acontecesse com alguém que ama muito e é muito importante para você, se tivesse um grave problema de uma hora para outra e essa pessoa precisasse desse valor, exatamente esse valor para sobreviver, o que você faria? Você salvaria essa pessoa, correria atrás para poder conseguir esse valor e salvar essa pessoa, ou deixaria essa pessoa partir?"

"Salvaria. Dava meu jeito."

"Preste atenção, amigo, você trabalha há (X tempo), há tantos anos, e você não tem esse valor pequeno para investir num negócio seu. Sabe o que significa isso? Você precisa salvar a sua vida financeira, sua vida financeira está na UTI. Porque se alguém, agora, na sua família, precisar desse valor para sobreviver, você não tem, você vai ter que arrumar com alguém, dar o seu jeito. Você entendeu o negócio?"

"Entendi."

"Você entendeu que esse negócio pode lhe dar retorno imediato?"

"Entendi."

"Então, amigo, dá o seu jeito, dá o mesmo jeito que você daria para salvar alguém, porque é para salvar você. É para salvar a situação financeira em que você está. Você não está investindo nesse negócio para poder dar dinheiro para a empresa. Está investindo nesse negócio para melhorar sua vida, resolver seus problemas e nunca mais passar por problemas financeiros. Faz sentido para você, Fulano?"

"Faz."

"Por isso que você deve entrar no multinível!"

Se ele insistir mais um pouco, ou não insistir, você pode usar outro exemplo também:

"Fulano, deixe-me fazer uma pergunta. (Pegue a chave do carro ou da casa, mostre e diga). Esta é a chave do meu carro ou da minha casa, custa (X valor). Se eu fosse lhe vender agora, dando a chave na sua mão para você me arrumar o valor do investimento neste negócio, para me pagar pelo carro ou casa, se eu desse a chave na sua mão e falasse assim: 'Olha, eu preciso de dois mil no carro, ou na casa, e vou passar o documento para você agora!'. Você arrumaria o dinheiro?"

O que você acha que o seu prospecto vai dizer?

"Lógico!"

"Exatamente, só que você arrumaria o dinheiro para comprar um carro que não vai ajudar a melhorar sua vida financeira, uma casa não vai ajudar a melhorar sua vida financeira, mas um negócio pode lhe dar quantos carros você quiser ao longo da sua vida. Você vai poder não só ter o carro dos seus sonhos, mas também ter a sua casa própria, e mudar de vida para sempre. Ou seja, essa desculpa de que você não tem dinheiro, amigo, não funciona. Eu também não tinha dinheiro, fulano não tinha dinheiro, beltrano não tinha dinheiro. Eu entrei nesse negócio com o cartão emprestado. Então, irmão, se você entendeu o negócio, e acha que esse negócio é para você, dá seu jeito."

Eu sou muito duro no fechamento, porque quero trazer à consciência da pessoa que o problema não é dinheiro, mas, sim, a percepção de valor! E ainda chego a dizer:

"Sabe qual é o problema? Não é dinheiro. Você não enxergou a grandiosidade do que lhe mostrei, porque, se tivesse enxergado a grandiosidade desse negócio, se tivesse entendido que esse negócio pode realmente resolver seu problema, daria um jeito. Cara, de verdade, eu acredito que o negócio é para você, mas, se não quiser, paciência, tem quem queira."

Outra forma de fazer esse fechamento do dinheiro depois de toda essa conversa que acabei de exemplificar é:

"Se eu ajudar a resolver o problema do dinheiro, você entra?"

"Entro."

"Excelente. Você conhece alguém que tem cartão, e que possa emprestar? Um amigo que confia em você e pode parcelar isso em (X vezes)?"

Não sei como sua empresa faz, mas, pelo menos, levo ele a decidir.

Essa é uma técnica de fechamento de vendas chamada "Chave de braço".

2ª Objeção:

"Eu não tenho tempo! Minha vida é muito atarefada."

Diga para a pessoa assim:

"Você está me dizendo que a sua vida é muito atarefada e que não tem tempo nenhum, ou você tem algum tempo?"

"Não, cara, eu tenho pouquíssimo tempo, quase nenhum."

"E você está 100% satisfeito financeiramente? Você tem tudo o que gostaria, tem a vida dos seus sonhos?"

"Não."

"Sabe quando você vai ter? Nunca, porque como você pode obter mais renda, ganhar mais dinheiro, se todo o seu tempo está tomado? Então, na verdade, o problema não é seu tempo, amigo. O problema é o que você faz. E o que faz não dá o retorno que você precisa. Porque se desse, você teria mais tempo. Exatamente por isso que esse negócio é para você. Com um pouquinho de tempo, você consegue desenvolver. Pense comigo: você vem para esse negócio e o desenvolve nas horas livres, por exemplo, cinco horas por semana. Você conhece pessoas que têm mais tempo que você e gostariam de ganhar um pouco mais, ter uma renda extra?"

"Conheço."

"Excelente! O que nós vamos fazer? Vamos conectar essas pessoas na sua rede, no seu time. E o pouco tempo que você tem somado ao tempo dessas pessoas da sua equipe, fazendo nas horas livres, se tornará muitas horas trabalhadas, porque todas essas pessoas geram retorno financeiro quando compram produtos ou cadastram alguém. Isso se chama alavancagem! Cada um fazendo um pouqui-

nho, juntando as horas trabalhadas de todo mundo, e você recebendo um percentual de ganhos sobre isso. Isso, sim, é renda alavancada, e tempo alavancado. O problema não é falta de tempo. O que você precisa é ter visão e enxergar o negócio. Você entendeu a grandiosidade do nosso negócio?"

"Entendi."

"Excelente! Então, amigo, vamos começar? O que falta para você fechar? Qual combo você quer iniciar?"

E volta para o fechamento de novo:

"Quando você quer ir lá na franquia retirar seus produtos?" ou **"Quando podemos fazer o seu pedido?"**

Vá direto no fechamento, sempre.

3ª Objeção:

"Eu não gosto desse tipo de negócio" ou "Eu não gosto de vendas"

"Posso lhe fazer uma pergunta um pouco indiscreta?"

"Pode."

"Você anda de ônibus ou tem carro?"

"Eu ando de ônibus."

"Você gosta de andar de ônibus? Você mora no bairro dos seus sonhos? Você gosta do bairro onde mora?"

E a pessoa vai me dizer "sim" ou "não", geralmente diz "não".

"Se você pudesse melhorar a sua casa, você melhoraria muito a sua casa, pouco, ou não melhoraria nada?"

"Melhoraria."

"Então, você gosta da casa onde mora?"

"Não."

"Você acha que o salário que ganha por mês é justo? É o suficiente para você viver muito bem, realizar tudo o que gostaria?"

"Não."

"Você gosta do seu salário?"

"Não."

"Então, amigo, por que não faz pelo menos uma coisa que você acha que não gosta, para depois só ter o que você gosta? Olhe quantas coisas você não gosta e faz, entende? E não estão mudando sua vida nem dando resultado, ou estão dando um resultado insuficiente para que você chegue aos objetivos que quer. Faça pelo menos uma coisa que você acha que não gosta, para ter tudo que gosta. Faz sentido para você, fulano?"

E fecho aí.

4ª Objeção:

"Eu não sei se esse negócio é para mim, eu não tenho jeito para isso, eu não tenho dom."

"Amigo, deixe-me fazer uma pergunta: qual a sua profissão hoje?"

A pessoa fala a profissão, e respondo:

"Antes de exercer essa profissão, você sabia fazer o que você faz hoje? Ou tinha as habilidades que você tem hoje?"

"Não."

"Exatamente! É igual aqui. Eu também não tinha nenhuma habilidade. Não sabia absolutamente nada. Nesse negócio, temos um sistema de treinamento que irá ensinar, orientar, direcionar, apoiar, conduzir você num passo a passo, e o mais importante, você não está sozinho, terá seu patrocinador, sua linha ascendente e um time preocupado disposto a apoiá-lo para que você cresça. Entende que dá para desenvolver isso paralelo ao seu trabalho, com a ajuda de alguém? Você acha que seria possível fazer esse negócio com a ajuda de alguém?"

"Acho."

"Por isso você deve estar nesse negócio. Então, amigo, não perca tempo! Qual o combo com que você mais se identificou para iniciar? Quando gostaria de fazer o seu primeiro pedido e retirar seus produtos?"

Observação: se seu negócio for de serviços, o que será no multinível daqui para a frente, simplesmente troque a palavra combo ou kit por: adesão.

COMO QUEBRAR OBJEÇÕES NO FECHAMENTO

As 10 melhores técnicas de fechamento de vendas e negócio

O fechamento é a consolidação de uma negociação, o objetivo de toda e qualquer pessoa que quer ser bem-sucedida em seus negócios; é conduzir uma pessoa à solução de um problema, a algo que vai ser benéfico para o cliente ou prospecto. Existem muitas técnicas com essa finalidade, e nunca são utilizadas sozinhas, portanto, dominá-las é importante para que você consiga, com desenvoltura, combiná-las da maneira mais efetiva.

Conheça 10 técnicas poderosas de fechamento de vendas:

1ª técnica: SOLICITAR

É a maneira mais direta que existe para fazer um fechamento. Nada mais é do que solicitar a aprovação ou a resposta positiva do prospecto ou cliente.

Exemplos:

> **"O que mais chamou a sua atenção ou o encantou em tudo o que você viu?"**
>
> **"Tenho sua aprovação para fazer o seu cadastro e montar o seu combo de início?"**

São perguntas que solicitam uma aprovação. Sempre devem ser feitas conduzindo ao resultado positivo.

> **"Vamos começar o seu treinamento inicial e a formar a sua equipe?"**

2ª técnica: FORMULÁRIO de PEDIDO ou FORMULÁRIO de CADASTRO

Não se usa, hoje em dia, **formulários de papel, e sim, links de cadastro em aplicativos ou sites,** mas é interessante ter essa ferramenta no dia do fechamento, para ter um objeto que represente um compromisso para o prospecto ao término da apresentação de negócios. É interessante porque não gera surpresa no prospecto, pelo contrário, você o conduz a vê-lo desde o início da apresentação, para que ele espere pelo momento em que você irá utilizar o formulário.

Você também pode usar a presença subjetiva do formulário, como pretexto para conduzi-lo ao fechamento. Ao término da apresentação, você solicita informações como "Qual é o seu nome completo mesmo?" ou "Qual é o seu telefone?", e começa a preencher o formulário conforme ele fala. Se não houver objeções, você vai preenchendo até terminar e realizar o fechamento.

Exemplo:

Você acabou de mostrar o plano e simplesmente pergunta:

Fulano, de tudo que você viu, o que mais gostou? (Ele vai responder e você já entra na técnica com a próxima pergunta.)

Qual seu nome completo? (E já preenche o cadastro on-line ou físico.)

E seu endereço completo? Qual é o número do seu telefone com DDD? E e-mail?

Preencha o cadastro e não tenha receio disso.

Se ele se opuser, irá perguntar o que você está preenchendo. E com uma cara bem confiante, diga:

Seu cadastro! Já que você gostou, já estou cadastrando você. Algum problema nisso?

Nessa hora, se ele não colocar objeção, continue e depois faça a pergunta sobre com qual combo irá iniciar e a data em que vai fechar. Se ele colocar alguma objeção, quebre com alguma técnica aprendida neste livro.

3ª técnica: OU, OU

É a técnica de fechamento mais popular do multinível. Extremamente sutil e eficiente, **leva o prospecto a tomar decisões baseadas nas opções que você fornece**, sempre conduzindo ao fechamento. Por exemplo:

"Vai fazer no dinheiro ou no cartão? À vista ou parcelado?

"De tudo o que você viu, gostou mais dos produtos ou do negócio?"

"Combo top ou Combo plus?"

"Vai parcelar em 3 ou 4 vezes?"

"Maquiagem ou produtos de bem-estar?"

Aqui a resposta do prospecto não é o que mais importa, mas, sim, orientá-lo ao fechamento.

4ª técnica: CHAVE DE BRAÇO

A despeito da brutalidade sugerida pelo nome, é a minha técnica favorita. Quando o prospecto ou o cliente usa frases evasivas, está expondo suas objeções, e cabe a nós conduzi-lo a uma decisão. Para usar essa técnica, você deve ter um excelente conhecimento sobre o negócio, os produtos ou as soluções que você tem para ajudá-lo. Por exemplo: durante as perguntas de fechamento, quando você pergunta sobre a forma do investimento inicial, e o prospecto diz que não tem dinheiro, então você responde:

"A única coisa que o impede de fazer o negócio é apenas o investimento?"

E ele responde: "A princípio, sim".

"Explique melhor sua situação."

Ele vai dizer que está apertado, com dificuldades financeiras etc. Agora entra a **"chave de braço":**

"Se a única coisa que o impede é o dinheiro, e nós encontrarmos juntos uma solução para você arrumar esse capital, você está dentro?"

Outra possibilidade é:

"Preciso conversar com minha esposa."

"A única coisa que o impede é a aprovação da sua esposa?"

"Sim."

"Existe alguma outra coisa, alguma dúvida que o impediria de fazer parte do negócio?"

"Não."

"Então, se nós, juntos, fizermos uma apresentação de negócios para sua esposa, e ela aprovar, você está dentro?"

"Sim."

Nesse caso, combine com o prospecto quais produtos apresentar para a esposa (ou marido, se for o caso), com base no gosto pessoal do cônjuge. E não se despeça desse prospecto enquanto não tiver uma data marcada para a apresentação. De preferência no dia seguinte, no mesmo dia ou no máximo em 48 horas.

Outra objeção é: "Eu não sei se tenho o perfil".

"Essa é única coisa que o impede?"

"Sim."

"Se eu provar que você consegue, mesmo achando que não tem perfil, você está dentro?"

"Sim."

Procure pessoas, se possível na mesma reunião, com perfil parecido ao do prospecto, e os apresente. Convença-o por meio de testemunhos e depoimentos. Se a pessoa que lhe ocorrer não estiver presente, tente ligar ou marcar uma reunião, mesmo que on-line, mas você precisa apresentar essa prova social para o prospecto.

5ª técnica: DUQUE de WELLINGTON

Existe uma história a respeito do personagem que dá nome a essa técnica: quando ele precisava tomar alguma decisão, pegava uma folha de papel, fazia uma linha vertical no meio, escrevia "SIM" de um lado e "NÃO" do outro. O lado com o "SIM" ele preenchia com os pontos positivos em relação à sua dúvida, e o lado com o "NÃO", com os pontos negativos.

A técnica continua sendo aplicada da mesma forma, e no multinível a utilizamos quando o prospecto tem muitas dúvidas. Ela envolve a pessoa fisicamente, mas pode ser adaptada para o digital. No presencial ela precisa escrever de próprio punho, pois isso tem um efeito psicológico e a faz refletir. E escrever, como diversas pesquisas científicas provam, ajuda a ter mais clareza sobre o que é posto no papel.

Quando aplicar, peça a seu prospecto para que faça uma lista com os motivos pelos quais deve fazer o negócio e outra com os motivos pelos quais não deve fazer.

O primeiro **"pulo do gato" dessa técnica é que o "SIM" deve estar sempre do lado esquerdo do papel**, que é o lado em que naturalmente começamos a escrever. O segundo, é que nos pontos positivos, **no lado "SIM", você irá ajudar o prospecto dando ideias e apoiando no positivo, conduzindo-o a encontrar o máximo de pontos positivos.**

Por exemplo: enquanto a pessoa reflete, você pode dizer que "É um negócio próprio", "vai lhe dar uma renda extra", "vai poder ajudar pessoas", "vai comprar os produtos a preço de custo", "bônus por desempenho na forma de carro e viagens". Deixe a pessoa pensar e vá fazendo pequenas intervenções ao longo do tempo.

No "NÃO", você deixa o prospecto fazer sozinho. Quando ele terminar, o lado positivo deverá ter muito mais motivos do que o negativo, e você entra com a pergunta:

> **"Qual você prefere: esse lado que você tem muito mais motivos para fazer, ou esse lado que você quase não tem motivos?"**

E ele reflete sobre a decisão sozinho. Essa técnica é muito poderosa!

6ª técnica: HISTÓRIA INTIMIDANTE ou HISTÓRIA ENCORAJANTE

A história intimidante ou encorajante tem como objetivo mostrar ao prospecto, por meio de histórias de outras pessoas, exemplos reais daqueles que se lascaram por terem tomado uma decisão negativa ou dos que foram bem-sucedidas por se desafiarem tomando a decisão positiva de entrar no negócio e desenvolvê-lo.

O prospecto está inseguro, então, você conta histórias reais, positivas, para encorajar, ou negativas, se for para "intimidar", mostrando que uma decisão de não estar dentro pode ser decepcionante no futuro ou prejudicar a família dele. Um fator importantíssimo é: não invente histórias, não conte mentiras, e nunca aumente uma história real. **Seja honesto e verdadeiro com as pessoas!**

Exemplo: o prospecto está inseguro, com dúvida se vai fechar ou não, aí você diz:

> **"Vou lhe contar uma história."**

E usa sua própria história de sucesso no multinível como exemplo, ou a de algum colega, se for mais parecida com a realidade do prospecto. Sempre faça uma comparação com uma pessoa que você conhece, que continua em uma situação complicada desde que você a conhece.

Essa técnica é bastante eficiente, porque as pessoas se conectam muito com histórias, e, se você souber usar a história mais adequada à realidade do prospecto, ele vai se projetar na narrativa e se enxergar no lugar de sucesso em que o personagem da história que você contou está hoje. É empoderador.

7ª Técnica: A VENDA PERDIDA

Essa técnica é fantástica não apenas para um fechamento, mas também para pegar indicações de pessoas para o negócio. Ela funciona assim: após receber uma resposta definitiva, mas não justificada, de que a pessoa não vai fechar o negócio, você vai reconhecer a impossibilidade de fechar o negócio e, com humildade, vai perguntar o seguinte:

> **"Já entendi que você não vai fechar, mas, como sabe, trabalho com isso há algum tempo e sempre busco aperfeiçoar minhas apresentações. Essa semana vou fazer outras apresentações e não quero cometer nenhum erro. Com certeza, se você não fechou, é porque eu errei em alguma coisa, mas gostaria de pedir sua ajuda. Você pode me ajudar?"**
>
> "Sim."
>
> **"Onde você acha que falhei nessa apresentação? O que você acha que eu posso melhorar para não errar na próxima?"**

Com essa pergunta, queremos extrair da pessoa qual é o real motivo por não ter fechado o negócio, estamos pedindo objeções para trabalhar. Conforme a resposta, você entra com outra técnica dentre as explicadas aqui. Basicamente, essa é uma técnica que prepara o terreno para outra. Também funciona muito bem com pessoas que viram o plano, ficaram de dar uma resposta, mas seguem "enrolando" para fechar; essa é uma maneira de "reciclar" os contatos.

8ª técnica: PROCESSO de ELIMINAÇÃO

Usada quando a pessoa não diz qual é a objeção dela. Essa técnica é excepcional, porque cria no prospecto o hábito de dizer não. Quando a pessoa se recusa e tira o corpo fora na hora de dizer por que não quer fechar o negócio, você a induz a dizer "NÃO" fazendo algumas perguntas para extrair as objeções ocultas.

Faça cada pergunta abaixo e espere a resposta. Se for "NÃO", continue a perguntar, se for "SIM", peça para dar mais detalhes da objeção e entre com alguma técnica de fechamento ensinada neste livro para converter a decisão.

Exemplo:

"Fulano, você não tomou a decisão de entrar no negócio por quê?"

"Acha que não terá tempo?"

"O problema é o dinheiro?"

"Acha que não tem perfil?"

"Você não gostou da linha de produtos?"

"Foi o plano de carreira, então?"

Foi do bônus que você não gostou?"

Cada "NÃO" respondido pelo prospecto na verdade é uma resposta afirmativa, mostrando que gostou do que acabou de ser perguntado.

Vá fazendo perguntas até obter uma objeção (para a qual você prontamente apresentará uma solução) ou até extrair vários "nãos", que levam a pessoa a refletir que ela, de fato, não tem motivos para não fechar o negócio.

9ª Técnica: EU VOU PENSAR

Uma grande parte dos prospectos dá essa resposta. **"Eu vou pensar" significa falta de coragem para dizer "não".**

Nesse caso, você diz:

> **"Excelente! Se você vai pensar, é porque realmente tem interesse. Algo tão importante como isso que você acabou de ver precisa mesmo ser pensado. Agora, fulano, para que você tenha em mente todos os fatos, poderia dizer em que pontos especificamente você precisa pensar?"**

O que você quer com essa pergunta é que ele diga quais são as objeções, para que você as quebre.

10ª técnica: OBJEÇÃO FINAL

Essa técnica é para fazer com que a pessoa concorde que há apenas uma razão para não fechar. Identificou essa objeção? Peça para que o prospecto repita a objeção atentamente e tenha certeza de que compreendeu.

Por exemplo, a pessoa diz:

> "Eu não vou entrar porque não tenho esse valor para investir."

Você pergunta:

> **"Essa é sua única objeção? Explique melhor sobre isso."**
> "Sim! Eu não tenho de onde tirar o investimento."

"Entendi, você acha que (X valor) é muito para você ter um negócio próprio? Sem custo de aluguel, funcionários, água, luz e outros impostos? É isso mesmo?"

"Não, não é isso... é que eu realmente não tenho o dinheiro."

Quando ele repete a objeção, ela perde força, e o que parecia ser um grande motivo para ele não entrar começa a ficar insignificante.

E se isso não acontecer, a pessoa não mudar de ideia, é porque a objeção é real. Aí você entra com outra técnica para quebrar a objeção e realizar o fechamento. Pode, por exemplo, entrar com a técnica "chave de braço".

Pode ser qualquer objeção, o que você precisa é ter certeza de que é a única ou a última, para poder se concentrar nela e aplicar alguma técnica adequada para quebrar a objeção e ajudá-lo a fechar negócio.

Como fazer um bom acompanhamento

Acompanhamento é o processo entre o fechamento e a efetivação do cadastro mediante a compra de produtos pelo prospecto ou adesão para representar os serviços. É quando ele efetivamente, se torna um empreendedor de multinível.

Após fazer o fechamento, caso a pessoa ainda tenha dúvidas e não queira fazer o cadastro na hora (e você vai fazer o máximo para que isso aconteça), você precisa deixar algum material de apoio com ela e marcar um encontro ou uma reunião on-line nos próximos dois dias. As próximas 48 horas são fundamentais para acompanhar seu prospecto e se prontificar a tirar dúvidas, dar exemplos, estar junto, fazendo o possível para conduzi-lo ao fechamento do pedido. Não é ser chato, mas precisa demonstrar interesse em apoiá-lo entregando aquilo de que ele precisa para tomar a decisão o mais rápido possível.

No acompanhamento, a primeira coisa que se deve fazer é deixar algum material de apoio. Pode ser material físico, como catálogo, folder da apresentação ou um flyer, mas, como hoje em dia quase tudo é digital, é interessante que você tenha algo nesse formato para encaminhar para a pessoa pelo WhatsApp, Telegram, e-mail ou até pelas mídias sociais. No presencial você também pode deixar um produto do seu mostruário para ela usar e criar um vínculo com a marca, e pegar de volta no encontro seguinte. Experimentar os produtos ajuda demais no fechamento de um negócio.

Quando comecei no multinível, em 2005, deixávamos um catálogo, um folder de acompanhamento com algumas folhas explicando o plano de negócios e um DVD para a pessoa assistir ao vídeo da empresa. Isso encorajava bastante, mas hoje não funciona mais assim, por isso enviamos links e vídeos pelas ferramentas digitais.

Outra observação importante é que certamente a pessoa será desencorajada por familiares e amigos se contar da apresentação que viu. As pessoas não conseguem guardar a empolgação depois de assistir a um plano de negócios e acabam compartilhando com leigos que não entendem nada. Aqueles que não conhecem o multinível se espantam com as possibilidades, acabam desconfiando e transmitindo certa negatividade para quem esteve numa apresentação. Por isso é importante esse acompanhamento de perto.

As 48 horas do acompanhamento também servem para você apresentar o plano para o cônjuge que não pôde estar na apresentação de negócios. Durante esse período de 48 horas, você precisa estar presente na vida desse empreendedor. A primeira pessoa com quem ele tem que falar no dia seguinte, depois da família dele, é você!

E para finalizar, entenda que tudo é novo para o seu prospecto, e no acompanhamento é você quem monta o pedido desse empreendedor junto com ele. **Nunca deixe o novo consultor fazer o pedido de produtos sozinho. Escolha os produtos com ele!** Você vai ter uma ideia melhor de quais produtos ele, a esposa, a mãe ou o pai vão gostar mais. Escolha os produtos que mais vendem, que geram resultados rápidos ou imediatos, de maior impacto emocional, que provocam sensações agradáveis e que são marcantes. É extremamente importante que você faça a escolha desses produtos.

Particularmente, gosto de métodos. Quando comecei no meu segundo negócio multinível, na segunda empresa, **criei uma forma certa de montar os combos de início das pessoas do meu time. Eu queria que os novos consultores tivessem resultados rápidos, que construíssem uma história de impacto**. E movimentar os produtos muito rápido ou ter uma experiência muito agradável com os produtos logo nos primeiros dias faz parte de gerar esse impacto também. Não é só cadastrar novas pessoas na primeira e na segunda semana. Tudo o que você faz e que gera algum tipo de resultado satisfatório no primeiro momento dessa pessoa no negócio é uma história de impacto.

Após o início desse prospecto, **a partir do momento em que ele faz o pedido e o investimento, é hora de começar o patrocínio responsável**. É extremamente importante uma duplicação correta e manter uma boa retenção no seu time.

COMO FAZER UM BOM ACOMPANHAMENTO

CAPÍTULO 9

PATROCÍNIO RESPONSÁVEL

O PATROCÍNIO RESPONSÁVEL É UM PONTO-CHAVE PARA VOCÊ CONSTRUIR UMA ORGANIZAÇÃO SÓLIDA E BEM--SUCEDIDA

Por que o patrocínio responsável é um dos pontos mais importantes das ações geradoras de renda? Porque é nesse momento que você se conecta emocionalmente com seu prospecto, quando descobre seus sonhos e objetivos, traça metas, ensina os primeiros passos, conecta o novo empreendedor ao sistema de treinamento e assume o compromisso de ajudá-lo a construir esse negócio com você.

O novo empreendedor que tem o direcionamento e o acompanhamento certo dificilmente dará trabalho a você no futuro.

Essa chance é muito pequena. Agora, pessoas que não são acompanhadas, direcionadas, que não são patrocinadas com responsabilidade, no médio ou longo prazo começam a dar muitos problemas para a linha ascendente e para o seu patrocinador. E vou explicar o porquê: o patrocínio responsável é como se você tivesse um filho e precisasse ensinar a ele o que é certo e o que é errado, orientá-lo como fazer as coisas, como viver, como caminhar. **O patrocínio responsável minimiza demais os erros da pessoa que está chegando. Se você não se dedicar nesse ponto, a probabilidade de pessoas entrarem e saírem rápido é muito maior do que numa rede em que existem empreendedores que levam essa etapa a sério.**

Como funciona na prática?

O prospecto fez o fechamento, iniciou o negócio e retirou o combo de produtos. O primeiro ponto é você estar com essa pessoa para ajudá-la a escolher os produtos que ela vai começar a usar. O objetivo do **patrocínio responsável** vai muito além de orientar sobre os produtos. É verdadeiramente o primeiro treinamento, **o treinamento mais importante que o empreendedor de multinível vai receber**.

Existe o patrocínio responsável individual e o coletivo. O individual é aquele em que você e seu patrocinado se encontram e você dá os primeiros ensinamentos, os primeiros passos. E o coletivo é quando você tem várias pessoas iniciando simultaneamente, então, você junta o time e faz um patrocínio responsável coletivo, mas com um momento de direcionamento pontual para cada pessoa. Também funciona.

Particularmente, gosto muito dessa coisa do "mano a mano", do patrocinador poder fazer isso no individual. Só que nem sempre "você", o patrocinador, tem experiência, e pode ser que você também seja um iniciante no multinível. Então, o seu patrocinador ou alguém da sua linha ascendente, com sua presença, terá que fazer esse patrocínio responsável para você.

Como fazer um excelente patrocínio responsável

- **1º ponto:** você precisa estar no máximo em até 72 horas com a pessoa, após a compra dos produtos, para fazer esse treinamento. Pode ser feito com os produtos em mãos ou não, caso os itens demorem a chegar. O bom de fazer com os produtos em mãos é que você já separa o que ela irá usar, dá um *spoiler* rápido de cada produto e ensina também como ela pode oferecer para os mais chegados. Se não conseguir fazer o patrocínio responsável em até 72 horas, o ideal é que seja o quanto antes, para que a pessoa não cometa erros, não fique ansiosa, não faça besteira, não fale com ninguém de maneira errada e não queime a lista de nomes dela.

Esse primeiro encontro vai servir para você "apertar o botão" de liga e desliga da pessoa. É o momento em que irá descobrir o que a motiva, qual o porquê dela. Outro objetivo muito grande do patrocínio responsável é fazer com que esse *downline* se comprometa com o negócio. Recebo muitas mensagens de empreendedores de multinível dizendo o seguinte: **"Marcio, a minha equipe não se conecta no sistema de treinamento, eu tenho que ficar falando, falando o tempo todo. Tenho que ficar empurrando as pessoas para se conectarem no sistema".**

Isso acontece porque o patrocínio foi mal feito, se é que foi feito! Então, antes de ensinar sobre a lista de nomes em um patrocínio responsável, antes de pegar o telefone e ensinar a fazer uma ligação, a primeira coisa é você separar os produtos. Depois de ensinar brevemente sobre os produtos adquiridos, você diz o seguinte:

"Agora eu preciso dar o seu treinamento inicial, vamos lá?"

Conte um pouco de sua história, o que fazia antes do multinível, as dificuldades que enfrentou, como conheceu o modelo de negócios, como foi seu início e seu desenvolvimento até chegar aonde está. Utilize muitos exemplos de seu início no negócio, para que a pessoa se identifique e sinta-se instigada a reproduzir suas ações.

Por exemplo:

"Entendi que se eu quisesse ter resultado nisso precisava mergulhar de cabeça, me comprometer para valer. Afinal, ninguém prospera sem comprometimento."

Esse tipo de exemplo vai gerar uma conexão entre vocês. Procure ser empático, pois se trata de uma pessoa que ainda não tem nenhum conhecimento profundo sobre o multinível.

Em seguida, você precisa mostrar para a pessoa a importância da qualificação:

"Quando iniciei nesse negócio, entendi uma coisa muito importante, Fulano, e percebi que todas as pessoas que faziam esse negócio seriamente tinham resultado. As que não tinham resultado eram as que não se comprometiam da maneira adequada, negligenciavam os treinamentos e a capacitação; eram aquelas que não faziam o que tinha que ser feito. E aí, o que eu fiz? Comecei a trabalhar muito sério, me dediquei muito nos treinamentos, foquei em aprender

a fazer o certo e desenvolver uma mentalidade de sucesso para crescer no negócio. Entendi que para ser uma pessoa bem-sucedida nesse modelo de negócio eu tinha que me profissionalizar igual a no mercado tradicional. Quando a gente quer se profissionalizar no mercado tradicional, o que faz? Procura um curso, estuda, depois faz um estágio e então arruma um emprego para ganhar dinheiro com aquilo. Se quero me profissionalizar como empreendedor, o que vou fazer? Vou lá no Sebrae e me matriculo em um curso de empreendedorismo; vou me dedicar ao aprendizado e praticar, obviamente, para depois ter os resultados que eu quero. Não dá para ter resultado e ser bem-sucedido com algo que você não domina, que não conhece."

Então, deixo isso muito claro para o meu prospecto, e é isso que temos que fazer, porque às vezes a gente chega no patrocínio responsável e quer encurtar o processo, pular etapas. Isso vai fazer você perder pessoas e lhe dar muita dor de cabeça no futuro com quem ficar no negócio. Então, caro leitor, tenha calma! O primeiro ponto do patrocínio responsável depois da orientação sobre os produtos é **descobrir os objetivos de vida, os sonhos do seu *downline*, o real motivo pelo qual ele faria esse negócio de maneira profissional.** Então, você precisa descobrir onde está o "botão de liga/desliga" da pessoa, porque a hora de "apertar" esse "botão" é nessa hora!

Uma possível abordagem é esta:

"Se dinheiro não fosse problema para você hoje, o que você resolveria, o que faria, o que realizaria que ainda não realizou?"

E aí você procura entender quais são as metas, o que essa pessoa gostaria de ter e não tem. Então, faça outra pergunta:

"Se você pudesse melhorar algo na sua vida, na sua família e na sua casa hoje, o que melhoraria por ordem de prioridade? O que seria urgente? Mencione três coisas."

E a pessoa vai dizer. Então, você começa a entender quais são os anseios dela e quais sonhos tem. Não precisa saber a lista de sonhos toda, não é isso, mas precisa encontrar na fala dessa pessoa o que verdadeiramente é importante para ela, o que verdadeiramente deseja para a vida dela, por que faria esse negócio de maneira séria e comprometida. Enquanto não souber isso, não conseguirá puxar o comprometimento das pessoas do seu time. **As pessoas não se comprometem com algo com que não vale a pena se comprometer.** Aquilo que desejam, que querem, precisa impulsioná-las, precisa ser forte, precisa movê-las, entende? Muitos abandonam o multinível ou outros negócios que começam porque seus motivos não são fortes o suficiente. Então, você precisa entender que **"as pessoas não se comprometem se o motivo não for claro e forte para elas"**. O caminho é perguntar:

"Se você pudesse resolver algo agora, melhorar algo na sua vida agora, o que seria essa coisa que é prioridade e vem primeiro do que tudo?"

Ele não vai se limitar a uma, vai falar a segunda, a terceira, a quarta… Pronto! Conseguiu descobrir quais os sonhos e motivos mais importantes do seu *downline*.

E isso já é suficiente para o seu propósito nesse momento. E então, você consegue puxar o comprometimento dessa pessoa.

- **2º ponto:** você contou a sua história para se conectar, e com isso seu novo *downline* ficou um pouco mais aberto para lhe falar dos seus sonhos, objetivos, prioridades e anseios; você fez as perguntas-chave e aí entrou na questão do comprometimento. Então, vamos simular um diálogo agora, que vai servir como um roteiro para você. Vamos supor que o patrocinado, aqui, se chama João:

"João, esse sonho não é mais seu. Esse sonho agora é nosso."

Olhe nos olhos do João e diga:

"Eu estou com você para realizar isso que está buscando. Você pode contar comigo!"

Aí você estende a mão e aperta a mão da pessoa com firmeza, selando o seu compromisso. **Em seguida, coloca uma condição:**

"Eu estou fechado com você, estou comprometido, mas preciso lhe dizer algo muito, muito importante. João, para você chegar nesse objetivo, para alcançar esse sonho, e para eu manter o meu compromisso com você, preciso que me ajude a ajudá-lo. Você deve se comprometer com o sistema de treinamento. Comprometa-se a estar em todos os eventos presenciais do nosso negócio. Comprometa-se a estar nos eventos on-line feitos pela nossa linha ascendente. Porque só

dessa maneira, João, consigo apoiá-lo. Pense comigo: como você se formaria numa faculdade se não frequentasse as aulas? Isso seria possível mesmo que tirasse boas notas? Não! Por que não? Porque você precisa ter frequência, precisa estar junto. É necessário estar comprometido com o sistema de treinamento, João. Somente por intermédio do sistema educacional você irá conseguir o aprendizado certo para trabalhar todas as áreas do seu negócio, fazer com que seja um profissional de verdade e consiga realizar tudo que deseja. E esse comprometimento, João, no fundo, no fundo, é com os seus objetivos e sua família. E eu estou comprometido junto com você. Se fizer a sua parte, estarei do seu lado para apoiá-lo em tudo que precisar. Estamos combinados, posso contar com você?"

Aperte a mão novamente e sele o compromisso. **A probabilidade de João negligenciar o sistema de treinamento é pequena. Caso isso venha a acontecer, ele jamais vai culpá-lo pelo fracasso dele.**

O patrocínio responsável é um dos passos mais importantes do nosso negócio, porque ali você vai ensinar as pessoas a darem seus primeiros passos e ensiná-las a cuidar dos seus respectivos grupos.

COMO FAZER UM PATROCÍNIO RESPONSÁVEL

Organizando a sua agenda de trabalho

Agora que você está começando com seus primeiros patrocínios e desenvolvendo sua rede, **uma das coisas mais importantes para saber são os horários que seu novo patrocinado, o novo *downline*, tem disponíveis para fazer o negócio.** Preste atenção: **não adianta você alinhar expectativas com a pessoa, falar da importância do negócio, descobrir sonhos, fazer lista de nomes, trabalhar contatos e convites, e não saber os horários e os dias que pode trabalhar com ela.** Você vai fazer junto no início! **É importante saber que horários essa pessoa vai disponibilizar para poder desenvolver o negócio com você.** Lembre-se: puxe o comprometimento dela e alinhe as expectativas a respeito do negócio.

Pergunte os dias e horários que ele ou ela tem disponíveis para que vocês possam se alinhar e trabalhar. Sabendo disso, você consegue se programar e separar o tempo que tem naquele dia ou fazer uma transição, caso tenha outras pessoas ou compromissos em sua agenda. **Atenção: é preciso priorizar os novos patrocinados. Quando cadastra alguém novo, a prioridade do seu tempo e cuidado é dele.** Vou dar um exemplo: vamos supor que você tem filhos e alguns já estão grandes, já cresceram, já sabem fazer algumas coisas dentro de casa, e aí você tem um bebê novo. Quem precisa de mais atenção? O bebê. Porque ele não sabe nada e precisa de tudo. É totalmente dependente de você. É óbvio que, quando chega no multinível, a gente está falando de adultos, mas, mesmo assim, você vai precisar dar algumas orientações. A pessoa até vai saber fazer sozinha, mas é só uma analogia para você entender a importância da sua dedicação ao novo consultor.

Agenda definida, alinhamentos feitos, é hora de ensinar o novo consultor a fazer a lista de nomes dele. Você não pode simplesmente pedir que ele faça uma lista com nomes de pessoas que conhece. No início, esse momento também precisa de acompanhamento e orientação, pois não se resume a simplesmente "escrever nomes". **Acompanhar o novo prospecto vai trazer segurança para ele, e isso vai gerar uma confiança em você, que é o patrocinador dele.** E no fim de tudo, essa pessoa vai aprender com você e rapidamente duplicar os ensinamentos com os prospectos dela.

Trabalhe a lista de nomes do seu patrocinado

A intenção, ao ensinar seu patrocinado como fazer a lista de nomes, não é começar com cem, duzentos nomes. Até porque essa é apenas uma orientação para a pessoa, não recomendo que você passe todo esse tempo com o patrocinado. Para fins educacionais, comece com os vinte, trinta, quarenta primeiros nomes, e depois ele dá sequência nisso. Até porque, no patrocínio responsável, ele acabou de entrar. Então, se você fizer uma lista rápida com ele, com uma classificação bacana, fizer os primeiros contatos e marcar alguns planos, a energia desse ser humano vai ficar excelente, porque você já sai de um patrocínio responsável com pessoas para mostrar plano junto com ele. Então, aquela primeira lista que você ajudou a fazer já é o suficiente para você trabalhar uma, duas, três semanas com seu novo patrocinado.

Então, como você deve fazer? Diga a ele:

"Amigo, agora nós vamos fazer uma lista dos possíveis novos empreendedores do seu time, vamos colocar nela as pessoas em que você mais acredita e que mais acreditam em você. Pessoas que você enxerga que tenham condições e um perfil para desenvolver esse negócio com você, vamos lá?"

"Vamos."

"Coloque nessa lista os nomes dos seus melhores amigos, daqueles em que você tem mais confiança, que confiam em você, com quem você tem credibilidade, daquele tipo que, se você falar assim, 'amigo, preciso de tal coisa', ou 'Fulano, eu preciso muito estar com você para conversar sobre um assunto', ele vai atendê-lo sem questionar muito, que confia em você, ou seja, seus amigos de confiança. Escreva os nomes!"

Vocês vão escrever alguns nomes e depois você repete a pergunta, mas, em vez de amigos, pergunte sobre familiares, parentes. E escrevam os nomes, também.

Em seguida, você pergunta sobre amigos dos quais ele vai se lembrar depois dos primeiros, porque, quando você pergunta sobre "melhores amigos", a pessoa já sabe quem são, sempre é um círculo bem restrito. Mas quando a pergunta é feita desta maneira:

"Você pode me falar o nome de vinte pessoas em quem você confia?"

Ele vai falar as cinco primeiras, e as outras quinze, vai ficar pensando. Nesse momento de dúvida, você começa a sugerir lugares e momentos comuns a praticamente todo ser humano, como trabalho, faculdade, parentes de segundo ou terceiro grau, igreja, academia etc.

Lista feita? Ensine-o como classificar uma lista, fazendo junto com ele. Explique sobre cada característica (ambição, atitude positiva, contatos, credibilidade, condições favoráveis, ensinável, vendedor e empreendedor), pergunte de cada amigo e vá mapeando as pessoas. As que tiverem melhor nota, ou seja, preencherem mais requisitos, serão chamadas primeiro. A diferença do capítulo de contatar e convidar é que agora você vai aplicar aquelas técnicas de contatar e convidar no lugar dele, porque ele nunca contatou e convidou, então, se puder fazer isso por ele, faça. Se não puder fazer isso por ele, oriente-o bem para ele errar o mínimo possível no convite. Minha recomendação é que você convide para seu prospecto com ele ao lado ou, se for on-line, que ele ligue e coloque-o junto na chamada.

Contatando os prospectos do seu patrocinado

E aí você está lá, com aquela lista pronta, seu patrocinado do lado, e já classificaram a lista juntos, presencial ou on-line. Na classificação da lista, você tem as pessoas com as melhores notas, mas lembre-se de que na classificação da lista temos oito requisitos, oito pontos importantes para marcarmos ao descobrir as qualidades, competências e habilidades daquela pessoa. Então, você pega os de nota maior! Quem tem nota 8 na lista que ele deu? Fulano, beltrano e ciclano. Quem tem nota 7? Você mapeia e ele começa a chamar as pessoas. Como alguém experiente, patrocinador, você será eficaz na ligação, então, podem ligar para os melhores dele logo de cara. Só não recomendo que ele ligue para os melhores dele logo de cara se estiver contatando sozinho, sem ter um treinamento de convite, sem saber como falar. Você não quer que ele perca as pessoas de nota 8 da lista de nomes.

Quem são as mais bem qualificadas na lista dele? Identificados, pergunte para o seu patrocinado sobre as qualidades daqueles para quem você vai ligar. Por exemplo (lembre-se de que o nome de nosso exemplo é João):

> **"João, me fale três qualidades desse fulano de tal!"**
> "É trabalhador, bem relacionado, e todo mundo gosta dele."

Legal. Agora que você já "conhece" o primeiro contato, é hora de você e João ligarem para ele, mas antes **você vai orientá-lo a dizer o seguinte na ligação:**

> **"Fulano de tal, como é que você está, tudo bem? Está podendo falar comigo um minutinho? É rápido."**
>
> "E aí, se o amigo disser que sim, João, você vai falar: 'Eu estou com um amigo meu aqui, empresário, e ele quer conhecê-lo, estava falando de você para ele, e ele quer falar com você'."
>
> "E aí, João, você passa o telefone para mim."

Dica importante: sempre que você orientar o patrocinado a ligar para alguém, peça para ele perguntar se a pessoa tem um minuto para falar primeiro. Porque, se ele passar o telefone para você, e a pessoa estiver apressada, correndo, e ele não fez essa pergunta, ela poderá dizer:

> "Não vou poder falar com você agora, não."

Aí fica uma situação estranha. Então, prepare João para que não aconteça isso:

> **"Pergunte a ele se ele tem um minuto para falar com você, fala que tem um empresário aqui, e passa o telefone para mim."**

Outra observação importante: quando João passar o telefone para você ou se já estiver na chamada, faça elogios sinceros sobre as qualidades que ele relatou do Fulano de tal.

João vai ligar para o amigo e usar o script orientado acima, e, quando ele passar o telefone para você, diga:

"Fulano de tal. Tudo bem? É um prazer falar contigo. Estou aqui com o João, falando de negócios, e ele citou seu nome na conversa e falou muito bem de você. João é um grande parceiro e me disse que você é muito trabalhador, bem relacionado, e muito querido entre os amigos, encheu sua bola aqui."

A pessoa vai confirmar, pois os elogios que você fez abrem o canal de comunicação entre vocês. É uma pessoa que está do outro lado da linha se sentindo querida. O coração dela está aberto para ouvi-lo agora, e você fala assim:

"Fulano, é o seguinte: a gente está falando de negócios, ele citou seu nome e eu gostaria muito de conhecer você e falar sobre o negócio que vamos desenvolver juntos. Qual o melhor dia dessa semana para marcarmos eu, você e João, (tal dia ou tal dia)?"

Se João for de outra cidade, pode ser on-line esse encontro, e, se for na mesma cidade ou região, o ideal é que seja presencial.

Você dita os dias, o ideal é que seja assim, perguntas fechadas para não dar abertura para a pessoa fugir, senão ela fica procrastinando, fica empurrando para a frente.

Se ele perguntar:

"Mas o que é, do que se trata?"

Você pode usar a resposta do script de contatar e convidar de objeção ao convite ou pode simplesmente dizer:

> **"Fica tranquilo. Você confia no João?"**
>
> **"Confio."**
>
> **"Então a gente vai estar junto e vamos bater um papo, não consigo explicar correndo por telefone. Qual o melhor dia dessa semana? E horário?"**

Marque dia e hora, se despeça e desligue o telefone.

Como é que o João está? Fora de controle! Depois de ver a ligação, ele deve estar pensando:

"Ele não conhece o fulano de tal, eu liguei para o fulano de tal, passei o telefone para ele e ele já marcou o primeiro plano."

E você repete isso com o máximo de pessoas que puder daquela lista de vinte nomes que o João fez logo no início do patrocínio. As apresentações que você marcar já irão compor a agenda do João, como vimos anteriormente.

O que você ensinou para o João aplicando esse método? Você fez uma lista de nomes com ele e fez alguns contatos. Ele já tem dois treinamentos que pode duplicar assim que patrocinar a primeira pessoa. O ideal é que você faça o patrocínio responsável dos primeiros cadastrados junto com ele, para ele aprender mais ainda.

LEMBRE-SE: NOSSO NEGÓCIO É SOBRE "APRENDER, ENSINAR E ENSINAR A ENSINAR!"

Dicas importantes de promoção de eventos

Uma dica muito importante é a seguinte: **nunca se esqueça, durante o patrocínio responsável, de passar a agenda de treinamentos, apresentações de negócio, convenções e seminários para o seu prospecto, nunca se esqueça disso!!!**

Você fez aquele comprometimento e marcou os primeiros planos, então, deixe bem claro:

> **"João, todo mês nós temos um evento chamado Seminário de negócios, e esse evento é inegociável! Lembra que a gente se comprometeu um com o outro, eu vou ajudar você a crescer e você vai estar conectado ao sistema de treinamento e mergulhar no aprendizado? Então, todo mês nós temos o Seminário de negócios. Geralmente é uma tarde inteira, e nesse dia, amigo, você não pode marcar nada."**

O ideal é que você já pegue a agenda do seminário e passe para o seu *downline*, para que ele deixe a data marcada na agenda ou desmarque os compromissos que tiver. Também oriente sobre as APNs semanais, presenciais, os treinamentos semanais presenciais e os on-line:

> **"Tal dia, à noite, é um compromisso sagrado, você tem que estar on-line assistindo o treinamento. Tal dia você tem que estar presencial, em tal lugar, fechado?"**

Pode ser que ele diga para você assim:

> "Cara, nem sempre eu vou poder estar nesse dia."

"Tudo bem, você está me avisando agora, mas naqueles dias em que você estiver disponível, você não pode falhar, estamos juntos?"

"Estamos juntos."

Essa é uma dica extremamente importante; não vacile nisso e já passe a data do seminário, o preço do seminário e faça a pessoa se comprometer.

Convenções da empresa e eventos oficiais

Ele já tem que saber que uma vez por ano precisa se deslocar para esse evento. As convenções são determinantes para a construção de um grande líder e bônus enormes em toda companhia de multinível.

"NEM TODOS SE TORNAM GRANDES LÍDERES E MILIONÁRIOS NESSA INDÚSTRIA, MAS TODOS QUE SE TORNAM NÃO NEGOCIAM EVENTOS OFICIAIS E O SISTEMA DE TREINAMENTO!"

Eventos oficiais são determinantes!

Faça um plano de ação personalizado

Todo mundo no multinível recebe algum tipo de orientação e direcionamento do que deve ser feito. Mandar a pessoa mostrar plano é muito fácil, difícil é ensinar o como.

Além de saber **O QUE** fazer, é preciso saber **COMO** fazer, **QUANDO** fazer, e **COM QUEM** fazer. A primeira coisa que você precisa é saber quais os dias e horários da semana em que irá se dedicar ao seu negócio. Não saber isso o deixará ansioso e improdutivo. E produtividade é o nome do jogo quando se trata de multinível!

Você não precisa ser um exímio organizador nem extremamente planejado. A minha maneira de me organizar, por exemplo, é a seguinte: separo o período da semana, pego um calendário, pode ser um calendário digital, que tem no telefone, preencho e ocupo com uma marcação os períodos em que não posso fazer esse negócio. Então, faço a minha agenda primeiro bloqueando os períodos em que não posso desenvolver o negócio.

Exemplo: você tem o seu emprego e trabalha de segunda a sexta, manhã e tarde, e só chega no início da noite em casa. Você vai bloquear de segunda a sexta, manhã e tarde. E à noite, você tem esse período livre para desenvolver o negócio. Escolha os dias da semana, à noite, em que você pode fazer o negócio. Os compromissos que puder adiar para fazer o seu negócio multinível, adie. Quero lembrar que **você tem que levar tão a sério seu negócio de multinível quanto o seu emprego ou seu negócio tradicional, porque esse negócio vai lhe proporcionar o que o seu emprego jamais poderá. É preciso fazer escolhas, e a cada escolha, uma renúncia.** Então, quando você escolhe fazer multinível, vencer, crescer, ter resultado, terá que renunciar a algumas coisas.

E já vou logo dizendo: se você é festeiro, gosta muito de sair e viver na farra, ou tem alguém assim na sua equipe, que não está disposto a abrir mão desses momentos para fazer o negócio, é muito provável que essa pessoa não fique por muito tempo. Ninguém, nenhum empreendedor, nenhum empresário no planeta, ninguém bem-sucedido, que construiu sucesso sem ter nascido em berço de ouro, conseguiu prosperar fazendo as mesmas coisas que fazia antes de desenvolver seus negócios. Então, você tem que renunciar a algumas coisas para construir outras maiores. Tem um ditado que diz: **"Você só vai ter aquilo que nunca teve fazendo o que nunca fez?".** É exatamente isso. O preço é alto, mas vai valer a pena! Você precisa entender isso.

Separou seus dias e horários? Ok! Se já tem equipe, agora vai mapear entre eles quem são os mais comprometidos e que estão sob a sua responsabilidade. **Quais são as pessoas mais comprometidas do seu time, nas quais você pode colar e fazer com elas um trabalho para alavancar o seu negócio?**

Identifique e separe. Se na sua empresa você trabalha com três, quatro, cinco, seis linhas diferentes, você vai escolher uma pessoa com perfil forte de liderança, ou alguém que está com muita vontade e muito comprometida, de cada linha, para fazer o trabalho.

Você tem equipe. Separou os times. Escolheu os melhores de cada equipe. E tem que ser as pessoas que merecem mais, e não as de que você mais gosta. São aquelas que merecem sua atenção, seu empenho e o seu trabalho. Você irá separar essas pessoas, ligar para elas e dizer:

"Fulano, tudo bem?"

"Tudo bem."

"Fulano, é o seguinte, eu estou organizando a minha agenda de trabalho, e separei alguns dias da semana para trabalhar com as pessoas que eu acredito que têm muito potencial para crescer, e que estão muito comprometidas com o negócio. E você está na minha lista dessas pessoas. Quero saber se gostaria que eu fizesse um trabalho mais intenso com você, para a gente alcançar os próximos níveis, sim ou não?"

Seja objetivo e direto.

"Claro que eu quero."

"Bacana. Eu tenho aqui, na minha agenda, segunda, terça, quarta, quinta à noite, e tenho sábado, manhã e tarde. Quero que você escolha um ou dois períodos para você."

A pessoa vai escolher os períodos, você marca na sua agenda e repete o processo com as próximas.

Anote isto: você precisa continuar trabalhando para você, precisa continuar fazendo os seus contatos pessoais toda semana, por pelo menos um ou dois períodos da sua agenda. Não pare de patrocinar e acompanhar seus prospectos diretos. Mesmo que tenha pouco tempo, separe as pessoas mais fortes do seu time e tire um período para trabalhar para si. **Toda vez que chegar alguém novo como seu direto, você vai ter que liberar espaço na sua agenda para poder desenvolver essa pessoa. Então, é muito importante que saiba o seguinte: você não pode tomar todos os períodos com a sua organização, entendeu?** Pode até tomar todos os períodos, mas, na hora que entra alguém novo, precisa deixar claro para essas pessoas que se programou para trabalhar com elas e que seu tempo é limitado. Até para que valorizem o seu tempo e você consiga construir o seu negócio de maneira equilibrada e constante.

Promova o sistema de treinamento

Se tem uma coisa que o empreendedor do multinível precisa saber é promover o sistema de treinamento e promover os eventos. Vamos esclarecer uma coisa: **o ponto-chave para você ser um excelente promotor de eventos, conseguir conectar as pessoas, é acreditar absurdamente que os eventos são a coisa mais importante do nosso negócio.** O ponto mais importante em todo o multinível é o sistema de treinamento. Quando você acredita nisso, já na sua maneira de falar, na convicção que você coloca em suas palavras e na sua linguagem corporal, seu *downline* vai entender a importância. E deixa eu falar uma coisa: as pessoas estão observando isso de uma maneira muito séria. Se você fala do sistema de treinamento de uma maneira que não transmite energia, a pessoa sempre vai ter uma dúvida se você está querendo conectá-la ao evento para ela gastar dinheiro e cumprir um protocolo ou se realmente aquilo é importante, entende?

É muito importante você ser exemplo. **Se quer ser um excelente promotor de eventos, tem que ser exemplo, não pode falhar com os eventos e não pode ser negligente com aquilo que é mais importante no seu negócio.** A pior coisa para um consultor é ter o patrocinador ou uma linha ascendente promovendo um evento com muita energia e, quando chega nos eventos, a pessoa não está presente ou fica do lado de fora enquanto o evento acontece. Não dá! Ou você acredita e promove ou você não acredita e fica na sua sem atrapalhar o negócio dos outros.

São os eventos que mantêm a nossa chama acesa, mantêm a nossa energia em alta. Sempre falo isso para minha organização. Um treinamento não é só para aprender sobre como fazer o negócio. **O treinamento é para fazer a manutenção da sua crença, recarregar sua energia como se você fosse um celular que passou a semana toda descarregando, e, quando você chega no evento semanal, sua bateria será recarregada, completa.** Outra analogia que faço é que **somos como um carro, e frequentar o sistema de treinamento semanal é como parar no posto de gasolina para abastecer e calibrar os pneus.** E o sistema de treinamento mensal, os eventos mensais, os seminários, são como aquelas revisões que você precisa fazer após rodar grandes quilometragens. E os eventos anuais são como aquelas revisões completas, em que você precisa trocar os pneus, mexer na suspensão, correia dentada etc.

Outra dica interessantíssima sobre eventos: **quando os eventos são presenciais, você precisa ser o primeiro a se posicionar com relação a ingressos.** Não dá para o líder não pegar ingressos dos eventos para a rede. Sei que hoje temos ferramentas melhores para poder trabalhar com isso, mas lá no meu início, quando a gente conectava um grupo no evento, vamos supor que eu tivesse uma equipe de cinquenta pessoas que frequentavam o evento normalmente. Eu pegava os ingressos com o organizador do evento, fazia um cheque ou pagava, e ia um por um levar o ingresso, ou encontrava essas pessoas nos eventos semanais para poder vender o ingresso do seminário; elas me pagavam, e eu pagava a organização do evento. Mas, se as pessoas não me pagassem, mesmo assim eu tinha que pagar a pessoa que me forneceu os ingressos. Por quê? Porque era uma forma de eu assumir o compromisso e fazer com que meu time fosse para o evento. **Hoje o multinível é muito mais fácil que há anos, temos tudo disponível e com muito mais praticidade.** Você manda o QR Code, a pessoa compra pelo celular, assiste aos treinamentos e APNs sem sair de casa. Na minha época, meu Deus! Quanto prejuízo levei por causa das dificuldades de promover e entregar ingressos. Agora veja meus resultados ao longo dos anos, olhe a história que construí nessa indústria. Valeu a pena!

O líder de multinível deve ser um grande promotor mesmo. Promovemos tudo! Negócio, produtos, capacitação, eventos, *uplines*, *downlines*, a empresa, os materiais da empresa, a indústria, a mentalidade empreendedora e absolutamente tudo que possa impulsionar nosso negócio e o crescimento das pessoas.

Quanto mais pessoas nessa visão, maior será seu negócio e mais comprometido será o seu time. **Time comprometido e treinado é sinônimo de crescimento e retenção!**

Ensinando a ensinar

O multinível é um negócio de aprender, ensinar, e ensinar a ensinar. **Tudo o que você precisa é ser um bom aluno, porque o bom aluno se torna um bom professor. E o bom professor consegue formar equipes grandiosas.**

Entenda: quando você mergulha no aprendizado, na capacitação, adquire conhecimento, e conhecimento é poder! Conhecimento traz segurança! Quando abrir a boca para falar do seu negócio e do seu produto para alguém, estará muito seguro, muito convicto, e isso atrairá as pessoas. Elas querem caminhar com quem entende do que está falando, que entende o que está fazendo, que sabe para onde está indo. Então, é extremamente importante essa questão de levar a sério o aprendizado.

Outro ponto importante: **seja generoso para passar adiante aquilo que você aprendeu.** Generosidade é uma virtude que deveria estar impregnada no multinível, porque egoísmo, nessa indústria, é sinônimo de fracasso. Então, negatividade e egoísmo são precursores do fracasso no multinível. **Positividade, energia, generosidade e doação é o que faz nosso negócio ser incrível. Você precisa estar disposto a ensinar tudo que aprende.**

Meu pai falava muito a seguinte frase: "O pulo do gato eu não ensino para ninguém, eu só ensino para você".

O que é o pulo do gato? Tudo que ele sabia ele queria ensinar para mim, mas não passava adiante. O nosso negócio não é assim. Aqui você tem que ensinar não só o pulo do gato, mas tudo o que puder. Porque quanto mais você ensina, quanto mais capacitados são os empreendedores do seu time, mais sucesso você terá. **O multinível é o jogo do "ganha, ganha"!** Para ganhar é preciso ajudar outras pessoas a fazerem o mesmo que eu. Lá fora, no tradicional, é o jogo do "ganha, perde". Muita gente que está no multinível, infelizmente, ainda carrega essa mentalidade. A pessoa até quer que o outro ganhe, mas só porque está ganhando também. Porém, ela não quer que o outro ganhe tanto. Quer manter as pessoas sob controle. Esse é um negócio de meritocracia e crescimento para todos, e precisa ser incontrolável mesmo. É para explodir! Esse é o objetivo desse negócio.

E quem vai ganhar mais? Quem vai subir aos maiores níveis? As pessoas que se dedicam mais, as que merecem mais, e está tudo certo. Eu gostaria muito de ter cinco ou seis pessoas do mesmo nível que eu, na minha profundidade, em linhas diferentes na minha organização. Isso seria incrível, e certamente eu estaria muito melhor financeiramente. Então, não dá para a gente ficar mendigando informação, conhecimento, conteúdo e comportamento. Esse é o jogo do "*all in*", você coloca todas as fichas na mesa, ensina tudo, mergulha de cabeça e faz o seu melhor. Não só por você, mas pelo outro também.

MULTINÍVEL E APRENDIZADO

CAPÍTULO 10

DE FAIXA BRANCA A FAIXA PRETA

Neste capítulo vamos falar de comportamentos fundamentais para a construção de sucesso. Muito mais que uma parte técnica do multinível, sabemos que sucesso é comportamental, como falamos no capítulo 3.

Certa vez, num treinamento de PNL (programação neurolinguística), ouvi pela primeira vez a frase: **"O sucesso deixa rastro!".** E nesse momento o treinador começou a explicar sobre **"modelagem"**. De maneira objetiva, modelagem é o processo de observar, mapear e copiar o comportamento de alguém em relação a quem você deseja ter um resultado parecido. Isso envolve traçar perfil comportamental, fisiologia, crenças e valores, estados internos e estratégias de um indivíduo, que formam a base de algum tipo de desempenho excepcional. Resumindo: é copiar o comportamento, o modo de se vestir, os trejeitos e tudo que for possível, de uma maneira sutil, para repetir o sucesso da pessoa modelada.

Baseado nisso, percebemos que existe um ciclo de comportamentos, mentalidade e virtudes que se repetem e podem levar qualquer um a ter sucesso desde que siga um passo a passo, e é óbvio que em paralelo a isso deve ser feita a manutenção de seu desenvolvimento pessoal por meio de capacitações com especialistas no assunto.

Chamo isso de **Ciclo Perfeito do Multinível.** Nele está contido tudo que você precisa "ser e fazer" para ter sucesso como empreendedor e líder nessa indústria. **E este livro ensina tudo sobre esse ciclo, desde o primeiro capítulo até o último, em detalhes, por isso, use-o como um "manual de consulta" para se desenvolver e fazer o seu trabalho.**

Ciclo Perfeito do Multinível (CPM)

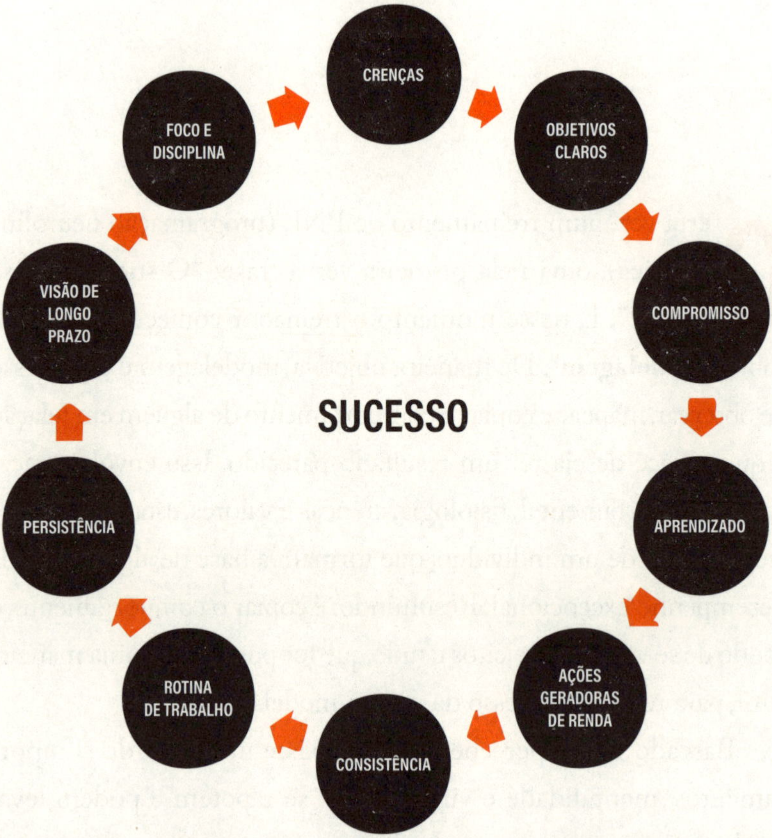

Vamos entrar agora na segunda metade do Ciclo Perfeito. Leve muito a sério cada palavra e exemplo desses próximos capítulos, pois eles contêm a maior chave para o seu sucesso.

Consistência: o poder do progresso!

Gosto muito da analogia de **faixa branca a faixa preta**, porque eu tenho exemplos pessoais sobre isso. Comecei no judô aos 4 anos e pratiquei o esporte por quatro anos. Logo em seguida, minha mãe me colocou no karatê, porque meu pai era carateca e vivia promovendo a arte em casa. Eu fazia judô, karatê e natação. Treinei essa arte marcial até a minha adolescência, aos 14 anos. Parei por motivos de muita dificuldade financeira e de locomoção, e aos 15 entrei para o muay thai, na época chamado de boxe tailandês, e fiquei por um período. Parei de treinar para me dedicar aos estudos e ao concurso que me levou à profissão de mecânico de aeronaves.

Na fase adulta, aos 20 anos, conheci o jiu-jítsu. Eu treinava musculação numa academia e começaram as aulas de jiu-jítsu com um professor da Nova União, que depois se tornou um amigo.

Nessa época, eu trabalhava na companhia aérea Varig, em horário comercial, e à noite tinha um horário livre para treinar musculação e jiu-jítsu, além de outros hobbies. Até que decidi voltar a estudar e crescer no emprego. Procurei um curso de piloto de aviões comerciais, um curso de inglês e, logo em seguida, de comissário de bordo. Comecei a me dedicar muito para crescer profissionalmente e abandonei todas as outras atividades que fazia; tive que dizer não para a maioria das coisas que gostava de fazer, porque **eu tinha um objetivo muito claro na vida: ser bem-sucedido financeiramente.** Na verdade, meu objetivo nem era ficar rico, mas deixar de ser pobre! Então, fui atrás disso.

Entendi rápido que, se quisesse ser bem-sucedido com vendas, precisaria correr os quilômetros a mais e fazer mais do que a maioria das pessoas fazia.

Percebam o cenário: eu trabalhava no meu emprego tradicional, abandonei meus hobbies para poder estudar e vencer no mercado tradicional, e, por uma fatalidade, um atentado terrorista que aconteceu nos Estados Unidos em setembro de 2001, minha expectativa foi frustrada. Um amigo me convidou para trabalhar com vendas e fui conhecer a oportunidade. Não era o que eu queria para minha vida, mas a necessidade, o desejo de vencer e o sonho de ser piloto me fizeram tomar a decisão de fazer aquele negócio que eu não queria e achava que não era para mim. Não fui trabalhar com vendas porque gostava ou porque as pessoas diziam que eu tinha dom ou talento. **Fui trabalhar com vendas porque eu tinha um sonho e meu motivo era muito forte.** Eu queria vencer na vida, e, se trabalhasse com vendas para ter uma renda extra, poderia pagar minhas horas de voo. Meu salário mal pagava minhas contas na época.

Então, foi assim que começou a minha história na venda direta. Após cinco meses, fui para uma convenção da empresa em São Paulo, e lá caiu uma ficha para mim. Presenciei o reconhecimento de pessoas bem-sucedidas, casais muito bem-vestidos, dando depoimentos, relatando resultados incríveis, falando de transformação, mudança e melhoria de vida. Pessoas com formação acadêmica, que tinham resultados bons no mercado tradicional e estavam ganhando muito mais dinheiro com vendas, e pessoas muito simples que tinham até certa dificuldade na comunicação também ganhando muito dinheiro. O tempo todo eu me perguntava o que aquelas pessoas tinham de diferente. E caminhando com elas, desenvolvendo o trabalho naquela empresa, frequentando os treinamentos, percebi que todo empreendedor que está focado em crescer, em ter resultado, que verdadeiramente quer construir sucesso, tem algumas características muito fortes. Não vou falar de todas as características, mas vou falar de duas que me chamam muito a atenção.

A primeira era uma sede muito grande de vencer; a segunda, estar disposto a fazer o que tinha que ser feito. Eram pessoas de muita atitude. **E essas duas características só eram possíveis porque todas essas pessoas entendiam o poder de um comportamento consistente.** São pessoas que começam algo e permanecem fazendo aquilo, pelo tempo necessário, até conseguirem o resultado que esperam.

Algum tempo depois, já no multinível, bem-sucedido, com 30 anos de idade, voltei a treinar jiu-jítsu, e, adivinha, ainda como faixa branca! Isso porque não tive **consistência** em minhas ações, não era frequente na academia. Fui por um período, treinei, depois sumi. Depois voltei a treinar com 37 anos, treinei um período bom e sumi de novo. **Conclusão: muitas pessoas no multinível não são "faixa preta", não são graduadas e não alcançam bons resultados porque se comportam como me comportei com o jiu-jítsu, de maneira inconsistente.** Se eu tivesse, por todos esses anos, me dedicado a ir duas ou três vezes por semana treinar jiu-jítsu, certamente seria faixa preta.

CONSISTÊNCIA É UMA DAS CHAVES PARA O SUCESSO!

Qual a diferença de um atleta de alta performance para um atleta amador? Consistência.

Temos grandes nadadores no Brasil, temos excelentes esportistas, mas uma pessoa que pratica o esporte profissionalmente, treina todo santo dia. Tenho conhecidos que nadaram a vida inteira, estão com 50 anos de idade e nadam há quarenta anos, mas nunca competiram, nunca ganharam uma medalha, nunca foram para uma Olimpíada, porque treinam de forma amadora. Treinam com regularidade por algumas semanas, ficam outras tantas sem ir, voltam por alguns meses, mas faltam um dia ou outro. Nadaram a vida inteira? Sim! São nadadores? Certamente! Mas são "faixa preta" na natação? Não, porque não tiveram consistência em suas ações, não permaneceram treinando com constância.

Quando faço eventos pelo Brasil, e pelo mundo, sempre realizo uma enquete e pergunto: **"Quem aqui faz multinível há muito tempo?".**

As pessoas levantam a mão e há os que fazem há três, cinco, dez anos. Aí pergunto: **"Quem aqui não é Diamante acima?"**, e muitos levantam a mão de novo. **"Quem aqui não ganha acima de cinco dígitos e tem mais de cinco anos?"**, e a maioria levanta a mão de novo.

Elogio essas pessoas, procuro reconhecer por terem permanecido fazendo o negócio por muitos anos mesmo sem obter os resultados esperados, mas deixo claro o porquê da falta de resultados. Em algum momento da trajetória eles, apesar de nunca terem desistido, diminuíram o ritmo e não tiveram consistência em suas ações.

NÃO ADIANTA SER UMA PESSOA DE ATITUDE, É PRECISO SER CONSISTENTE!

O segredo da consistência

Não permaneci treinando artes marciais para priorizar meu crescimento profissional, mas hoje você olha para mim, e estou aqui, compartilhando conteúdos sobre multinível em diversas plataformas, ensinando multinível on-line para o mundo todo e presencial em três continentes. Metaforicamente, posso ser considerado um

"faixa preta no multinível", porque minha prioridade foi fazer esse negócio em alta performance, frequentar o sistema de treinamento sem falhar, fazer as ações geradoras de renda diariamente e apoiar outras pessoas a prosperarem nisso.

Provavelmente, se tivesse me dedicado a outras coisas e renunciado aos estudos, às vendas e ao meu crescimento profissional, seria um professor faixa preta de jiu-jítsu ou karatê, talvez tivesse uma academia, mas essa não era a minha prioridade. **Minha prioridade era mudar de vida. Minha prioridade foi deixar de ser pobre no primeiro momento, mas, depois que entendi que poderia ser rico e teria condições de chegar lá, fui atrás da tão sonhada liberdade financeira.**

Quais são suas prioridades?

Organize suas prioridades por ordem de importância! Quando falo em prioridades, não estou falando de deixar família de lado, deixar de cumprir suas obrigações como cônjuge, pai ou filho. Falo de vida profissional. Se você estuda medicina, e sua prioridade é ser um bom cirurgião, mergulhe de cabeça nisso; seja consistente. Foi isso que fiz com o multinível, e cheguei aonde estou.

O que é consistência?

Consistência significa estabilidade, constância, regularidade, firmeza. Você precisa desenvolver o seu negócio de uma maneira regular, ter um ritmo. Por exemplo: vamos supor que você vai estabelecer em sua rotina um plano de ação personalizado, com os dias e horários em que vai trabalhar. Calcule mais ou menos quanto você consegue se doar por mês ao negócio, estabeleça um número ideal de planos de negócios que você consegue apresentar por dia e coloque uma meta pessoal aplicando esse planejamento por um longo período de tempo. De três a seis meses, ou de seis a doze meses, por exemplo. Siga isso rigorosamente e você vai perceber a "mágica" da consistência em pouco tempo.

No multinível, infelizmente, consistência não é um hábito facilmente encontrado; principalmente em novos cadastrados. Muitas pessoas trabalham intensamente por um mês, dois meses, e no terceiro começam a reduzir o ritmo, no quarto reduzem ainda mais, no quinto vêm forte de novo, no sexto e no sétimo somem do negócio.

É exatamente isso que eu quis dizer anteriormente, que você precisa priorizar e entender que ser apenas persistente não adianta. Muitas pessoas estão no multinível há dez, vinte anos e nunca construíram resultados relevantes, nunca receberam um reconhecimento, porque o multinível nunca foi prioridade. E aí entramos em um assunto interessante; essas pessoas estão num negócio que tem a capacidade de mudar a vida delas, estão nesse meio há décadas, e já conhecem centenas, milhares de histórias assim, mas por que, então, não o priorizam? E, detalhe, elas não priorizam o multinível e ainda não têm uma vida financeira organizada.

A constância em relação às suas atitudes e a constância em relação à sua persistência estão ligadas diretamente às suas crenças. Se o que você está fazendo realmente vai gerar um resultado para você ou não. É muito importante fazer os exercícios do capítulo 3, porque são suas crenças que determinam o seu presente e vão determinar o seu futuro. As crenças que você tem determinaram toda a sua história. Se eu não mexer no ponto-chave, onde faço a regulagem do meu futuro, do equipamento, o que sou eu? **Eu sou um equipamento. Em que parte esse equipamento pode ser regulado para ter uma performance melhor? Nas crenças! Lá estão: autoconfiança, capacidade de construir, de executar bem as coisas e manter o ritmo.**

É extremamente importante que você entenda que suas atitudes não estão relacionadas à parte técnica do negócio. Você pode mostrar plano maravilhosamente bem, fazer um bom fechamento, oferecer um patrocínio responsável maravilhoso, mas são os comportamentos que vão levá-lo ao sucesso. Você trabalha direito, a parte técnica é boa, a parte estratégica é legal, mas o seu comportamento não permite que você tenha sucesso, entende? Fique atento a isso! **Consistência é permanecer no ritmo, é manter o seu nível de energia alto o suficiente para que você não esmoreça ou se abata diante das adversidades.**

Estou lá consistente, mantendo o meu nível de energia alto e conectado ao sistema de treinamento. Existe um passo a passo para ter sucesso, um caminho, uma trilha, existe uma escada; **e na escada do sucesso a consistência vem colada, juntinho com a atitude e a persistência. E você só age, só é consistente e persistente se tiver comprometimento, só é comprometido se tiver clareza de objetivos, e só tem clareza de objetivos se acreditar que é possível, entende?** E se você não acredita, existe alguma falha lá atrás, na sua crença de capacidade, de identidade ou na sua crença de merecimento. Porque se você está fazendo, se está persistindo, se sabe fazer um negócio, se faz direitinho, significa que você é capaz. Porém, lá na sua crença de identidade e na sua crença de merecimento, você se autossabota. Porque a sua crença de merecimento vai sabotar você quando ela perceber que está caminhando para ter algo que, lá no seu íntimo, no seu inconsciente, não acredita que merece, e começa a arrumar desculpas.

É exatamente isso que acontece com as pessoas, não só no multinível, mas na vida.

A única maneira de mudar isso é fazendo uma reprogramação mental formando novas sinapses neurais por meio da matriz ativa e da matriz passiva de crenças. Se necessário, volte ao capítulo 3 deste livro e faça as tarefas com afinco; você irá me agradecer para o resto de sua vida.

CONSISTÊNCIA - O PODER DO PROGRESSO

Seja persistente; nunca desista!

Qual é a chave da persistência? O que faz uma pessoa ser paciente, manter-se firme e não desistir de algo? Visão de longo prazo! É isso o que o mantém fazendo o que precisa ser feito e nunca desistir. Lembrando que visão de longo prazo e atitudes corretas, sem consistência, não vão fazê-lo chegar aonde quer. Ser persistente, apenas, não é o suficiente. Você precisa ter consistência para chegar ao objetivo final, mas a persistência é fundamental. **A consistência não existe sem a persistência, e sem a consistência a persistência fica debilitada.** Então, é fundamental que você tenha muita, muita clareza sobre isso.

Persistência significa paciência, obstinação, insistência. Você precisa estar obstinado pelo que quer. Uma pessoa obstinada, que deseja muito atingir algum objetivo independentemente de quanto tempo leve, não para nunca!

A visão de longo prazo é quando você tem uma projeção de algo que deseja muito concretizar em algum momento da vida. Por exemplo: se você tem um sonho muito forte, como eu tinha, de morar melhor, então nunca vai desistir de trabalhar para realizar esse sonho, porque você acredita que em algum momento vai morar onde deseja.

Persistência é continuar fazendo algo mesmo que os resultados ainda não tenham aparecido. Seja fiel à sua visão. **Persistir é não desistir!** Persistência também tem a ver com suas crenças e com os seus padrões de comportamento.

As características do persistente são obstinação por sua visão, pelos seus sonhos, pelos seus objetivos; o persistente é preparado para enfrentar qualquer coisa pelo que ele quer da vida. O persistente é cego e surdo para tudo o que o atrapalha e tenta tirá-lo do foco; e o persistente tem uma característica muito viva nele, que o torna facilmente identificável: uma visão muito positiva do futuro. Ele olha para o futuro e só enxerga a vitória.

Vou dar um exemplo. Tenho alguns amigos cristãos de igrejas fervorosas, daquelas igrejas que trabalham muito a parte profissional, financeira, e empoderam muito as pessoas para serem bem-sucedidas. A diferença de um cristão de uma instituição como essa para um cristão de uma instituição tradicional é muito grande; surreal, eu diria. O nível de energia e positividade do pessoal dessas igrejas modernas se traduz em falas como:

"Você pode vencer! Vá lá, empreenda mesmo! Vá para cima que Deus vai honrá-lo."

E eles, geralmente, são muito bem-sucedidos mesmo, porque têm uma visão muito clara. São pessoas obstinadas, olham para o futuro e só enxergam duas coisas: sucesso e vitória. A mentalidade que cultivam os blinda contra o fracasso, porque eles não desistem. Sempre me chamou a atenção que, quando eu encontrava um desses amigos e perguntava como ele estava, a resposta padrão era:

"Só vitória, meu irmão. Só vitória!"

E muitas vezes a vida do cara nem estava tão boa assim, mas ele permanecia com essa mentalidade, porque tinha uma visão clara de futuro, e essa visão faz com que a pessoa permaneça firme, positiva e cheia de energia. Ele pode ter os momentos de dificuldades dele, mas logo consegue olhar para a frente e enxergar aquilo que quer. **Esse é o persistente!**

Espero que você busque isso para sua vida. Se é uma pessoa de atitude, tem suas crenças e padrões alinhados para o sucesso, está aprendendo a fazer esse negócio de maneira profissional, é obstinado, constante e persistente, parabéns! Impossível dar errado.

Visão de longo prazo - a chave da persistência

Reflita: se você descobrisse que o seu maior desejo, seu grande sonho, que imaginava conquistar em no máximo dois anos, vai exigir na verdade dez anos de trabalho, persistência e esforço, continuaria alimentando esse sonho?

Se sua resposta for sim, **isso é visão de longo prazo.**

SUCESSO NÃO SE CONSTRÓI DA NOITE PARA O DIA, LEVA TEMPO!

Aquilo que você deseja pode demorar um pouco mais e não chegar no tempo que você está prevendo. E para evitar frustrações ou até mesmo que você desista de seus ideais, permita-se viver o processo e desfrutar da sua jornada.

Sucesso é fim, não é meio. O meio é onde está o aprendizado, o crescimento, o desenvolvimento humano, é onde está a sua evolução. Se você foca o fim, acaba não experienciando aquilo que realmente o faz crescer.

Quando tem consciência de que a sua jornada está fazendo de você uma pessoa melhor, quando se apaixona pelo que faz, pelo processo e pelo que está acontecendo no meio do caminho, a probabilidade de abandonar sua jornada, desistir ou perder a visão é muito pequena.

APAIXONE-SE PELO SEU PROCESSO DE CRESCIMENTO, DESENVOLVIMENTO, E PELO QUE ESTÁ ACONTECENDO COM VOCÊ AGORA.

Não é sobre aonde irá chegar e o que irá conquistar, mas sobre quem você irá se tornar! É sobre SER alguém capaz de conquistar qualquer coisa que desejar! O "ter" é apenas uma consequência do "ser". Foque sua edificação, em sua construção, e você será capaz de conquistar o que quiser.

Imediatismo, o grande mal do século 21

Nos últimos anos, temos experimentado a facilidade da velocidade com que as coisas ficam prontas, e isso tem tornado a humanidade cada vez mais imediatista.

Antigamente, cozinhar algo para comer levava mais tempo e exigia certo esforço. A indústria alimentícia, percebendo que as pessoas estavam trabalhando mais e tinham menos tempo para fazer as coisas, desenvolveu então as comidas e bebidas instantâneas. Depois vieram os eletrodomésticos, que aceleram os processos, depois a tecnologia dos computadores, e hoje em dia tudo é rápido e fácil. Essa rapidez e essa facilidade têm custado caro para o mundo. Alimentos e tecnologia adoecem as pessoas com o tempo. O preço da velocidade e dos atalhos tem sido alto. E esse comportamento desejoso de velocidade nos resultados está formando uma geração que não está disposta a pagar o preço do sucesso verdadeiro, e abrindo caminho para os que são resilientes, persistentes e consistentes. **Mais do que nunca as pessoas que fazem o básico bem-feito e estão dispostas a pagar o preço terão a chance de dominar sobre os outros.**

A visão de longo prazo é um elemento crucial para qualquer empreendedor que deseja alcançar sucesso sustentável e significativo. Em um mundo em que a tentação de buscar resultados imediatos é constante, a capacidade de olhar além do horizonte e planejar para o futuro pode ser o diferencial entre o sucesso passageiro e a realização duradoura.

Empreender é uma jornada repleta de desafios e obstáculos, porém, uma visão de longo prazo ajuda os empreendedores a manterem a resiliência e a perseverança necessárias para superar esses desafios. Saber que os esforços de hoje estão construindo um futuro melhor pode ser uma fonte poderosa de motivação.

A CHAVE DA PERSISTÊNCIA – VISÃO DE LONGO PRAZO

Resiliência – a capacidade de resistir às adversidades

Depois de falarmos sobre se apaixonar pela jornada, pelo processo, é hora de falar sobre resiliência. A resiliência é uma qualidade fundamental para qualquer pessoa que deseja alcançar sucesso e realização, especialmente no empreendedorismo. Ela representa a capacidade de se recuperar rapidamente de dificuldades, adaptar-

-se a mudanças e continuar avançando em direção aos objetivos, independentemente dos obstáculos.

Vou esclarecer: você deve conhecer aqueles travesseiros que dizem ser fabricados com espuma da Nasa, certo? Você pode amassar esse travesseiro o quanto quiser e puder, mas, quando o solta, o que acontece? Ele volta, pouco a pouco, para o estado normal.

ISSO É RESILIÊNCIA! A CAPACIDADE DE AGUENTAR PRESSÃO, SER AMASSADO PELA VIDA, LIDAR COM ADVERSIDADES, CIRCUNSTÂNCIAS DIFÍCEIS EM SUA JORNADA E VOLTAR AO SEU ESTADO NORMAL.

As adversidades vão encontrá-lo e espremê-lo, mas, quando elas pararem de pressionar, você se expande de novo e continua sendo quem sempre foi antes de ser pressionado. Na verdade, mais forte.

No nosso caso, obviamente, é diferente, é muito melhor, pois a cada adversidade, seja ela qual for, em qual área for, se você resistir, for resiliente, sairá melhor dessa situação. E o detalhe mais precioso é o aprendizado de como superá-la. Como passar por tudo, permanecer intacto e se reerguer das cinzas.

A SUA SUPERAÇÃO SERÁ FONTE DE INSPIRAÇÃO PARA UMA MULTIDÃO QUE VIRÁ DEPOIS.

Nas vendas e no multinível, a resiliência é essencial para lidar com as incertezas e os desafios que surgem ao longo do caminho.

Empreendedores resilientes são capazes de transformar contratempos em oportunidades de aprendizado e crescimento, mantendo-se firmes em suas metas e objetivos.

Por que no multinível as pessoas são tão crédulas e convictas de que serão bem-sucedidas? Porque olham para outros empreendedores que passaram pelas mesmas adversidades e venceram. As provas sociais são inúmeras e evidentes, isso é inspiração!

EU DIRIA QUE MAIS IMPORTANTE QUE RESISTIR E SE RECUPERAR DE MOMENTOS DIFÍCEIS É O QUÃO RÁPIDO VOCÊ FAZ ISSO.

Há pessoas que são resilientes, mas demoram muito a voltar ao seu estado normal e a continuar fazendo o que faziam antes. Passam muito tempo de luto, ou simplesmente abatidas por um longo período. Já que é para se levantar e seguir, que seja logo.

Tudo que você foca se expande!

Isso serve para o bem e para o mal, para gerar bons resultados ou simplesmente para justificar por que você não faz o que deve ser feito para gerar esses mesmos resultados. Se você foca no problema, no que o impede, nunca tomará iniciativa de ser ou fazer por acreditar que aquilo é maior do que você e sua capacidade de resolver. Em contrapartida, se foca o que pode dar certo, a solução ou suas habilidades de fazer acontecer, certamente conseguirá.

TUDO AQUILO EM QUE VOCÊ COLOCA ENERGIA E DÁ ÊNFASE SE TORNA MAIOR E MAIS PODEROSO.

Foco é a capacidade de concentrar a atenção e os esforços em algo ou em um objetivo específico, evitando distrações e mantendo persistentemente a consistência nas ações. No multinível, isso significa dedicar-se plenamente às atividades geradoras de renda que promovem o crescimento da rede, a movimentação de produtos e o desenvolvimento do negócio.

Quando falamos de foco, falamos sobre concentração. Se você olhar bem para esta página, para as letras, aproximar o livro um pouquinho mais do rosto e se concentrar em uma única palavra, vai perceber que sua atenção aumenta e que tudo o que está ao seu redor parece desfocado enquanto a palavra se expande diante de seus olhos. Foco não é apenas canalizar a energia para algo, mas também eliminar distrações. Por isso, tão importante quanto estar focado em seus objetivos é evitar que outras coisas ao seu redor, em qualquer área da sua vida, tirem o foco do que você está fazendo.

Na nossa indústria, por exemplo, é muito curioso o que acontece com pessoas que nunca fizeram multinível antes e resolvem fazer de maneira profissional. Devido ao sistema de treinamento voltado para uma mentalidade de sucesso, é muito comum a evolução das pessoas no jeito de se vestir, nas mídias sociais, na autoestima, autoconfiança, desenvoltura, e obviamente isso passa a chamar a atenção. E o que acontece? Começam a aparecer pessoas que fazem outros negócios para convidar esse novo empreendedor para fazer outra coisa, seja em outra empresa de multinível, seja em outro negócio. São situações que, se não tomar cuidado, tiram-no do foco. Lembra que eu falei da visão de longo prazo? Lembra que falei lá atrás, no capítulo 3, da visão clara de futuro que você precisa ter? Lembra do quadro dos sonhos, dos seus desejos, da visualização do seu reconhecimento, que você, muitas vezes, fez ou faz ainda? Isso nunca pode sair da sua cabeça, porque, se você vacilar, alguém vai roubar o seu foco e desviar você daquilo que você quer. Isso precisa estar latente em você. Saiba exatamente o que deseja e vá para cima. Não permita que tirem o seu foco.

Foco visionário, foco comportamental e foco persistente

Foco visionário: é quando você tem uma visão muito clara, em sua mente, do que realmente quer. É saber aonde quer chegar, quem quer ser, o que quer fazer, onde quer estar e o que quer conquistar. É uma visão de futuro muito clara sobre esses pontos: SER, ESTAR e CONQUISTAR. Como no seu quadro dos sonhos.

Saber aonde quer chegar:

- Quem serei?
- O que farei?
- Onde estarei?
- O que conquistarei?

Foco comportamental: é quando você tem coerência nos seus comportamentos. Coerência no que aprende, prática, em quem você é, e tudo isso direcionado ao foco visionário.

São todos os sentimentos, atitudes e comportamentos que você precisa colocar em prática para caminhar em direção aos seus objetivos. É aquilo que você comunica, pensa, sente e faz diariamente, alinhado com sua visão. Tem a ver com quem você se conecta, do que se alimenta mentalmente, emocionalmente, espiritualmente e fisicamente. E isso inclui absolutamente tudo!

Por exemplo, você quer ser Diamante, então todos os dias deve mentalizar e comunicar isso para o Universo: "Eu sou Diamante! Eu sou Diamante! Eu sou Diamante!". E suas atitudes devem condizer com sua comunicação.

Cerque-se de pessoas que transbordam, encorajam e têm a mesma visão que você. Isso é foco comportamental. Ouvir as pessoas certas, ler livros e ouvir áudios relacionados com o seu objetivo, andar com pessoas que têm o que você quer ter, que são o que você quer ser e fazem o que você quer fazer.

O próprio nome já diz: foco comportamental. Mantenha-se focado com os comportamentos que vão levá-lo aonde quer chegar.

Foco consistente: é a capacidade de manter em mente o foco visionário e o comportamental por tempo suficiente para que sejam produzidas mudanças consistentes e massivas. É permanecer fazendo aquilo que o leva à sua visão.

É ter consistência nos comportamentos, nas ações, nas conexões que você faz, em prol do seu objetivo.

A primeira coisa do foco consistente é se dar o tempo necessário para conquistar o que quer. Você precisa ter clareza de que leva tempo, e precisa se dar o tempo necessário para aprender, aplicar e gerar resultado.

A segunda é continuar fazendo o que está fazendo. Se para estudar e se preparar para atingir seus objetivos você ouve áudios, lê livros, se conecta com as pessoas certas e continua conectado com essas pessoas, irá permanecer conectado com as pessoas, permanecer ouvindo os áudios, lendo os livros, permanecer no sistema de treinamento, permanecer declarando o que quer conquistar.

PERMANECER, ESSA É A PALAVRA!

Foco persistente tem a ver com permanência nos comportamentos certos, caminhando com as pessoas certas, se conectando com as pessoas certas.

Existe uma coisa muito interessante que faz você perder o foco. Você tem uma visão, começa a fazer algo, e no meio do caminho começa a fazer conexões com outras pessoas, e logo sua visão e seu comportamento começam a mudar. Você já não tem tanta força naquele foco comportamental. E aí o seu foco visionário vai ficando mais distante, você começa a ter a crença abalada ou simplesmente se distancia daquilo de que estava se aproximando. Quando deixa de fazer o que estava fazendo, de ouvir o que estava ouvindo, de sentir o que estava sentindo, perde o foco.

Informações geram pensamentos, que geram sentimentos, que geram atitudes. Você age de acordo com aquilo que sente. Sente aquilo de acordo com o que pensa. E pensa com base nas informações que recebe; matriz passiva de crenças. Suas atitudes geram resultados, e o resultado é onde está a sua visão, é onde está o seu foco. As suas metas e objetivos são a soma dos seus resultados, da caminhada que vai fazer você chegar lá.

Matriz ativa de crença é comunicação, aquilo que você comunica, fala, verbaliza, declara. Dizemos que a fé vem pelo ouvir, então, você tende a acreditar em tudo o que fala. Quanto mais repete uma declaração, mais acredita naquilo. E o que você produz por meio da sua comunicação gera pensamentos, que alimentam seus sentimentos, que alimentam suas ações, que geram os resultados que você tem.

Quando falo em foco consistente, é exatamente isso, fazer essa retroalimentação por meio da sua comunicação diária. É continuar fazendo o que você estava fazendo, continuar ouvindo, vendo, lendo e sentindo o que estava sentindo. O mais importante dessa questão do foco é não se distrair com outras coisas, para não se desviar daquilo que você está construindo. Permaneça com o seu foco visionário, permaneça fazendo tudo o que tem que ser feito para atingir aquilo que você quer.

A disciplina vence o talento quando o talento é indisciplinado

Após entender a importância do foco como um pilar do sucesso, é essencial abordar a disciplina, que age como a cola que mantém nossos esforços consistentes e direcionados em meio às distrações e dificuldades da vida.

Disciplina é a capacidade de seguir uma rotina ou um conjunto de regras pré-determinadas, mantendo a persistência em ações que nos aproximam de nossos objetivos, mesmo quando é difícil ou desmotivante. Ao contrário da motivação, que é temporária e flutuante, a disciplina é duradoura.

Um exemplo claro do impacto da disciplina pode ser visto na vida de um atleta de alta performance que se prepara para um campeonato ou uma olimpíada. Considere uma pessoa que aos poucos, desenvolveu a disciplina de treinar algumas horas diariamente ao longo de vários meses ou até anos. No início, encontrou dificuldades para sacrificar o tempo de entretenimento e lazer em prol do treino. Contudo, ao manter essa rotina, não só absorveu as habilidades, mas também se aperfeiçoou e se condicionou a estar pronta a qualquer momento para uma competição. Essa "disciplina" não apenas melhorou sua performance, mas aumentou sua autoconfiança e sensação de controle em relação ao futuro.

A disciplina, portanto, revela-se como um fator crucial para sustentar o progresso contínuo em direção ao sucesso, ajudando a transformar seus sonhos em realidade de maneira planejada e constante.

No multinível, nas vendas e no empreendedorismo, é fundamental que se tenha disciplina com as ações geradoras de renda e com o sistema de treinamento. O que o fará ter sucesso nesse modelo de negócio não é sua persistência em permanecer no negócio, mas sua capacidade de fazer todo dia um pouco com constância e disciplina!

CAPÍTULO 11

LIDERANÇA NO MULTINÍVEL

COMO LIDERAR SUA EQUIPE COM EFICIÊNCIA

Liderança é uma das habilidades mais importantes que uma pessoa pode desenvolver na vida. E o interessante sobre isso é que essa é uma habilidade escalável, que você desenvolve ao longo da sua jornada, às vezes até inconscientemente, trabalhando com pessoas, gerenciando uma companhia, ou como empresário. **Esteja atento a essa questão, porque ter resultados no multinível, como ganhar dinheiro ou atingir graduações, não significa que você sabe liderar ou é um grande líder.** Há muitas pessoas que entram no multinível e conseguem cadastrar vários amigos e familiares logo nas primeiras semanas, e, se uma dessas pessoas consegue se desenvolver bem e com bastante intensidade, faz com que aquele que a cadastrou, que mal entende de negócios, atinja níveis altos no multinível. Isso pode se tornar um problema para a equipe ou para a marca com que a pessoa desenvolve o negócio, porque algumas pessoas mudam de comportamento quando conquistam alguma importância. Como dizem por aí: "subiu à cabeça".

Um famoso ditado diz:

"QUER CONHECER UMA PESSOA? DÊ PODER A ELA".

Isso acontece com muita frequência no marketing multinível. É muito comum que uma pessoa recente no negócio, e que atinge alguns níveis relevantes em três, quatro, cinco meses, perca totalmente a humildade e gentileza que demonstrava no início. Em vez de se tornar uma pessoa que trabalha em conjunto com a rede, que está sempre em contato com seus liderados para identificar suas necessidades e ajudá-los a crescer mais um pouco, a sensação transmitida é de soberba, de que ela chegou aonde está sem a ajuda de ninguém, portanto, os outros devem fazer o mesmo. Isso é muito preocupante, e, infelizmente, cada vez mais comum.

Preparar-se e estudar normas de conduta e boas práticas em seu início no multinível é extremamente importante para que você não cometa erros bobos e perca as pessoas do seu grupo quando seus primeiros resultados, como promoções e reconhecimentos, começarem a chegar.

Liderança é uma habilidade diretamente ligada ao seu comportamento. Suas atitudes vão determinar seu nível e qualidade de liderança. É como uma fruta; o fato de estar lá não significa que está madura para ser consumida. Ou seja, você pode ser um líder, mas existem níveis de maturidade dessa liderança. Já vi pessoas com dois, três anos no multinível com um nível de liderança razoável: sabiam lidar com a organização, demonstravam empatia, sabiam tratar as pessoas, direcioná-las. Liderança tem muito a ver com visão, com o que você acredita que é bom, que é o melhor caminho a seguir. E conseguir transmitir isso com sucesso para um grupo de pessoas que decidem seguir você é uma das coisas mais lindas que uma pessoa pode fazer. Isso é influência; liderança é influenciar as pessoas a seguirem o caminho que você identifica como o melhor, é transmitir segurança em suas decisões.

Existem níveis de maturidade na liderança. À medida que o tempo vai passando e você vai trabalhando, fazendo o seu negócio de multinível, lidando com as pessoas, resolvendo os conflitos da organização, aprendendo a ouvir a sua própria equipe, transmitindo feedbacks e direcionamentos, sua maturidade aumenta, e você cresce como líder. Não é algo explícito, mas, quando você se coloca em posição de igualdade perante as pessoas de sua equipe, aprende tanto quanto elas. Até porque não há líder no multinível que não possa ser liderado por outra pessoa. E os bons líderes sempre foram bons liderados; pessoas abertas à orientação e ao aprendizado.

Não cometa estes erros

Dicas fundamentais de liderança para o multinível. Vamos pontuar alguns tópicos importantes para você ficar atento.

Ter um PIN não o torna líder

O PIN indica sua graduação, a sua qualificação na empresa de multinível, mas não revela sua maturidade nem é um indicativo de qualidade de liderança. Muito cuidado com isso!

O multinível é um trabalho no qual toda a rede cresce em conjunto, e é muito comum pessoas que já eram bem relacionadas antes do multinível cadastrarem bastante gente em suas primeiras semanas de empresa. Alguns desses cadastrados desenvolvem um bom trabalho e alavancam aquele que os cadastrou, que, consequentemente, vai crescer na organização e conquistar alguns níveis de graduação. O problema é quando a pessoa utiliza esse "sucesso" repentino para se "colocar em um pedestal" e passa a tratar seus colegas com indiferença, se achando melhor que os outros pelo resultado. O fato de obter sucesso em pouco tempo não faz de você um bom líder.

O verdadeiro líder não é reconhecido pelo PIN, mas por sua capacidade de liderar, inspirar, influenciar positivamente as pessoas no caminho certo.

Respeite a história dos que estão chegando em sua equipe

Muitas pessoas vêm do mercado tradicional para nossas redes, e o fato de não entenderem de multinível não significa que os conhecimentos delas devem ser ignorados; todo conhecimento é válido e pode ser utilizado em benefício de sua equipe.

É muito comum os profissionais do multinível pensarem que quem vem de fora ganha menos no mercado tradicional e não tem experiência, não tem habilidades que possam ser utilizadas em nosso negócio. Isso não é verdade! Muitos vêm para o multinível com bagagens gigantescas da sua profissão, podendo agregar muito, e alguns líderes, por mais que tenham certo conhecimento e saibam o que estão fazendo, não devem se colocar em posição de superioridade perante as pessoas do time, principalmente aquelas que estão iniciando.

Resultado e graduação na empresa representam muito, mas não são mais importantes na hora de se relacionar com as pessoas. Sabedoria e humildade farão um líder ter conexão, admiração, confiança e o respeito da organização.

Suas verdades não são absolutas

A partir do momento em que você atinge determinados níveis de liderança, seja por conquistar bons resultados, seja por construir uma grande organização, ser admirado por muita gente, ter uma história, muitas vezes cai na armadilha de acreditar que tudo que o levou a ter sucesso em sua trajetória são verdades absolutas. Entenda, suas verdades funcionaram para você, mas nem sempre se aplicam à realidade de outras pessoas da sua organização. Por isso, tenha sabedoria e seja flexível para ouvi-las, entender o ponto de vista delas e não criar uma situação embaraçosa ou um distanciamento por arrogância. Fique atento a isso.

Respeite as diferenças

Como líder, é essencial entender que as pessoas são diferentes e, apesar de estarem todas no mesmo negócio e com objetivos aparentemente parecidos, não significa que a forma de lidar com cada um seja igual. **Sua rede, certamente, será composta por pessoas de perfis diferentes.** Os dominantes, de perfil mais focado em desafios e resultados; os influentes, de perfil mais voltado para relacionamentos e reconhecimentos; os estáveis, de perfil mais direcionado para previsibilidade e segurança; e os conformes, de perfil perfeccionista e analítico. **Você não pode liderar essas pessoas da mesma maneira.**

As diretrizes são as mesmas, porque a equipe tem objetivos em comum, mas sua forma de se comunicar com essas pessoas deve ser sempre muito empática e estratégica, respeitando o modus operandi de cada um. Você precisa tratar as pessoas não como gostaria de ser tratado, mas como elas gostariam de ser tratadas. Como líder, recomendo que estude um pouco sobre perfil comportamental, pois existem maneiras de extrair o melhor de cada perfil, baseadas em suas necessidades e no seu modo de funcionamento.

Honre sua linha ascendente

Pode acontecer de você ultrapassar o nível de seu patrocinador ou da sua linha ascendente no plano de marketing da empresa e alcançar uma graduação maior. Isso não o torna superior à sua linha ascendente, nem lhe dá o direito de desonrá-la. **É uma atitude muito nobre quando uma pessoa que atingiu níveis muito altos no plano de carreira da empresa continua demonstrando respeito, gratidão e seguindo orientações de sua linha ascendente**. No marketing multinível, existem muitos casos assim, de pessoas que chegaram com muita sede de vencer, estudaram, se dedicaram ao negócio de maneira muito intensa e ultrapassaram o nível, no plano de carreira, de muitos ascendentes. Se isso acontecer com você, não seja tolo nem arrogante, sempre honre essas pessoas, coloque-se no seu lugar, de quem chegou depois, e lembre-se de que só está ali porque essas pessoas chegaram antes de você.

Honra é um princípio! A honra abre portas, agrega pessoas e é algo espiritual, que transcende o entendimento humano, que conecta pessoas, que afasta o mal e aproxima o bem.

Estude e aprenda sobre liderança

Existem muitos livros de liderança superinteressantes para agregar valor ao seu aprendizado. Recomendo John Maxwell; todos os livros dele são excelentes. Ele é especialista em liderança e gestão de pessoas, mundialmente reconhecido e um dos maiores escritores sobre o assunto. Recomendo alguns títulos do autor, mas, se você quiser escolher apenas um, comece pelo *As 21 qualidades indispensáveis de um líder*, que foi meu primeiro sobre o assunto. É um livro simples, rápido e objetivo, que vai ajudá-lo muito no desenvolvimento da sua liderança.

Lidere pelo trabalho

A melhor forma de liderar é pelo exemplo. E no multinível não é diferente. A melhor forma de conquistar respeito, admiração e o carinho de sua organização é construindo resultados por meio de um trabalho bem-feito, limpo, fazendo o que tem que ser feito. Construa a sua história, gere resultados, ganhe dinheiro, trate as pessoas com respeito e honre seu negócio. Isso é muito importante se você quer conquistar o respeito, a admiração e a confiança do seu time e ser o líder que eles querem ter. Então, lidere trabalhando.

NÃO COMETA ESTES ERROS COMO LÍDER

Honestidade, integridade e verdade

Tenha valores fortes! **Seja honesto, íntegro e verdadeiro, não iluda as pessoas.** O multinível não precisa que você minta, aumente, floreie o negócio, e as pessoas do seu time também não devem fazer isso. Seja você, faça o seu trabalho! O multinível é um negócio encantador por natureza, ele não precisa de mentiras que criem falsas impressões ou promessas. O líder precisa ser íntegro. **Aquilo que você pensa e fala precisa estar alinhado com o que você faz. A integridade é uma das coisas que mais geram confiança para o líder.**

Cuide dos membros do seu time como se fossem filhos adultos. Preste atenção: "adultos"! Não é carregar no colo nem virar babá de marmanjos, mas, sim, orientar, dar direcionamento, ensinar o caminho, sempre lembrando que a responsabilidade do sucesso deles é única e exclusivamente deles, e não sua. Não caia na besteira de carregar todos nas costas, porque isso é insustentável no multinível.

Quanto mais você se doa à equipe, treinando e orientando, mais resultados tem. É como diz o ditado: "Pai bom (ou mãe), é pai presente". E sua rede sente quando suas atitudes são sinceras, galgadas pela vontade de fazer acontecer, pura e simplesmente; não apenas pelo dinheiro. Eles sabem quando você está interessado apenas no resultado. Tenha empatia, coloque-se no lugar deles. Tenho certeza de que, se for empático e focar o resultado de sua equipe, além de estabelecer uma liderança extraordinária sobre as pessoas, você terá o time sempre ao seu lado, em qualquer circunstância. Isso é lealdade, ter o coração dessa pessoa com você. Não há forma de gratidão mais valiosa do que demonstrar lealdade a alguém. Sendo assim, trabalhe pelo outro, cuide daqueles do seu time, e certamente você será um líder muito especial, pelo qual eles têm carinho, paixão e lealdade.

Respeite o processo de amadurecimento nas habilidades de liderança

Como dito anteriormente, liderança tem níveis de maturidade que você vai adquirindo com o tempo. Quanto mais você faz, quanto mais pessoas entram para o seu time, quanto mais problemas resolve, mais você cresce e melhor fica. É isso o que lhe desejo.

A importância da linha ascendente

Impossível falar de liderança e não falar da linha ascendente. **Tenha isto claro: o maior interessado em seu sucesso depois de seus familiares é o seu patrocinador e sua linha ascendente.** Contudo, pode acontecer de patrocinadores que não têm inteligência emocional, que não se prepararam por meio do sistema de treinamento e do material que eles indicam, estarem em um nível de arrogância ou chateação que os fazem ter comportamentos e atitudes inadequados em relação a você. Mesmo assim, linha ascendente é linha ascendente. Ter conflitos no negócio com eles só vai trazer problemas e complicar sua vida no multinível. Então, a minha dica é: **independentemente do nível em que você está, evite problemas com as pessoas.** Não brigue com o seu bônus, não brigue com quem pode apoiá-lo quando você mais precisar. O multinível não tem essa coisa de "o maior interessado no seu sucesso é você". Lembre-se de que esse é um modelo de negócios colaborativo, em que todos ganham. Respeite sua linha ascendente, honre-a em seus depoimentos; honre seu patrocinador diante da empresa, diante dos *downlines* e *crosslines*. Isso é extremamente importante para uma relação saudável. Uma relação ruim com os seus ascendentes prejudica o seu negócio, porque seus *downlines*, em algum momento, vão tomar conhecimento da situação. E se isso acontecer, em algum momento você irá colher esse tipo de comportamento em sua rede. Certamente, irá surgir uma pessoa que vai fazer com você a mesma coisa que você está fazendo com seus *uplines*.

Uma das partes mais delicadas do negócio de multinível é o relacionamento interpessoal. Esse é um negócio que engloba diversas questões técnicas, como lista de nomes, contatar e convidar, mostrar plano, acompanhamento, fechamento, promover o sistema, se conectar etc. E mesmo assim, isso tudo fica fácil quando você assimila o processo. Diferentemente do relacionamento com pessoas, que sempre será um desafio. É preciso inteligência emocional e sabedoria para lidar com a rede.

Multinível é um negócio de pessoas; pessoas que movimentam produtos, que abraçaram a ideia de se associar à sua equipe. Não faz sentido trabalhar com multinível e ser uma pessoa problemática, ficar brigando e arrumando confusão o tempo todo. **Se você está no multinível e quer ser grande, tem que ser especialista em pessoas.** Conflitos vão acontecer, esteja você envolvido neles, ou não, mas seja leve; entenda uma coisa: **nunca vai valer a pena brigar ou comprar a briga de pessoas da sua rede, porque você está brigando com o seu dinheiro.** Se ele der certo, bom; se ele não der certo, continua tudo bem, entende? Temos que torcer para que as pessoas cresçam no negócio e que ocorra o mínimo de conflitos na rede; linha ascendente, descendente e *crosslines*.

Pode acontecer de um líder *crossline*, em sua cidade, ser uma pessoa problemática. De verdade, releve. Se ele faz coisas erradas, não misture o seu time, blinde sua equipe, mas procure manter uma boa relação; jogue limpo, fale a verdade, seja honesto, seja íntegro, converse com as pessoas, se relacione, procure manter a paz com todos e toque o seu negócio. **Seja o líder que você gostaria de ter.**

Pessoalmente, tive problemas com meu patrocinador na minha primeira empresa de multinível. Eu amava a vida dele, mas nos desentendemos em outra área da vida, na igreja, e foi muito estranho, muito ruim para mim. Não me impediu de crescer, não me impediu de trabalhar focado, mas é muito ruim quando você sabe que está dando o seu melhor no trabalho e aquela pessoa, que está ganhando do seu trabalho, tem questões mal resolvidas com você. Busquei muita inteligência para isso e perdoei; não reatamos a amizade, mas sempre nos respeitamos e sempre o honrei, nunca deixei de fazer isso. Não aumente a dimensão de qualquer problema que você tenha com seu patrocinador.

Seu negócio é de você para baixo! Não deixe de construir resultados junto com sua equipe e de ir em busca de seus sonhos por causa de um patrocinador ou de qualquer um que seja. **Ninguém merece sua desistência!** O sonho é seu, e sua rede é o seu negócio. Seu patrocinador não pode prejudicá-lo se você for uma pessoa séria, correta, que faz um bom trabalho e formou uma rede que respeita e confia em você. **Construa uma história de liderança madura com o seu time e construa um relacionamento de qualidade.** Traga-os para perto, ganhe o coração deles. E não há nem empresa, nem patrocinador, nem linha ascendente, nem *crossline*, que seja capaz de derrubar o seu negócio.

Seja duplicável e trabalhe com simplicidade

Quanto mais você simplificar o seu negócio, mais duplicável ele se torna. Se você tem um método que funciona de maneira simples e duplicável, use-o como estratégia. Qual é o grande problema? Há pessoas que começam fazendo a coisa certa, vão subindo degraus no plano de marketing da companhia, ganhando confiança, e então passam a querer mudar os métodos que deram certo. É comum um liderado, que estava sob a tutela de outros líderes ou de um sistema de treinamento, que muitas vezes não concorda com uma coisa ou outra, mas se sujeita, a partir do momento em que assume um nível de liderança, atinge certa graduação, conquista um pouco mais de autonomia, começar a querer mudar as coisas. Se tem algo que preciso lhe dizer como consultor é: **seja o mais simples possível; simplifique o seu negócio**. Não perca o seu tempo mudando o que já funciona bem. A sabedoria está na multidão de conselhos;

se vai tomar uma decisão diferente, converse com a sua liderança. Você precisa estar alinhado numa visão; numa visão da sua empresa, do sistema de treinamento em que você está, e com a sua linha ascendente. **Quando está alinhado com uma visão, usando o método que a linha ascendente está usando, que a empresa está usando, você está amparado.** Se algo der errado, você não perde credibilidade com os seus liderados. **É extremamente importante que você seja um defensor do sistema de treinamento, um duplicador daquilo que funciona.** Mantenha a simplicidade para ser duplicável, estar alinhado com toda a liderança da empresa e amparado pelo sistema de treinamento.

SIMPLES E DUPLICÁVEL

CAPÍTULO 12

SUCESSO E RECONHE-CIMENTO

MANTENHA A CHAMA ACESA

Agora que já passamos por vários aprendizados importantes para você desenvolver uma carreira de sucesso no multinível, vamos falar sobre como manter essa chama acesa em sua vida. Você já conhece o caminho completo, não lhe falta nada além da decisão de verdadeiramente priorizar isso na sua vida e utilizar o que aprendeu neste livro para crescer, alavancar sua vida financeira, sua vida pessoal e seu negócio; não tem como dar errado. **O seu sucesso depende única e exclusivamente de você.**

Você já ouviu dizer que a brasa, para estar quente, precisa estar no braseiro? Se anda passando por períodos de falta de foco e desânimo com o negócio, é exatamente esse o problema; tem a ver com a brasa longe do braseiro. O que quero dizer com isso? Você precisa permanecer conectado no sistema de treinamento da sua empresa e da sua linha ascendente, sempre. Mesmo que sua empresa não conte com um sistema de treinamento oficial, reúna-se com colegas de sua rede e com *crosslines* que tenham as mesmas características que você, pessoas de caráter, pessoas corretas, e compartilhem aprendizados, ideias, conteúdo; tome a iniciativa de construir o sistema de treinamento de que você precisa e que pode ajudar tantas pessoas. Nunca abandone o sistema de treinamento, seja presencial ou on-line, porque isso o aquece, isso o ajuda, isso o mantém motivado.

Há outra maneira de manter a chama acesa. Quando falo de sistema de treinamento, estou falando também dos áudios da semana, dos livros que a sua linha ascendente e sua empresa recomendam, de todas as ferramentas, aconselhamentos e pessoas próximas de você. Isso também compõe o sistema de treinamento. Lembre-se: a brasa tem que estar no braseiro. Se você se afastar, esfria.

Sempre busque aconselhamento com os mais experientes da sua linha ascendente. Nossos *uplines* são as pessoas mais interessadas no nosso sucesso. **É extremamente importante que você tenha um bom relacionamento com sua linha ascendente.** Sei que muitas vezes pode ser difícil manter um relacionamento saudável, porque tem patrocinador ou *upline* que não é fácil, mas sempre busque alguém acima com quem você possa se aconselhar, que possa apoiá-lo e orientá-lo, ou pelo menos possa dar as informações de que você precisa para caminhar.

O sistema de treinamento fornece a você aprendizados e técnicas que o diferenciam, e lhe dão certa autonomia para tomar algumas decisões na hora de construir sua liderança e caminhar com as próprias pernas. Todo conteúdo sobre multinível que você consumir sempre vai frisar a importância do coletivo, mas também é importante reconhecer e valorizar seus pontos fortes individualmente. Mas isso só se você tiver problemas sérios com a linha ascendente. Do contrário, cole nessas pessoas; elas são as maiores interessadas no seu sucesso. **Busque aconselhamento, pois a sabedoria está na multidão de conselhos.** Importante lembrar: **conselho com as pessoas certas.**

Faça os exercícios de autoempoderamento. As visualizações dos seus sonhos, as declarações positivas, tudo o que você aprendeu no capítulo 3 precisa estar vivo em você. O conteúdo ensina a quebrar padrões limitantes, que o impedem de avançar e vencer. Se você tiver todo o conhecimento deste livro, mas continuar mantendo padrões que o limitam sem saber o que pode fazer para mudar, não adianta nada.

Você também pode utilizar músicas para se motivar, empoderar, toda vez que precisar de um gás extra. Um conselho legal é montar uma *playlist* que mexa positivamente com você, que consiga levantar seu ânimo. Músicas conseguem mudar o nosso estado. E o nosso estado físico determina, muitas vezes, os nossos sentimentos. Você consegue mudar os seus sentimentos e resultados mudando a sua comunicação corporal. Por exemplo, quando está triste, chateado, fica curvado, com a cabeça para baixo; quando está animado, empoderado, fica com a cabeça erguida, a coluna ereta, imponente. Então, sabendo dessa informação, quando estiver triste, chateado, corrija sua postura, tenha uma postura de sucesso. Olhe para as pessoas com olhar de sucesso. Tudo isso faz parte desse momento em que você precisa realmente se manter forte, se manter aceso.

Momentos difíceis e adversidades virão, mas você já sabe quais ferramentas utilizar para vencer, e isso, para mim, é o mais importante. E o maior presente que você vai ganhar quando terminar este livro é conhecimento para se autoavaliar, detectar onde estão suas falhas, seus padrões errados, seus vícios emocionais, e corrigir isso. Porque, fazendo isso, sei que aonde você for na vida, independentemente do multinível, conseguirá ter sucesso e estar sempre em posições de liderança e destaque.

Visite seus sonhos, experimente-os, sinta as sensações daquilo que você deseja. Lembra-se do carro que você colocou lá na lista, que você queria? Vá fazer seu *test drive* de tempos em tempos, vá observar de perto, sentir, se comunicar com ele, criar experiências com aquilo que você deseja. Visite e experimente todos os sonhos e objetivos que tem. Coloque-se o mais perto possível de todos eles enquanto ainda não pode concretizá-los. Essa é uma tremenda oportunidade para fortalecer mais ainda essa chama, que precisa estar acesa dentro de você.

E para não perder o hábito: nunca, jamais negocie o sistema de treinamento da sua empresa ou linha ascendente! **A coisa mais importante que você tem nesse negócio é o sistema educacional.** Você precisa estar conectado com as pessoas que verdadeiramente querem o seu sucesso. E elas estão no negócio que você escolheu para mudar de vida. Nunca desista dos seus sonhos, permaneça firme e com certeza você vai chegar aonde almeja. E essa chama que está aí dentro vai continuar queimando como queima em mim até hoje, mesmo depois de tantos anos no multinível.

Prepare-se para o seu reconhecimento

Quando comecei no multinível, sonhava em ser reconhecido. A primeira vez que vi um reconhecimento na vida foi em 2002, no Anhembi, quando trabalhava em uma empresa de vendas diretas. Mesmo não sendo multinível, a companhia também contava com elementos como franqueados e liderança. Naquele dia, as pessoas estavam sendo reconhecidas e contando suas histórias. Lembro que me emocionei muitas vezes, sorri muitas vezes, e aquilo marcou minha vida para sempre. Os homens de smoking e as mulheres de vestido longo, lindíssimas, aquele ambiente maravilhoso e toda aquela sofisticação me impactaram muito.

Quando migrei para o multinível e vi pela primeira vez um plano de carreira, as viagens, os carros e todas as premiações de reconhecimento, aquilo me ajudou a manter a chama acesa, porque uma das coisas que eu mais pensava em meus momentos de dificuldade, quando precisava de uma motivação extra, era como seria quando chegasse o dia do meu reconhecimento. Então, mesmo em meio às adversidades, prepare-se para o seu reconhecimento, porque ele vai chegar se você aplicar o que já sabe, se tiver as atitudes corretas, os comportamentos corretos, a técnica correta e a estratégia correta que você aprendeu aqui neste livro. Certamente o seu reconhecimento está mais próximo do que estava antes, não resta dúvida.

PREPARE-SE PARA SEU RECONHECIMENTO

Depoimento de impacto

Vou compartilhar aqui mais algumas dicas, um **roteiro simples para você dar um depoimento em qualquer momento da vida em que for reconhecido.** É óbvio que cada depoimento será diferente, mas seguindo essa ordem você consegue organizar seu raciocínio, fazer bonito na hora do seu reconhecimento, para ser lembrado por seu depoimento e, obviamente, viver um momento incrível. **A pior coisa num momento de reconhecimento é quando você vai fazer seu discurso, chega na hora H e dá um branco.** Muitas vezes a emoção toma conta e esquecemos das palavras que gostaríamos de falar. Isso pode e deve ser evitado.

Treine seu depoimento. Imagine-se no palco de um grande evento contando sua história. Crie uma visão mental da cena em que chamam seu nome e você, diante dos aplausos, sobe para compartilhar aquele depoimento tão esperado. Isso, além de ajudá-lo a treinar seu depoimento, vai atrair a graduação que deseja. Ela virá mais rápido ao seu encontro. Acredite, funciona! Funcionou comigo. Sempre que tinha uma meta grande para bater, eu me imaginava sendo reconhecido e dando meu depoimento exatamente como eu queria.

Um depoimento precisa ter começo, meio e um fim inspirador.

Dinâmica do depoimento:

1. Cumprimentos e apresentação pessoal.
2. Agradecimentos.
3. Antes do negócio, o que fazia, como estava sua vida e como se sentia.
4. Como conheceu o negócio, quem apresentou e como foi.
5. Seu início, as dificuldades pelas quais passou e que superou e que atitudes teve.
6. O resultado da sua superação e atitudes.
7. Uma frase de impacto para inspirar.
8. Agradecimentos e despedida.

Primeiro, você vai cumprimentar a plateia, dar boa noite, boa tarde ou bom dia, e começar:

> **"Muito boa noite, meu nome é fulano de tal. Eu me sinto honrado por estar aqui, sendo reconhecido no nível tal, e é um prazer muito grande estar aqui com vocês."**

Comece cumprimentando a plateia, se apresente e abra seu discurso. Siga com os agradecimentos; sempre agradeça, seja grato. Isso tem que estar incluso no seu depoimento. Faça isso numa ordem lógica, podendo ser por grau de importância ou de forma estratégica para falar mais de determinada pessoa ou grupo na hora certa.

Eu, particularmente, sempre começo agradecendo a Deus, depois à família, esposa e filhos ou pai e mãe; depois vou para o patrocinador e linha ascendente, depois o corporativo da empresa e os presidentes, e por fim agradeço à minha equipe, meus *downlines*. Deixo os *downlines* por último porque, apesar de acreditar que, depois de Deus e da família, são as pessoas mais importantes no meu negócio, preciso de mais tempo para falar deles e agradecer. Às vezes, dependendo do tempo que tenho, posso enfatizar os líderes principais como forma de honrá-los.

Exemplo:

"Quero agradecer a Deus pela oportunidade da vida, por me dar a chance de conhecer este negócio e por abençoar minha jornada..."

Quem é a outra pessoa mais importante? Se for a família, esposa, marido, pai e mãe, faça esse agradecimento. Depois, você vai agradecer à sua linha ascendente, que lhe deu a oportunidade de estar naquele lugar. É extremamente importante você honrar seu patrocinador; mesmo que ele não tenha ajudado em seu desenvolvimento, não tem problema, ele ainda foi sua porta de entrada na companhia, e é importante você fazer a sua parte. **Honra é um princípio, e, quando você cumpre um princípio, ele se cumpre na sua vida.** É extremamente importante que você **honre as pessoas que o aben-**

çoam, que o apoiam e lhe estendem a mão, mesmo que depois de algum tempo esses laços se desfaçam; **siga esse protocolo, porque isso vai ajudá-lo, inclusive, a fazer um exercício de gratidão.**

Após agradecer às pessoas mais importantes, linha ascendente e empresa, obviamente, agradeça à sua linha descendente – a sua equipe, a sua rede. É por causa dessas pessoas, por elas terem acreditado em você, que você está naquele palco, sendo reconhecido. **Nunca se esqueça da sua equipe, isso é muito importante.**

A partir daí você vai contar uma breve história. O ideal é que já tenha preparado o texto. Não precisa ser literal, só precisa contar uma história verdadeira. **A verdade alcança a alma! Não precisa fazer roteiro, apenas saber conduzir a sua história com princípio, meio e fim.**

Exemplo:

"Quando cheguei nesse negócio, estava desacreditado na vida. Eu estava muito frustrado, mas nunca duvidei que poderia ter sucesso em encontrar alguma coisa que mudasse a minha vida. Foi quando fulano de tal me apresentou esse negócio, e quando eu vi aquilo, senti (tal coisa), e quando senti (aquilo), percebi que tinha encontrado algo que poderia mudar minha situação e que poderia abençoar minha família. E aí comecei a fazer esse trabalho, e foram muitas dificuldades, foram muitas adversidades..." E continua a história.

O depoimento precisa "escalar uma montanha".

Eu estava **aqui embaixo, estava desse jeito e me sentia de tal maneira. Encontrei esse negócio**, comecei a fazer **o que tinha que ser feito**, passei por **tais dificuldades**, mas **permaneci acreditando**

e trabalhando, venci todas e agora **estou aqui em cima como (tal nível)** compartilhando minha história com vocês.

Esse é um depoimento que inspira pessoas. **Sempre seja verdadeiro no seu depoimento, sempre diga a verdade.** Nunca aumente a história para impressionar ninguém, porque a sua história naturalmente irá impressionar as pessoas. **Conte sua história e feche com uma frase de impacto.** Eu, particularmente, uso algumas frases de impacto.

Exemplo de frases de impacto para fechar um depoimento ou uma apresentação:

1. **"Na vida, ou você tem resultado ou tem desculpas, não dá para ter os dois."**
2. **"Percebi que se eu quisesse resultados diferentes, teria que fazer algo diferente!"**
3. **"Lembrem-se, o primeiro passo para o crescimento é acreditar em si mesmo. Não deixem que o medo do desconhecido os impeça de alcançar o extraordinário."**
4. **"Cada decisão que tomamos é uma oportunidade para crescer. Escolham a coragem, escolham a ação, e vejam como o mundo se transforma diante de vocês."**
5. **"O futuro pertence àqueles que ousam sonhar e agir. Não esperem pelo momento perfeito; criem-no. O poder de mudar sua vida está em suas mãos."**

Encerre sempre com uma frase de impacto, agradecimento ao público e cumprimento.

Inspire seu time com sua história de sucesso

Independentemente de ter chegado aonde queria, sonhando em chegar, ou não, sua história sempre pode ser inspiradora. O fato de você subir um, dois ou três níveis na sua empresa já inspira; você ser exemplo e não falhar no sistema de treinamento também inspira; ler este livro e compartilhar o que aprendeu aqui com seus *downlines*, também. Tudo inspira! Mas tem algo que é muito mais inspirador para as pessoas: uma história verdadeira de alguém que venceu, de um guerreiro. Isso emociona e conecta. Quem é você? Uma vítima que vive reclamando e dando desculpas ou um vencedor, um protagonista que inspira pessoas?

Sua equipe precisa conhecer a sua trajetória e história de vida. Muitas vezes, as pessoas da sua equipe vão prospectar, mostrar plano, e não importa o nível em que você esteja, em algum momento eles vão precisar usar como referência a sua história. Então, é sempre muito importante que nas APNs, treinamentos e reuniões, você compartilhe um pouquinho de como foi sua trajetória, pois isso vai ajudá-los a desenvolver seus negócios, usando o seu exemplo como prova social.

E como você monta a sua história? Vamos fazer um modelo simples de roteiro, em tópicos para você se orientar:

- O que fazia antes;
- Como conheceu o multinível;
- O que aconteceu quando conheceu o negócio;
- Que decisões tomou;
- O que pensou;
- O que sentiu;
- O que fez depois que conheceu o negócio;

- Como está a sua vida agora, após ter entrado no negócio e ter tomado as decisões que tomou.

Com esse modelo de tópicos, minha história ficou assim:

"Antes de desenvolver o marketing de relacionamento, marketing multinível, eu era mecânico de aviões da Varig, e estava buscando crescer na vida. Na época, estava estudando para crescer na empresa em que trabalhava, até que um dia um amigo me chamou para conhecer um negócio. Fui, pois precisava ganhar mais dinheiro. Chegando lá, era um negócio de vendas. Eu não queria trabalhar com vendas, mas entendi que precisava fazer alguma coisa para poder gerar algum resultado e conseguir investir na minha carreira na aviação civil. Entrei no negócio, ganhei um dinheiro bom, mas passaram-se três anos e eu já não estava mais satisfeito com o que estava fazendo. Até que um dia um amigo me convidou para conhecer o multinível. Quando vi aquele plano de negócios, fiquei impactado, porque eu tinha encontrado um negócio diferente de tudo, que poderia mudar minha vida, e acreditei naquela oportunidade. A partir daquele dia, comecei a sonhar com aquele plano de carreira, comecei a sonhar com aqueles bônus. Eu sabia que não seria fácil, mas estava disposto a fazer o que tivesse que ser feito para ter sucesso. Comecei a ir aos treinamentos, seguir minha linha ascendente, ouvir os aconselhamentos dessas pessoas e aplicar todos os dias. Não foi fácil! Muitas pessoas me disseram 'não', muitas pessoas iniciaram no negócio e pararam depois; tive muitos momentos de tristeza, chateação e frustração, principalmente com pessoas. Continuei firme, foi uma caminhada de altos e baixos, mas o aprendizado, o trabalho e a equipe maravilhosa que conquistei ao longo do caminho me fizeram chegar até aqui. Valeu a pena! Hoje sou **Diamante** na empresa e para mim é um orgulho muito grande, pois minha vida mudou, troquei meu carro, já melhorei a minha casa, meus filhos estudam numa escola melhor…"

E você então começa a falar das conquistas.

Esse é o tipo de história que você pode contar numa apresentação de negócios, em uma caseira, nas apresentações individuais, no plano um a um, nos treinamentos e, obviamente, para ajudar seus *downlines* ou qualquer amigo que esteja com um convidado em uma reunião.

INSPIRE SEU TIME

Uma grande missão

Espero que você tenha entendido a essência desse negócio tão maravilhoso que é o marketing multinível. Vai muito além de trabalhar com produtos e serviços para fazer uma renda extra ou fazer muito dinheiro. **É um negócio que tem alma!** É sobre transformação de mentalidade, transformação de vida, doação, amor, respeito ao próximo, dignidade, gratidão, inspiração e muitas outras virtudes.

Minha paixão por esse negócio é inexplicável. Desde 2005 tenho essa chama acesa na minha alma, e, a cada ano que passa, a cada vida transformada, a cada depoimento de sucesso de alguém da minha rede, *crossline*, seguidor ou aluno da Academia do Multinível, percebo o quanto esse negócio é especial.

O multinível é um negócio de DEUS! É um negócio do céu que nos foi dado para abençoar pessoas e famílias por todo o mundo. Acessível a toda e qualquer pessoa que tenha um pouco de fé e desejo de mudar de vida.

Quando olho para minha vida, me vejo como um missionário nessa indústria. O multinível se tornou um "chamado" para alcançar vidas com prosperidade e mudança de mentalidade. Deus está nisso!

E talvez seja por isso que o "inimigo" de nossas almas luta tanto para cegar as pessoas e frustrá-las nesse negócio, pois a pobreza, a miséria e uma mentalidade de escassez são armas poderosas que ele usa para destruir vidas e famílias.

Se você chegou até aqui, PARABÉNS! Você não é mais inocente. Não tem mais desculpas para fracassar. Este manual é uma ferramenta poderosa em suas mãos para transformar sua vida, prosperar e ser um agente de transformação na vida de dezenas, centenas, milhares ou até milhões de pessoas.

**NÃO NEGLIGENCIE SEU CHAMADO,
FAÇA BOM USO DESTE LIVRO.
VÁ E VENÇA!**

Seja um guardião do Multinível Raiz

Agora que você está quase no fim desta leitura, absorveu conhecimentos incríveis e está pronto para mudar de vida com sua jornada no multinível, tenho um pedido a fazer.

Se você passou ou está passando por transformações por meio deste material, dos meus treinamentos, dos cursos da Academia do Multinível, da Formação Multinível Raiz ou das mentorias que ofereço, quero lhe pedir o seguinte: **seu depoimento de sucesso e de transformação.**

É importante para mim saber quem é você. Queremos saber o que aconteceu com você. Quero que você entenda: **o Multinível Raiz precisa de guardiões**, pessoas que fazem o multinível com paixão, amor, da maneira correta, com propósito correto. Eu faço multinível por propósito, faço multinível como se tivesse a missão de transbordar na vida dos outros. **Tudo que construí e aprendi com esse negócio, quero passar adiante. Essa é a missão do Multinível Raiz.**

Quero convocar você, que me lê agora, que é um empreendedor de multinível, apaixonado pelo negócio, que gosta de pessoas e deseja ajudar milhares por meio da sua própria vida e da sua equipe. **Eu o convido a ser um guardião Multinível Raiz.** E você vai poder dar o seu depoimento por onde passar, dizendo quais foram as mudanças que o multinível, este livro e todo o conteúdo da Academia do Multinível promoveram em sua vida.

Quero seu depoimento, seu comentário, que você seja um guardião do Multinível Raiz e leve essa missão para transformar a vida de outras pessoas. O maior presente que você pode me dar é ter sucesso no multinível e levar isso adiante como uma **"corrente do bem"**.

Muito obrigado pela sua confiança, que Deus o abençoe e realize os seus sonhos de coração. Profetizo abundância e prosperidade para você e sua família!

GUARDIÃO DO MULTINÍVEL RAIZ

CONSIDERAÇÕES FINAIS

Então, meu caro leitor, chegamos ao início dessa jornada de crescimento. Não estranhe eu dizer que **"chegamos ao início"**, pois é agora que novas perspectivas se abrirão para você. Espero que use com sabedoria todo o aprendizado, faça os exercícios e atividades propostos para passar por uma verdadeira transformação, e construa uma jornada de sucesso no multinível, esse modelo de negócios incrível e capaz de verdadeiramente transformar a realidade das pessoas.

Sou um exemplo vivo de como o marketing multinível realiza sonhos, pois com ele realizei os meus, mudei a realidade da minha família, podendo proporcionar a ela o melhor que a vida dá; e pude ajudar muitas pessoas a fazerem o mesmo. Espero que você seja mais uma dessas pessoas.

O aprendizado e o crescimento não terminam aqui. Você pode continuar me acompanhando no Instagram (@marcioangelooficial), assistindo a minhas lives e vendo todo o conteúdo que já está disponível em meu canal no YouTube (Academia do Multinível – Marcio Angelo) e por meio da Formação Multinível Raiz ou da plataforma completa de cursos e mentorias da Academia do Multinível.

Compartilhe comigo seu crescimento, vou ficar muito feliz em ouvir seu testemunho.

https://academiadomultinivel.com/

https://marcioangelo.com.br/

Minha última palavra

Não posso terminar esse livro sem fazer o que vou fazer agora. Este texto não existia até o último minuto da impressão deste livro, mas senti a doce presença do Criador e decidi escrevê-lo. Este livro foi escrito para Honra e Glória de Deus. Tudo que está aqui é para abençoar pessoas e famílias, tornando possível o que aos olhos de muitos parece ser impossível!

Quero liberar uma palavra sobre a sua vida!

Eu declaro que você será tudo aquilo que Deus fez você para ser. Declaro que esse aprendizado abrirá portas, o fará tomar decisões acertadas e que o Espírito Santo de Deus estará direcionando-o, orientando-o e preparando tudo para que você seja sua melhor versão. Declaro que você realizará seus sonhos, viverá experiências extraordinárias, e que Deus cumprirá o propósito que Ele tem para sua vida nesta Terra. Declaro que você será luz por onde for, e que sempre terá uma palavra de benção para alguém. Eu profetizo que por onde você passar será uma benção, e vidas serão impactadas.

Declaro que aquilo que os seus olhos ainda não viram, nem seus ouvidos ouviram, nem jamais penetrou em seu coração, mas que pela fé você consegue ver com sua mente e sentir, se cumprirá em sua vida, porque é o que Deus tem preparado para os que o amam.

Profetizo abundância, prosperidade e transbordo para você, sua família e sua descendência. Declaro que toda possível escassez, a partir de agora, é extinta da sua vida, em nome de Jesus.